U0682434

# 世界未解之谜

Unsolved Mysteries of the World 大全集

## 宇宙之谜

张月◎主编

黑龙江科学技术出版社
HEILONGJIANG SCIENCE AND TECHNOLOGY PRESS

图书在版编目（CIP）数据

世界未解之谜大全集．宇宙之谜 ／张月主编．-- 哈
尔滨：黑龙江科学技术出版社，2023.8（2024.5重印）
ISBN 978-7-5719-2100-2

Ⅰ．①世… Ⅱ．①张… Ⅲ．①科学知识－儿童读物②
宇宙－儿童读物 Ⅳ．① Z228.1 ② P159-49

中国国家版本馆 CIP 数据核字（2023）第 153622 号

# 世界未解之谜大全集　宇宙之谜
SHIJIE WEIJIE ZHI MI DAQUANJI YUZHOU ZHI MI

张月　主编

| | |
|---|---|
| 项目总监 | 薛方闻 |
| 策划编辑 | 沈福威　顾天歌 |
| 责任编辑 | 回　博 |
| 插　画 | 文贤阁 |
| 排　版 | 文贤阁 |
| 出　版 | 黑龙江科学技术出版社 |
| | 地址：哈尔滨市南岗区公安街 70-2 号　邮编：150007 |
| | 电话：（0451）53642106　传真：（0451）53642143 |
| | 网址：www.lkcbs.cn |
| 发　行 | 新华书店 |
| 印　刷 | 三河市南阳印刷有限公司 |
| 开　本 | 880 mm×1230 mm 1/32 |
| 印　张 | 3 |
| 字　数 | 48 千字 |
| 版　次 | 2023 年 8 月第 1 版 |
| 印　次 | 2024 年 5 月第 2 次印刷 |
| 书　号 | ISBN 978-7-5719-2100-2 |
| 定　价 | 138.00 元（全 8 册） |

# PREFACE

## 前　言

　　我们生活的世界，表面上平静无波，实际上有着无数波诡云谲的谜团。由于人类科技水平的局限，或者眼下缺少关键性证据，很多成了不解之谜。

　　世界上的未解之谜不胜枚举，小读者想要获得探索谜团的乐趣，就请打开这套《世界未解之谜大全集》吧！我们精心选择了有关宇宙、地球、海洋、人类、自然、宝藏、UFO与外星人、科学的种种未解之谜，包罗万象，乐趣无穷。举例来说，宇宙大爆炸假说是目前最接近"宇宙真相"的假说，但至今仍缺乏关键性证据来证实；地球上的生物千奇百怪，有天生就会"盖房"的昆虫，也有刀枪不入的树木，还有至今踪迹难寻的神秘生物；宇宙中有数不胜数的行星，UFO和外星人是很有可能存在的，但是人类至今无法证实……探索这些谜团的过程真的是妙趣横生。

# CONTENTS
# 目　录

## 1　瑰丽浩渺
　　——宇宙探秘

# 2 璀璨天河
## ——解码银河系

# 3 光明使者
## ——日月谜团

# 4 地球邻居
## ——行星疑云

# 瑰丽浩渺
## —— 宇宙探秘

# 宇宙诞生之谜

宇宙既是无始无终的时间，又是无边无际的空间，我们看到的一切，都是宇宙的一部分。遗憾的是，以人类目前的文明程度和科技水平，根本不足以认识宇宙的全貌，甚至连宇宙是如何诞生的都没法弄明白。

## 大爆炸宇宙模型

1929年，美国天文学家埃德温·哈勃发现河外星系距离与河外星系视向退行速度成正比，这就是著名的哈勃定律。根据这一伟大的天文发现进行推导，人们惊奇地发现，宇宙并不像看起来那样平静，而是不断膨胀的。既然宇宙正在膨胀，那么将时间倒退回去，可以想象过去的宇宙一定比现在小；只要倒退得够久，那么最初的宇宙一定是聚集在一个非常小的容器内的。

哈勃定律问世数年后，比利时天文学家勒梅特根据宇宙膨胀理论，提出宇宙是从一个"原生原子"中产生的。20世纪40年代，受勒梅特思想影响的美国科学家伽莫夫等人正式提出了大爆炸宇宙模型（通称宇宙大爆炸），认为宇宙曾经历了一次超大规模的爆炸，随后就开始不断膨胀，其物质也在不断从热到冷、从密到疏地演化。

该学说诞生后不断得到证实，特别是微波背景辐射的发现，使得该学说成为宇宙诞生的基本理论。但是，该学说在解释星系形成和各向同性分布等问题上存在困难，还要等待更多的发现来解答。

## 其他假说

在大爆炸宇宙模型诞生之初，有一个学说与其分庭抗礼，那就是英国天文学家霍伊尔、邦迪和戈尔德等人提出的稳恒态宇宙模型。该学说认为宇宙中的星体数量、星体密度以及星体的空间运动都处于一种稳定状态，也就是说，一些天体在某处湮灭了，在另一处一定会有新的天体产生，宇宙仅在局部发生变化，而在整体范围内则是稳定的。该学说违背了能量守恒定律，也不能合理解释微波背景辐射等问题，因此逐渐被淘汰了。

此外，宇宙层次假说等学说也试图从其他角度解释宇宙诞生之谜，但都无力撼动大爆炸宇宙模型的地位。当然，宇宙有太多神秘之处，有关宇宙诞生的谜团未来还可能有新的发现。

### 小博士百事问

**什么是微波背景辐射？**

20世纪60年代，天文学家发现了微波背景辐射的存在。这是一种充满整个宇宙的电磁辐射，在太空中是各向同性的。据推断，微波背景辐射可能是宇宙大爆炸后遗留下来的余热，这也成为大爆炸宇宙模型的佐证。

# 宇宙大小之谜

根据大爆炸宇宙模型，宇宙始于约 138 亿年前的一场大爆炸。根据光的传播极限与空间本身膨胀来估算，人类的视野必然局限在 460 亿光年的球形区域内，称为宇宙视界。人类想知道宇宙的大小，就要突破宇宙视界，以目前的科技水平来说是很难实现的。

## "有限无界"

从哲学的角度来讲，宇宙不仅在空间上是无限的，在时间上也是无限的。但是，从天文学的角度来讲，宇宙是有限的。既然有限，那么就应该有尽头，但科学家却认为宇宙是无界的。这是怎么回事呢？

我们在地球上无论往哪个方向走，无论走多远，都

无法到达地球的边界，而是会回到起点，宇宙也是如此。著名物理学家爱因斯坦认为，宇宙中上千亿个星系产生的巨大重力，会让整个宇宙空间发生弯曲，成为一个球体。更准确地说，宇宙就像一个不断膨胀的气球，它并没有固定的中心，其半径是随着时间不断变大的。所以，想知道宇宙的准确大小，几乎是无法实现的。

## 总星系的大小

宇宙虽然无界，但总星系的大小还是可以测定的。所谓的总星系，就是人类目前可观测的宇宙范围。天文学家根据哈勃定律进行推测，获得的宇宙视界约 460 亿光年，通常也可视为可观测宇宙的大小。从这个意义上来说，总星系的大小为 900 多亿光年。当然，宇宙空间正在膨胀，总星系也在不断变大。

随着科学技术的不断发展，人类认识到的宇宙的范围也越来越大。人类是否能够找到宇宙的尽头？天文学家依然在努力探索，这个问题的答案也将始终牵动着天文爱好者的心。

## 小博士百事问

### 光年是一种什么单位？

光年是天文学上的一种距离单位。1 光年是指光在真空中 1 年内走过的路程。光每秒可前进约 30 万千米，1 光年约等于 94605 亿千米。举例来说，距离太阳最近的恒星是半人马座的比邻星，它距离地球 4.22 光年，也就是说，比邻星的光需要在太空中走 4.22 年才能到达地球。

宇宙之谜

# 宇宙**结局**之谜

*越来越多的人相信，宇宙是从一场大爆炸中诞生的。那么，未来宇宙的结局会怎样呢？遗憾的是，这个问题目前并没有一个相对准确的答案。*

## 两种命运的博弈

宇宙的最终命运取决于两种相反力量长时间"拔河"的结果：一种力量是宇宙的膨胀，在过去的100多亿年里，宇宙的膨胀一直在使星系之间的距离拉大；另一种力量则是星系和宇宙中所有物质之间的万有引力，它会使宇宙扩张的速度逐渐放慢。如果万有引力足以使宇宙的扩张停止，那么宇宙注定会坍缩，最终变成

09

一个大火球，这就是"大坍缩"；如果万有引力不足以阻止宇宙的持续膨胀，那么宇宙将变成一个冰冷、黑暗的世界，这就是"大冻结"。

目前，天文学家根据观测结果推测，后一种命运发生的概率更高。然而，眼下人类并没有必要担忧，因为这将发生在遥远的未来，有人推测会发生在上千亿年之后。

## 终结方式

宇宙也许不会突然消失，但是随着时间的推移，它可能会让生命体觉得越来越不舒服，并且最终变得不再适合生命体的存在。这样一来，所有的行星都无法产生新的生命体了。在所有生命体消失后，宇宙还会在日趋冰冷、黑暗的状态下持续存在数百亿年。直到所有的恒星燃尽，不再有新的恒星代替它们，宇宙就完全陷入黑暗和冰冷之中。

　　宇宙将难以避免地走向终结，这的确是令人沮丧的事。但是，对生活在地球上的人类来说，这件事的发生离我们还很远很远。

## 小博士百事问

### 宇宙受到哪些力的影响？

　　研究发现，宇宙存在 4 种基本作用力，它们是引力、电磁力、强力和弱力。引力源于物体质量的相互吸引；电磁力是由粒子的电荷产生的；强力在核反应中起作用；弱力在放射性衰变中起作用。

# 宇宙旋转之谜

我们的地球一刻不停地围绕着太阳旋转，太阳则一刻不停地围绕银河系中心旋转。实际上，就连无比巨大的银河系，似乎也和其他星系一起围绕着某个中心旋转……整个宇宙似乎都在旋转之中。

## 众说纷纭

宇宙中的一切物体都是由电子、质子和中子这样不停旋转着的粒子组成的。目前已知的最小的物质——夸克与最大的物体之一——超星系团，都处于一刻不停的旋转之中。因此，有人提出一个疑问：宇宙也在旋转吗？

有天文学家认为宇宙是在旋转着的，且其

旋转轴与很多天体的旋转轴重合，并计算出了宇宙旋转的角速度。但是，后来其他天文学家重复分析时，并没有得到宇宙旋转的有力证明。于是他们推测，得出宇宙旋转结论的天文学家可能是分析时出现了误差。但是，也有研究者在对银河系外的一些射电源的观测数据进行分析处理时，得出了宇宙存在旋转现象的结论。还有一些研究者通过对微波背景辐射均匀性的计算，一定程度上支持了宇宙旋转的理论，但是并没有得到学术界的公认。

## 新的发现

后来，人们将宇宙旋转问题与暴胀宇宙模型进行了综合研究。所谓暴胀宇宙模型，就是在大爆炸宇宙模型的基础上产生的学说，是为了解决大爆炸最初一刹那所存在的诸多问题而提出的。暴胀宇宙模型认为，在绝大部分时间内，宇宙演化过程都与标准的大爆炸宇宙模型相符合，但宇宙在大爆炸之初的一刹那曾经历过极短时间的极速膨胀，即暴胀。

部分研究者认为，暴胀发生时，宇宙很可能进行着飞速的旋转，这一旋转直到今天依然没有结束，同时也将永远持续下去。但是，他们的结论尚未得到学术界的公认。

宇宙是否在旋转以及旋转的速度等问题，涉及观测精度、数据统计分析方法及宇宙模型等一系列技术和方法，短期内是无法下结论的。

**小博士百事问**

**地球的自转和公转产生了哪些影响？**

地球的自转自西向东，耗时 23 小时 56 分，导致了昼夜的变化；地球的公转也是自西向东，以 365 日 6 时 9 分 10 秒（1 恒星年）为一周，导致了四季的交替。

# 宇宙长城之谜

万里长城是人类历史上最宏伟的建筑之一，但是你可能没想到，宇宙中也存在长城，而且比地球上的长城大了很多倍。

## 庞大的宇宙结构

20世纪80年代，美国天文学家玛格利特·盖勒和约翰·修兹劳根据天体物理中心的红移巡天资料，发现了许多堆叠在一起的巨大"肥皂泡"——由星系组成的大尺度纤维状体。这个大尺度纤维状体位于距离地球约2亿光年

的地方，长约 5 亿光年，宽约 2 亿光年，厚约 1500 万光年。随后，美国《科学》杂志将这个大尺度纤维状体命名为长城，又称 CfA2 长城（CfA 是天体物理中心的英文缩写）。

天文学家推测，CfA2 长城是和暗物质像蜘蛛网一样纠缠在一起的。CfA2 长城被银河系的星盘挡着，星盘中的气体和尘埃遮蔽了天文学家的视野，所以无法确定它是只有这么大，还是会继续延伸下去。

## 更多的长城

CfA2 长城是当时天文学家发现的最庞大的宇宙结构，但它的这一记录并没有保持太久。到了 2003 年，美国普林斯顿大学的天体物理学家理查德·哥特发现了距离地球 10 亿光年的另一个长城，其长度达到 13.7 亿光年。该发现是史隆数位巡天项目的成果之一，因此被命名为史隆长城。

到了 2013 年，史隆长城的记录再次被打破：美国天文学家发现了一个巨大的结构，其长度可达 100 亿光年，是可观测宇宙中最大的单一结构，被命名为武仙—北冕座长城（得名于其在天球上的投影位置在武仙座和北冕座）。这个巨大的结构占到可观测宇宙的十分之一以上，令人叹为观止。

按照大爆炸宇宙模型来推测，武仙—北冕座长城是在宇宙大爆炸后约38亿年内形成的，但是根据目前的宇宙演化模型，这样庞大而复杂的结构不可能在这样短的时间内形成。所以该结构是如何形成的依然是一个巨大的谜团。

宇宙长城的发现，不仅使人们了解到宇宙中最大的发光结构并非超星系团，而且启示人们在浩瀚的宇宙中还有更大、更奇特的天体等待人们去探索。

### 小博士百事问

**宇宙中有哪些比星系更大的天体系统？**

天文学家把100个以内的星系组成的系统称为星系群，把100个以上的星系组成的系统称为星系团。若干星系团聚集在一起会构成超星系团。比超星系团更大的就是宇宙长城。

# 黑洞之谜

从一些最尖端的天文观测系统传回的 X 射线宇宙照片中，天文学家时常会发现从前被认为"消失"了的星体依旧放出强烈的宇宙射线，这些射线的强度远超太阳这样依然存在着的恒星。造成这种怪象的"元凶"，就是宇宙中看不见的黑洞。

## 黑洞的形成

天文学家认为，黑洞形成的必要条件是一个巨大的物体集中在一个极小的范围内，而晚期的恒星恰巧具备这样的条件。当恒星的能量衰竭时，内部的高温火焰不能抵消自身的重力，于是它会逐渐向内聚合，原子收缩，体积变小，进入白矮星阶段；

白矮星进一步内聚，直到其核心坍缩到小于引力半径，就成为一个质量极大并极为紧致的天体。就这样，恒星消失，一个黑洞便诞生了。天文学家相信大多数星系的中心都有黑洞，包括银河系。

## "隐身高手"

黑洞具有无限大的密度和不可思议的引力，附近的物质都可能被吸进去，甚至光都不能逃脱。黑洞很容易让人望文生义，将其想象成一个"大黑窟窿"，其实不然。说它"黑"，是指它就像宇宙中的无底洞，任何物质一旦掉进去，就再也不能逃出来。实际上黑洞是"隐形"的，人们无法直接观察到它，连天文学家都只能对它的内部结构提出各种猜想。黑洞内部到底是什么样子？这是一个令无数天文爱好者好奇的谜团。

此外，黑洞是怎么把自己隐藏起来的？这个问题也引发无数人的好奇。有天文学家推测，在黑洞周围，空间的弯曲程度非常大，能够使光偏离方向。这样一来，被黑洞挡着的恒星发出的光线，会通过弯曲的空间绕过黑洞而到达地球。所以，我们可以毫不费力地观察到黑洞背面的星空，就像黑洞不存在一样，这就是黑洞的"隐身术"。

## "宇宙的归宿"

我们知道宇宙处于不断的扩张中，当扩张中心的物质越来越稀薄时，宇宙就有可能停止扩张。到时候，天体的巨大引力就会引起宇宙的收缩，其中黑洞必然起到重要的作用。根据爱因斯坦相对论的预言，宇宙很可能会消失在无数个黑洞中。真相是否真的如此呢？或许未来某一天能够找到答案。

### 小博士百事问

**天文学家是怎样寻找黑洞的？**

天文学家利用光学望远镜和X射线观察装置密切地注视着许多双子星座，它们谁都不能"俘获"谁。如果其中一颗恒星发生不规则的轨道变化，亮度降低或消失，就可能是因为它的附近产生了黑洞。

# 真的存在白洞吗？

白洞和黑洞一样，都是广义相对论预言的一种天体。白洞就像黑洞的反面，如果说黑洞是一个只进不出的无底深渊，那么白洞则是一个只出不进的喷射源。如今，黑洞的存在已经得到证实，但人类还没找到白洞存在的任何证据。

## 反转的黑洞

　　白洞也是一种致密物体，其性质与黑洞完全相反，它不吸收外部物质，而是不断向周围喷射各种星际物质和宇宙能量。简单地说，白洞相当于反转的黑洞，进入黑洞的物质最后会从白洞出来。正是由于它具有和黑洞完全相反的性质，所以才得名"白洞"。

## 成因之谜

关于白洞的成因，目前科学界有两种不同的见解。

一种得到多数天文学家赞同的观点认为，当宇宙诞生的那一刻，即当宇宙由原初极高密度、极高温度的状态开始大爆炸时，由于爆炸的不完全和不均匀，遗留的一些超高密度的物质暂时还没有爆炸，需要等待一定的时间才开始膨胀和爆炸，而这些遗留下来的致密物质将成为新的局部膨胀的核心，也就是白洞。

另一种观点认为，白洞是直接由黑洞转变而来的，当黑洞坍缩到极限时，可能会发生反坍缩爆炸，开始向外辐射能量，成为白洞。

## 白洞的价值

　　白洞概念提出之后，天文学家发现可以用它来解释一些高能天体物理现象，例如个头极小、亮度却极大的类星体等。因此，不少天文学家对白洞产生了兴趣，做了一些探讨和研究。总的来说，白洞目前还只是一种科学假说，宇宙中是否真的存在白洞这种天体，以及白洞是怎样形成的等问题，都是有待破解的宇宙之谜。

### 小博士百事问

**白洞和虫洞有什么关系？**

　　有人假设，白洞就是黑洞的出口，二者以虫洞相连，进入黑洞的物质会从白洞喷射出来。虫洞就是在不同时空之间"蛀"出的一个捷径。通过虫洞，可能瞬间来到成千上万光年之外的时空，也可能到达过去或未来，甚至可能出现在另一个宇宙。

# 暗物质之谜

你知道吗？宇宙中除了我们看得到的天体，还可能有大量神秘的"隐身"物质——暗物质。有证据表明暗物质是存在的，但人类目前尚未探测到暗物质。

## 消失的质量

1933年，瑞士天文学家兹维基利用光谱红移等技术对星系团进行研究时，发现星系团中的发光物质的质量远远小于根据星系运动"称"出来的星系团质量，也就是说，星系团内大部分物质都是不会发光的。

但是，这一惊人的发现当时没能引起重视，直到几十年后，天文学家发现类似的情况越来越多，这才终于意识到宇宙中可

能真的存在不发光的物质。它们虽然不可见，却能产生引力，于是天文学家将这些物质称为"暗物质"。

## "黑暗主宰"

近些年来，天文学家根据对宇宙大尺度结构、微波背景辐射等的研究，发现暗物质的质量远远大于可见天体的质量。但是，宇宙中的暗物质究竟有多少？它们占有多大的比例？目前天文学家还只能做出一些估算，最保守的估算是暗物质加上暗能量等的质量占宇宙质量的三分之二以上。

暗物质分为热暗物质和冷暗物质，其中冷暗物质居多，其差异在于暗物质粒子的运动速度。从理论上来说，冷暗物质粒子不直接参与电磁相互作用，但会参与弱相互作用和引力相互作用，正是它们"拉扯"着发光物质，将发光物质束缚在星系、星系团等天体系统内。可以说，暗物质就是宇宙的"黑暗主宰"。

## 不懈探索

暗物质的组成成分究竟是什么粒子？它们的形成和运动规律又是怎样的呢？这些是世界天文学界共同关心的问题，寻找暗物质则是世界高能物理研究的热点之一。科学家们正积极地在地下、地面和宇宙空间中对宇宙线粒子进行测量，力图找到暗物质的踪迹。

人类还没有直接探测到暗物质粒子，一旦探测到其存在，目前已经成熟的粒子物理标准模型就会遭到严峻挑战。也有一些科学家正在努力证明暗物质不存在，他们认为宇宙中的那些奇特现象是由其他原因导致的。由此看来，对暗物质的探索还有很长的路要走。

**小博士百事问**

**人类运用了哪些手段来探测暗物质？**

人类运用了多种手段来探测暗物质，如利用暗物质地下探测实验室进行直接探测，利用卫星或空间站搭载的空间探测器进行间接探测，利用对撞机等超大型加速器在实验室中生成暗物质粒子。目前这些探测手段都在进行中。

# 璀璨天河
## ——解码银河系

# 银河系诞生之谜

我们生活的地球广袤无垠，但它只是银河系中一颗不起眼的行星。如此庞大的银河系究竟是怎么形成的呢？科学家给出了一些假设，其中原始星云演变说是主流假说。

## 原始星云演变说

有天文学家根据同位素年代测定的结果，认为银河系可能出现在宇宙大爆炸之后约5亿年。也有人认为银河系诞生于约100亿年前。总之，银河系算得上是星系中的"元老"，在宇宙大爆炸后不久就诞生了。

　　根据大爆炸宇宙模型，银河系是由宇宙大爆炸之后出现的一个或若干个密集的原始星云形成的。原始星云是密度均匀、迅速坍缩的巨大气体球，可以视为星系的"种子"，其中孕育出了银河系最初的恒星。此后银河系通过"吞并"附近的天体和气体日益增大，逐渐成为今天的样子。

## 暗物质与黑洞"推波助澜"

　　原始星云为何能一步步演变成银河系？天文学家联想到了暗物质。他们认为，暗物质由于密度较高，因此有着较强的引力，从而帮助原始星云从周围吸引其他物质。这些物质在暗物质形成的"茧"内不断碰撞、加热、爆发等，逐渐形成了现在的银河系。

此外，黑洞也是星系演化的一个重要阶段。有天文学家认为，在银河系形成过程中，银心的黑洞起到了关键作用。黑洞通过自己那无比强大的引力场，将周围的物质吸引过来，这才使得银心拥有了巨大的质量，银河系才成为今天这个样子。

当然，原始星云是如何构成银河系的？暗物质和黑洞又是如何对银河系的形成"推波助澜"的？这一系列问题还没有得到确切的解答。迄今为止，银河系的诞生依然是一个不解之谜。

**小博士百事问**

**为什么说银河系并不孤单？**

银河系是本星系群的一员，本星系群是一个由几十个星系组成的星系群，半径为300多万光年。同时，本星系群又是室女座超星系团（又称本超星系团）的一员。在室女座超星系团这个包括一千多个星系的庞然大物中，银河系也不过是普通一员罢了。

# 银心之谜

一开始，人类以为地球是宇宙的中心；后来，人类又把太阳视为宇宙中心；到了18世纪，天文学家认为太阳是银河系的中心；今天，太阳已经被"流放"到银河系的边缘。银河系的中心——银心的真面目，还隐藏在层层迷雾之中。

## 神秘的"面纱"

银心距太阳系"仅有"约2.6万光年，按照人类的观测水平，应该很早以前就能认识到其真面目。然而，对银心的观测并不容易，原因是银心到处充满了星际尘埃。这层厚厚的"面纱"，让人类在很长时间内无法探索其中的奥秘。后来，随着观测手段的不断改进，特别是对星际尘埃无法遮挡的红外线和射电波的运用，人类对银心的了解才不断加深。

今天，人们已经知道银心位于人马星座方向，是一个很亮的球状区域，主要由高密度恒星组成，活动十分剧烈。至于那里的更详细的情况，就不是人类目前的观测水平能够探明的了。

## 银心黑洞

天文学家早就推断银心有一个超大质量黑洞，但长期无法找到黑洞存在的证据。

　　早在 1932 年，美国无线电工程师央斯基就发现了来自银心的射电波。接着，人类开始不断接收到银心核球发出的强烈红外线和射电波信号，这表明那里有一个强大的射电源，有人据此推测银心可能是质量极大的矮星群。

　　经过多年观测，天文学家做出一个更为大胆的假设：银心有一个大质量的致密核，它可能是质量为太阳质量数百万倍的巨大黑洞。接着，美国天文学家又探测到围绕银心运动的气体流。这股气体流距离银心越远，速度越慢，很可能受到银心黑洞的直接影响。

　　终于，位于银心的黑洞——人马座 A* 被发现了。此后，人们开始对其进行长期观测。到了 2022 年 5 月，天文学

家展示了这个位于银河系
中心的超大质量黑洞的首
张照片。这张照片告诉我
们，银心确实存在一个超
大质量黑洞，它也是离人
类最近的超大质量黑洞。

　　虽然人类已经得到了
人马座 A* 的照片，但未来
对银心的观测依然困难重重，其阻碍主要还是那些星际尘
埃。要想进一步揭开银心的真面目，还需要全世界天文学
家付出更多的努力才行。

## 小博士百事问

### 阻挡人类视野的星际尘埃非常稠密吗？

　　恰恰相反，星际尘埃是非常稀薄的，即使是在形成尘埃
云块的地方，每立方米也不过几百个颗粒，比从地球上的实
验室中得到的真空还要稀薄。但是地球距离银心太遥远了，
这些稀薄的星际尘埃的遮光效应得到累积，因此呈现出"迷
雾重重"的状态。

# 银河系旋臂之谜

我们的银河系不过是宇宙中一个普通的星系，它的结构也并没有什么特别之处。由于银河系太过庞大，要认清其全貌是非常困难的。其中，银河系最显眼的结构——旋臂，就有很多未解之谜。

## 银盘与旋臂

天文学家借助河外星系（如仙女星系）的形态，再结合多种观测手段，对银河系的结构有了一定的认识。

银河系中绝大多数的物质，包括我们的太阳系，都处在银河系的主体——银盘上。银盘呈扁平圆盘状，直径约为 8 万光年。包围着银盘的，是稀疏分布着一些恒星的球形的银晕，它的直径约为10万光年。银晕的外侧则是尺度尚无法完全确定的暗晕。

银盘的主要结构就是旋转的"手臂"，被称为旋臂。天文学家早就发现了旋臂的存在，却无法弄清旋臂产生的原因。有人推测，银河系中存在着一种密度波，经过密度波的恒星和星际气体都会因密度波的引力作用而变得密集，同时运行速度也变得缓慢起来，于是形成了旋臂。当然，这只是一种猜测，旋臂的形成原因还存在很多无法解释的地方。

### 旋臂数量成谜

今天，天文学家通常认为银河系是一个棒旋星系，结构上最显眼的就是旋臂，其中包括船底－人马臂、矩尺臂、盾牌－半人马臂和英仙臂。人们还通过探测银河系一氧化碳分子的分布情况，发现了其他旋臂，例如太阳所在的猎户－天鹅支臂等。

银河系到底还存在多少支臂和小旋臂，这些都是目前的观测和研究想要弄清楚的。

## 小博士百事问

**银河系的旋臂是由什么物质构成的？**

所谓的旋臂，其实是恒星、星际气体和尘埃的聚集区域。这些区域的恒星并不是固定不变的，而是有大批恒星"进进出出"的，总体上保持着数量的平衡，因此旋臂的形状也大致不变。

# 星系之间会相撞吗?

我们的银河系也许会在 50 亿年内同"近邻"仙女星系发生碰撞并融为一体。这并非凭空猜测,而是根据很多观测结果得出的判断,但具体的发生时间和过程就不是当前能够预见的了。

## 目睹"撞车案"

美国天文学家曾借助太空望远镜,观测到 4 个巨大的星系团相互碰撞,并且正在合并成一个比人类迄今为止观测到的所有星系都要大的超大规模星系。由此可见，尽管星系结构是稳定的，但是由于星系中物质的分布比较稀疏，星系之间各种引力的交互作用是比较强的，足以引发星系碰撞。

天文学家利用太空望远镜上的近红外光谱仪，观测到这个正在融合的星系团包含 4 个水滴形状的椭圆形星系，它们发出罕见的扇形光雾。在这 4 个星系中，3 个有银河系那么大，另一个的大小是银河系的 3 倍。天文学家预测，这 4 个星系碰撞后将最终合并成一个单一的巨大星系。在星系碰撞期间，将有数十亿颗较老的恒星被抛射出来，最终有一半的恒星重新组成一个新的星系。

## "撞车"场景预测

有科学家推测，银河系在 50 亿年内会跟仙女星系发生碰撞，这两个星系都非常庞大，它们碰撞的一瞬间会互相摩擦，使大量气体和尘埃随之旋转，互相融合，变成各种各样的奇异形状。有天文学家将其形象地比喻为两辆运土卡车相互猛烈撞击，致使灰土四处扬起。

由于银河系和仙女星系的大小差异不算太悬殊（仙女星系的直径约为银河系的 1.6 倍），因此它们碰撞后会缺乏足够的动能来让自己继续"旅行"，随之彼此"坠"向对方，最终合并成一个星系。如果参与碰撞的一个星系比另一个大得多，那么前者在碰撞后基本保持原样，而后者则被撕裂，成为前者的组成部分。

　　星系之间的"撞车"现象是如此"暴力"、如此壮观，但是碰撞的结果究竟如何，目前还只能预测。但有一点是无疑的，那就是星系碰撞是宇宙中的常见现象。

### 小博士百事问

**宇宙中存在碰撞后形成的星系吗？**

　　在人类观测到的宇宙内，除了常见的旋涡星系和椭圆星系，还有一类环星系，被称为霍格天体。霍格天体的形成原因至今仍是一个谜。有人认为，霍格天体的形成就是几十亿年前某两个星系互相碰撞的结果。

# 银河系扭曲之谜

多年来，天文学家始终因银河系的主体结构——银盘边缘的翘曲、起伏和摇摆而疑惑不已。尽管他们做出种种假设，但始终没能弄清楚银河系扭曲的真正原因。

## 日益扭曲的银盘

很多年以前，天文学家就已经知道银盘边缘是扭曲的。意大利科学家对银河系构造进行分析时，发现银盘的扭曲度比原来想象的至少要多出70%，而且这片扭曲区域的面积极为广阔，约有 2 万光年。这片区域不但扭曲变形，而且还在持续颤动。目前看来，这种扭曲和颤动对地球上的生命没有任何影响。

这种扭曲不仅发生在银河系，天文学家已经发现 10 余个星系的边缘都出现了扭曲现象。

### 可能的原因

有天文学家将银河系的扭曲与星系碰撞联系到一起，认为围绕银河系运转的人马座矮星系正在被银河系慢慢吸收，使得银盘的边缘出现扭曲。

也有天文学家将银盘边缘扭曲的原因归咎于银河系的"邻居"——大小麦哲伦星云。它们是银河系的两个伴星系，不断围绕银河系进行旋转。天文学家推测，它们穿过银河系四周的暗物质时，可能引起暗物质的激荡，使得它们对银河系的引力影响进一步扩大，导致银盘出现扭曲并颤动不已，就像驶过水面的船只引起波浪一样。

以上两种意见都将银盘扭曲的原因归结为外部影响，但也有天文学家表示反对，他们认为银盘扭曲是银河系自身的运动轨迹、能量变化导致的。

究竟是什么原因导致银盘扭曲呢？迄今为止，这依然是一个谜。

### 小博士百事问

**大小麦哲伦星云是怎样的天体？**

大小麦哲伦星云是南天银河系附近两个肉眼可见的云雾状天体，它们与银河系组成一个三重星系。大麦哲伦星云距离地球16万光年，位于剑鱼座和山案座两个星座的交界处，直径相当于12个月球视直径；小麦哲伦星云距离地球19万光年，在杜鹃座，直径相当于4个月球视直径。

# 恒星数量之谜

银河系由恒星、恒星集团、星际物质和暗物质聚集而成。在这个庞大的区域内，到底存在多少颗恒星呢？这至今是一个难解的谜团。

## 数星星的赫歇尔

17世纪初，意大利天文学家伽利略首先用望远镜观察了银河系。他发现，这是一个恒星密集的区域。后来英国天文学家赖特提出了关于银河系的猜想，并具体描绘了银河系的形状。他认为银河系像一个扁平的"透镜"，连同太阳在内的众星都位于其中。

18世纪，英国天文学家威廉·赫歇尔发现银河系中心有很多恒星，距离中心越远则恒星越少。他的观测表明，银河系确实是一个恒星体系，并且其范围是有限的。他依然认为太阳靠近银河系中心，并估计银河系中有3亿颗恒星。

威廉·赫歇尔决心绘制银河系。为了实现这一目标，他开始用望远镜来数星星。他把天空划分为300多个区，然后数每个区有多少颗星星，这项工作他做了很多年。经过辛苦的工作，他共数出17万颗以上的星星。这样计算出来以后，他就构建出一个银河系的模型。该模型的长度

跟宽度的比是 4 ：1。在这个模型中，太阳在银河系中心的附近。

经过威廉·赫歇尔的努力，人类对银河系的认识真正有了突破，"银河"从想象中的河流变成了一个星系——由无数恒星所组成的系统。认识银河系的过程很不容易，人们脑海中的"银河"从一个美丽的传说到真正变成一个恒星的系统，中间大约经过了 2000 年。

## 无法统计的数量

赫歇尔当初利用望远镜数出来的 17 万多颗星星自然

不可能是银河系的全部星星。今天我们已经知道，银盘的直径约为8万光年，而太阳系距离银盘中心约2.6万光年，由此可见，太阳并不处于银河系的中心位置。占银河系发光物质质量90%以上的是恒星，数量在1000亿颗以上，至于具体数字，以人类目前的观测水平是无法统计出来的。因此，银河系中究竟有多少颗星星，至今仍然是一个未知数。

**小博士百事问**

**我们用肉眼能看到多少颗星星？**

在无云的夜晚，我们用肉眼能够看到6000多颗恒星，这些不过是银河系恒星中的九牛一毛罢了。

# 恒星质量之谜

银河系中发光物质最主要的就是恒星。给恒星"称体重",或者说求恒星的质量,是天文学家感兴趣的事,但是目前人类的科技水平只能对此做出估算,恒星的准确质量在很长时间内都会是一个谜团。

## 长期存在的难题

我们夜空中的恒星,都是非常遥远的天体,但人类依然能看到它们的光辉,所以恒星的真实亮度一定是很强的,

而存在了几十亿年的强光源的质量一定是很可观的。

长期以来，恒星的质量到底是多少这一问题一直困扰着天文学家。对于距离地球最近、最便于测量的恒星——太阳，人类已经可以计算出它相对准确的质量，但是习惯上依然将太阳的质量视作天文学上的未解之谜，更不用说其他恒星的质量了。

### 惊人的密度差

研究表明，恒星的质量大多为太阳质量的百分之几到100倍不等。如果质量过大，恒星就会爆炸瓦解；而如果质量过小，恒星的中心温度就不会很高，也就不能成为具有恒星性质的天体。不同恒星之间的直径可以相差 1 亿倍以上，而恒星之间的质量相差最大时也只有几千倍。这就不难想象恒星之间的密度差别是何等惊人了。

## 恒星质量上限

德国天文学家利用哈勃太空望远镜对银河系中的一个年轻星团——圆拱星团进行了观测。这个星团由数千颗恒星组成。该星团靠近银河系的中心，这个区域有利于恒星的形成。起初，天文学家期望能在圆拱星团中找到超大型恒星，但是从星团中恒星的亮度和组成恒星的物质来判断，其中没有一颗恒星的质量超过太阳质量的 150 倍。其他天文学家对圆拱星团附近的另一个星团进行了观测，尽管观测的恒星数量较少，但是仍然得到了类似的结果，即银河系恒星质量的上限大约是太阳质量的150倍。

目前，天文学家只能大致计算出特殊的双星系统的质量，一般恒星的质量只能根据质光关系等方法进行估算。相信随着科学技术的不断进步，人类将一步步揭开恒星质量的面纱。

### 小博士百事问

**科学家是如何推测双星系统的质量的？**

根据一颗恒星围绕另一颗恒星的运动情况，可以利用开普勒第三定律计算出这两颗恒星的质量关系。开普勒第三定律是一个适用于一切二体问题的普适定律，可以根据双星系统的绕转周期以及半长轴来估算双星系统的质量。

# 天狼星**变色**之谜

> 天狼星是除太阳之外全天最亮的恒星，看起来呈蓝白色，格外明亮而美丽。但是在古人的描述中，天狼星是红色的。它为什么会变色呢？

## 多贡族人的传说

提到天狼星，就不得不提到非洲的多贡族人，在他们的族群中一直流传着天狼星的传说。早在天文学家发现天狼星的伴星之前，多贡族人就知道天狼星是由一颗大星和一颗小星组成的。此外，他们还认为天狼星附近存在一颗人类至今没能发现的恒星。族中的老人还能画出这三颗星的运行路线。同时，多贡族中还传说，天狼星原本光芒奇特而强烈，在一次爆炸后才逐渐暗淡下来。

以上说法均来自美国作家罗伯特·坦普尔的《天狼星之谜》。很多人认为书中内容出自作家的虚构和夸张，但书中有关天狼星变色的记载，还是引起了天文学家的重视。

### 扑朔迷离的颜色

天狼星作为夜空中最亮的恒星，在世界各地都受到重视。我国古代将天狼星视为异族的象征，例如，西汉时期的史学杰作《史记·天官书》中就记载："其东有大星曰狼。狼角变色，多盗贼。"到了南北朝时期，《灵台秘苑》一书中又说："狼星……芒角动摇、变色，兵起；光明盛大，兵器贵。……其色黄润，有喜；色黑，有忧。"这些记载没有提到狼星（指天狼星，古人不知道天狼星是双星）是红色的，反而有天狼星是白色的记载，《史记·天官书》就有"白比狼"的记载，将天狼星视为标准的白色恒星。无疑，我国古人认为天狼星的确会变色。古罗马人则将天狼星称为犬星，古罗马书籍记载，红色的犬星出现时正值干旱少雨、热病肆虐的盛夏，此时古罗马人会用一只红毛的狗作为祭品来祭祀天狼星。在古巴比伦人的记载中，天狼星也是红色的。

看来，古人真有可能看到过红色的天狼星。为什么今天观察到的天狼星却是蓝白色的呢？有天文学家做出了一些猜测。例如，有的天文学家认为古人是在天狼星接近地平线时观察它的，由于地球大气的折射，它才呈现红色。还有一些天文学家认为，天狼星呈现红色，是其伴星导致的。在古人观测时，天狼星的伴星还是一颗红色巨星，其光芒导致古人观测时出现偏差。在之后的某一年，天狼星的伴星突然爆炸，变成了不发光的白矮星，天狼星也就呈现本来的颜色了。

以上假说与多贡族人的传说大同小异，这让天狼星变色之谜变得更为扑朔迷离。至于真相，还要等天文学家进行更多观测和研究后才能揭晓。

### 小博士百事问

#### 什么是星等？

星等是天文学上对星星明暗程度的一种表示方法，分为视星等和绝对星等，常用的为视星等。视星等数越小，星星越亮。天狼星的视星等为 $-1.46$，是除太阳之外全天最亮的恒星。

# 光明使者
## ——日月谜团

# 太阳系起源之谜

太阳系是地球的"摇篮",也是人类赖以生存的天体系统。太阳系与人类的关系如此密切,以至于许多天文学家对其起源充满兴趣,进行了大量研究,但至今仍停留在假说阶段。

## 星云说

星云说最先由德国哲学家康德提出,几十年以后,法国数学家拉普拉斯又独立提出了这一理论。他们认为,整个太阳系的物质都是由同一个原始星云形成的，星云的中心部分形成了太阳，外围部分形成了行星。然而，康德和拉普拉斯的观点也有着明显的差别。康德认为太阳系由冷的尘埃星云演变而来，先形成太阳，后形成行星；拉普拉斯则认为原始星云是气态的，且十分灼热，原始星云迅速旋转，先分离成圆环，圆环凝聚后形成行星，太阳的形成要比行星晚一些。尽管他们的看法有这么大的差别，但是他们的大前提仍然是一致的，因此人们便把他们的观点合二为一，称为"康德－拉普拉斯假说"。

## 灾变说

灾变说的首创者是法国博物学家布封。他认为太阳是最先形成的，之后由于偶然的机会，一颗大彗星从太阳附近经过（或撞到太阳上），把太阳上的物质吸引出（或撞出）一部分，这部分物质后来就形成了行星。根据这个学说，行星物质和太阳物质应源于一体，它们有"血缘"关系，或者说太阳和行星是"母子"关系。布封把太阳系的起源归结为一次偶然的撞击事件，而不是从演化的必然规律去客观地探讨，因此灾变说并未得到广泛的支持。

## 俘获说

支持俘获说的研究者认为，太阳在星际空间运行时遇到了一团星际物质，它靠自己的引力把这团星际物质俘获了，之后，这些物质在太阳引力的作用下加速运动，类似滚雪球，由小变大，逐渐形成了行星。

虽然各种假说均有一些观测、计算和理论根据，但是都存在着一些不足，所以都没能被普遍接受。也许在未来的某一天，太阳系起源之谜能够被人们解开。

## 小博士百事问

**盛极一时的灾变说为何逐渐被抛弃？**

如果小天体撞击到太阳上，由于质量太小，它不可能把太阳上的物质撞出来，自己反而会被太阳吞噬掉。如果说彗星与太阳相撞而形成银河系，这种概率就更小了。这一点使得灾变说很难自圆其说，因此逐渐被抛弃。

# "复仇星"真的存在吗?

银河系中半数以上的恒星都是以双星的形式出现的。有的天文学家提出了一个大胆的假设:太阳也有一个伴星。如果找到这颗伴星,天文学中的很多矛盾现象就可以得到合理的解释。

## "复仇女神"

美国的理查德·穆勒为了解释地球上周期性的大灭绝现象,就假设太阳并不是一个"单身汉",而是有一颗伴星。他认为这颗伴星可能是红矮星或棕矮星，距离太阳50000 ~ 100000天文单位，并以希腊神话中的复仇女神涅墨西斯的名字为其命名，一般翻译为"复仇星"。

穆勒假设这颗被称为复仇星的恒星并不像太阳这般"友善"，而是一个歹毒的"杀手"。复仇星每隔2600万年就会"派出"彗星轰击地球，它也是6500万年前恐龙灭绝的"罪魁祸首"。

## 复仇星的"伎俩"

复仇星是如何指挥彗星的？穆勒又联想到了另一个假

设的"彗星云"——奥尔特云。
奥尔特云是天文学家假设的
包围太阳系的球状云团，
其中活跃着无数的彗星。
穆勒想象，复仇星的公转
周期为 2600 万年，当其经
过奥尔特云时，就会干扰彗
星的轨道，使数以百万计的彗星
进入太阳系，从而增加了彗星与地球发生碰撞的概率。

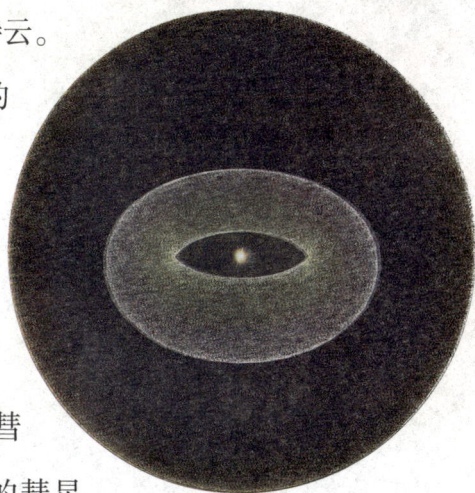

## 饱受质疑

为了找到复仇星，穆勒等人已在北半球拍下了几千张暗星照片，并且为了比较，每隔一段时间就重拍一次，不过观测上的困难是很多的。

对于复仇星的假设，一些天文学家提出了疑问。他们转而寻找太阳系的第九大行星，想借此来解释彗星周期性轰击地球的原因。也有天文学家认为，即使复仇星真有存在的可能，其所造成的彗星轰击也不一定有 2600 万年的周期。

也有天文学家认为，地球周期性大灭绝的原因并不一定是太阳存在伴星，也可能是太阳系在银河系平面中上下摆动，并振动了奥尔特云，由此产生的影响与假设中的伴星相似，但太阳系上下摆动的周期仍有待进一步观测。

## 小博士百事问

### 什么是天文单位呢？

我们知道，光在真空中的传播速度约为 30 万千米/秒，而太阳与地球的距离约为 1.5 亿千米，因此从太阳上发出的光需要 8 分多钟才能到达地球。天文学家将这段距离视为测量太阳系内空间的"尺子"，命名为天文单位。一旦超出太阳系，天文单位就不再适用了。

# 太阳振荡之谜

太阳表面的活动现象相当丰富，也非常复杂，除了常见的太阳黑子、耀斑等，还包括壮观无比的太阳振荡。

## "跳动的心脏"

1960 年，美国天文学家莱顿对太阳表面进行观测，目的是测定太阳表面沸腾运动的情况。但是，他意外发现太阳仿佛是一颗"跳动的心脏"，其表面的气体在进行周期性的起伏运动，每次震荡持续许多周期，每个周期约 5 分钟。太阳振荡不同于太阳黑子和耀斑，它不仅具有周期性，而且遍布整个日面，有"日震"之称。

莱顿的发现从根本上改变了人们对太阳活动的认识，

因此受到广泛重视。世界各国的天文学家都开始对太阳振荡进行观测，他们不仅证实了太阳表面5分钟的振荡周期，还发现了7~8分钟、52分钟等的振荡周期。此外，苏联等国的天文学家还发现了160分钟的长周期振荡。但总的来说，5分钟的振荡周期是最为常见和明显的。

## 振荡的原因

导致太阳振荡的原因是什么？多年以来，这都是天文学家苦苦思索的问题，但他们始终没能找到答案。他们意识到，太阳振荡虽然发生在太阳表面，但根源一定在太阳内部。

有人假设，太阳振荡是太阳内部的三个因素导致的：气体压力、重力和磁力。这三种力有时独立起作用，有时两两结合，甚至可能三者合并，引发了太阳表面气体接连不断、汹涌澎湃的振荡。有人进一步推测，气体压力独立起作用时，就会引发太阳5分钟的振荡周期；多种力起作用时，就会引发长周期振荡。

这些解释只是天文学家的推测，究竟正确与否，还无法下定论，这有待更多的观测与研究。

## 小博士百事问

### 最强烈的太阳活动是什么？

耀斑是太阳大气中局部区域亮度突增的现象。耀斑来势猛、能量大，在短短一二十分钟内释放出的能量相当于地球上十万甚至百万次强火山爆发的能量总和。此外，耀斑对地球上的通信有强烈的干扰作用，也会对正在太空遨游的航天员构成威胁。

# 太阳元素之谜

太阳上到底有哪些元素，是让很多天文学家好奇的问题。他们已经找到数十种元素，但至今还无法确定太阳元素到底有多少种。

## 发现了氦

人类发现的第一种太阳元素，就是今天应用极为广泛的氦。氦的发现颇有几分传奇色彩。

1868 年 8 月，法国天文学家詹森到印度去观测日全食，主要目的是弄清日珥现象产生的原因。在紧张的观测中，詹森发现太阳谱线中出现了一条黄色谱线。如果是双线，就可能是当时已经发现的钠元素，但这条黄色谱线却是单线。詹森敏锐地意识到，自己可能发现了一种新的化学元素。第二天，他进行观测时，再次发现了这条黄色谱线，这让他坚信自己的判断是正确的。

巧合的是，英国天文学家洛克耶几乎与詹森同时发现了这一新元素的存在。不久，这一新元素被命名为氦，在希腊语中是"太阳"的意思。又过了20多年，科学家在地球上也发现了氦元素的存在。今天，氦的用途已经非常广泛了，常见的如氦气球等。

## 更多发现

发现氦之后，天文学家继续寻找太阳元素。经过多年的观测，人们发现太阳上最多的元素就是氢和氦，此外还有氧、碳、氮、氖、镁、镍、硫、硅、铁、钙等含量较多的元素及数十种稀有元素。到20世纪80年代，天文学家一共认定太阳上共有73种元素，此外还有19种疑似存在的元素，其中包括 9 种放射性元素。直到今天，太阳上到底有多少种元素还是众说纷纭，有人认为有 64 种，有人认为有 90 多种，还有人认为有 100 种以上。

太阳上到底有多少种元素？科学家还在积极进行探索。相信随着探测技术的不断进步，这个谜团未来一定能揭晓。

### 小博士百事问

**哪些元素在太阳燃烧时起到关键作用？**

有人推测，太阳元素中含量最高的氢和氦在太阳燃烧时起着关键作用。支持该观点的人认为，太阳中心的高温和高压使得氢原子之间进行激烈的碰撞，形成较重的氦原子核，同时释放出大量的能量。这就是太阳能量的来源。

# 月球**来历**之谜

　　月亮作为地球唯一的天然卫星，在夜晚给人类带来光明。无数人思考过这样一个问题——月球是从哪里来的？今天，天文学家也在努力探索这个问题的答案，但是目前仍然停留在假说阶段。

## 俘获说

　　这一假说认为，月球原本是在遥远的宇宙中形成的，在偶然飞过地球身边时，被地球强大的引力"俘获"了，于是成为地球的卫星。但是，这一假说却无法解释轨道问题。如果一颗小行星从地球旁边经过，那么它极有可能只是略微改变了一下轨道，是不太可能被地球"俘获"过来的，为什么唯独月球被地球引力"俘获"了呢？而且，如果月球是其他地方飞过来的，那么它飞进太阳系后，由于太阳引力比地球引力大很多倍，月球应该受到太阳的引力飞向太阳，而不是受到地球的引力留在地球周围。因此，俘获说是经不起推敲的。

## 分裂说

这一假说认为，地球原本和月球是一体的，当时二者都是以液态存在的。由于地球自转速度非常快，很多物质被"甩"了出去，渐渐凝聚成了月球。但是，航天员登上月球后，取回不少月球土壤，经过化验分析得知，月球土壤成分和地球不同。由此可见，"月球是从地球分裂出去的"这一说法很难令人信服。

## 同源说

这一假说认为，大约在 46 亿年前，地球和月球都是太阳星云的一部分。原始地球形成后，其周围的气体团块状物质慢慢凝聚成月球，二者在引力和离心力的作用下开始在各自的轨道上运行。但是，这一假说面临着与分裂说一样的质疑：地球和月球的结构成分差别太大，如果二者是经过相同的过程形成的，就不应该有这么大的区别。

## 撞击说

目前，撞击说得到了较为广泛的认同，该假说在一定程度上解释了月球轨道特征和地球、月球成分差异的问题。该假说认为，地球形成早期，遭到了一个像火星那样大的天体的撞击，撞击出的碎块既有一部分地球上的物质，也有一部分"肇事者"上的物质，这些物质聚集成了月球。这一假说虽然相对合理，但也有很多无法解释的地方，还有待更多探测结果的支持。

## 小博士百事问

### 月球"外星飞船"说是怎么回事？

苏联的天文学家做过一个十分大胆的假设：月球看上去是一颗荒凉的星球，实际上是外星人改装后的宇宙飞船，内部是空的，有着各种远超人类科技的仪器，用来探测太阳系的数据。不过，这种说法太过离奇，没有得到多数人的认可。

# 地球邻居
## ——行星疑云

# 水星冰山之谜

水星是太阳系八大行星中离太阳最近的一颗，饱受太阳的炙烤，按理说是不存在水的，为什么要叫水星呢？但是，天文学家的最新研究成果显示，水星可能并非名不副实。这是怎么回事呢？

## "水手10号"的发现

为了揭开水星之谜，美国航空航天局在 1973 年发射了"水手 10 号"行星探测器。"水手 10 号"在日心椭圆轨道上 3 次掠过水星，拍摄了水星表面大量坑穴的照片，从此水星的真面目逐渐被揭开了。

第三次掠过水星时，"水手 10 号"从距离水星 20 万千米处拍下了大批照片。根据这些照片可以判断，由于水星太小、温度太高，其引力不足以长期留住大气层，因此水星只有一个稀薄的、局限在表面的外逸层，无法形成云和雨。就算是给水星送去水，水星表面的高温也会使液体和气体分子的运动速度加快，使其逃出水星的引力场。

## 水星上的冰山

由于水星是离太阳最近的行星，它面向太阳的一面会受到烈日的暴晒，温度约 440℃。在这种温度下，如果真有水的话，也早就蒸发了。它的另一面背向太阳，温度很低，最低达 -160℃以下，或许那里存在水的固体形态——冰。

此外，有证据表明，水星的两极可能存在真正的冰山。这些冰山都处在太阳从未照射到的火山口内和山谷之中的阴暗处。据判断，这些冰山是约30亿年前生成的，总重量有数千亿吨。

由此可见，水星上真的有水。那么，这些冰山是怎么来的？是水星原本就有的，还是陨星或彗星带来的呢？这个谜团想必会随着探索研究的深入逐渐被揭开。

## 小博士百事问

### 水星表面是什么样子的？

水星表面和月球表面一样，到处凹凸起伏，环形山星罗棋布，此外还有高高的悬崖、挺立的峭壁、长长的峡谷、绵延的山脉、辽阔的平原和盆地，远远看去，简直和月球表面没有什么两样。

# 木星是下一个太阳吗?

有人认为,太阳系八大行星中的"老大哥"——木星,在未来很可能改变自己的属性,成为太阳系中的"第二个太阳"。这是真的吗?

## 会发热的行星

2000多年来的天文观测资料表明,木星的亮度在逐渐增大。另外,根据理论计算,木星的表面温度应该是 $-168℃$。然而1974年12月"先驱者11号"飞过木星时,却测得它的表面温度为 $-148℃$。根据现在的探测,木星的表面温度还要更高一些。一般行星的表面温度是稳定的,从太阳那里接收的能量与其发散到宇宙空间的能量保持平衡,但木星却是"支出"大于"收入"。这说明木星内部存在着丰富的能源，它是一颗能自己发热的行星。

## 新生的太阳?

一些天文学家认为，木星内部正在像太阳那样进行着热核反应，而且核心温度越来越高。他们还认为，太阳以太阳风的形式向外抛出的粒子，相当一部分被木星"俘获"，木星的质量和能量因而逐渐增加，太阳却日渐衰弱。30亿年以后，太阳将像一个垂暮的老人，而木星就会像一颗新生的太阳一样，照亮茫茫的太空。

## 不可能的任务

多数天文学家还是给"木星太阳说"的爱好者泼了冷水：木星的体积只有太阳的千分之一，中心温度只有太阳的数百分之一，不足以产生热核反应，因此木星不具备成为恒星的条件。他们认为，木星过剩的能量不过是它在形成之初从原始星云中积聚的热能。

那么，木星要变成下一个太阳，需要满足哪些条件呢？有研究者推测，木星的质量只有超过太阳的7%，才足以出现热核反应。那就是说，木星的质量必须是现在的75倍以上，其内部的液态氢才会在高温高压的状态下转变为氦，同时释放出大量的能量，这样一来，木星也就成了一颗恒星。问题是，木星的质量会不会增加这么多呢？根据今天的科学水平，天文学家想象不出木星该怎样完成这个"不可能的任务"，木星想要在太阳燃尽所有能量之后"接班"，几乎是不可能实现的。但是，仍有一些天文学家相信，木星在遥远的未来能够通过某种方式获得大量的质量，成功"升级"。

木星到底能不能演变成恒星，即木星是否有可能成为未来的太阳，还有待人们进一步去考察。

### 小博士百事问

**木星还有哪些与太阳类似的地方？**

根据空间探测器的探测结果，木星和太阳一样，都没有坚硬的外壳，主要的构成成分为液态氢，但质量的四分之一是由含量远比液态氢少的氦提供的。同时，木星和太阳均是通过对流形式进行能量释放的。

84

# 天王星 "懒散" 之谜

天王星是一颗蓝色的气态巨行星，也是太阳系中最冷的行星。说起天王星最大的特点，就非它那"懒散"的旋转姿态莫属：它几乎是"横躺"着围绕太阳公转的。

## 难以观测的行星

1781 年，英国天文学家威廉·赫歇尔意外发现了天王星，它也是人类第一次使用望远镜发现的行星。天王星是一颗寒冷而黯淡的行星，其表面温度约为 –180℃，但大气层外却有着极高的温度。天王星的光芒较为黯淡，最亮时也只有6等星的亮度，在天气条件良好时，肉眼勉强能够看到。

天王星也有行星环，但环带细而暗，在地面上用大型望远镜也看不见，因此人类发现天王星之后的200余年间一直没有发现天王星环的存在。直到1977年，天文学家利用天王星掩蔽恒星的机会进行观测，才首次通过被掩恒星的光度变化确认了天王星环的存在。

## "横躺"着旋转

天王星自转一周的时间约为17.9小时，也就是说，天王星上的一天比地球上的一天短了不少。但是，天王星公转一周需要84年，也就是说，如果我们生活在天王星上，那么一辈子也只能经历一次春夏秋冬的季节变换。

天王星的自转轴几乎和公转轨道平面平行，可以说它是"横躺"在轨道平面上进行自转和公转的，而太阳系其他行星全都是"站"在轨道平面上自转和公转的。天王星为何如此"懒散"呢？天文学家进行了种种猜想，其中得到广泛认同的猜想是：天王星被一颗行星"撞倒"了。这次撞击的力度非常大，使得天王星再也"站"不起来了，只能就这样"躺着"转下去。要想对天王星产生如此巨大的撞击力，那颗"肇事"的行星就必须与天王星差不多大小，但"肇事者"是谁呢？它在"撞倒"天王星之后去了哪里？这一切都不得而知。由此可见，这种假说仍缺乏有力的证据。

## 小博士百事问

### 天王星的名字是怎么来的？

欧洲人习惯用罗马神话来为行星命名，例如，水星的名字来自信使神墨丘利，木星的名字来自主神朱庇特，海王星的名字来自海神尼普顿等。但天王星的名字来自希腊神话，取自主神宙斯的祖父、天空之神乌拉诺斯。

# 海王星风暴之谜

*海王星是目前已知的距离太阳最远的行星，得到太阳的热量是太阳系八大行星中最少的，但是它竟然维持着高速的风暴，令人费解。*

## 笔尖上发现的行星

天王星被发现后，人们根据万有引力定律推算它的位置，却发现推算结果总是跟观测结果有冲突，难道是万有引力定律失灵了？很多天文学家对万有引力定律绝对信任，他们认为原因是天王星轨道外面还有一颗行星，这颗行星用自己的引力影响了天王星的运动。因此，他们开始用纸和笔进行运算，寻找这颗神秘行星的位置。终于，法国天文学家勒维耶和英国天文学家亚当斯分别单独计算出了神秘行星的位置，其他天文学家则根据勒维耶的计算，真的找到了这颗行星，并将其命名为海王星。

## 奇特的风暴

　　人们根据常理判断，遥远的海王星应该是一颗死寂的星球。1989年8月，当"旅行者2号"探测器飞越海王星时，人们才发现海王星是一颗极端活跃的气态巨行星。海王星上最频繁的气象活动，要数高速旋转的风暴了。

　　海王星表面的风暴十分猛烈，甚至还形成了一个像木星大红斑那样巨大的鹅卵形风暴，被称为"大黑斑"。风暴通常是因各区域接受太阳热量不均而产生的，但是海王星离太阳这么远，太阳的热能根本不可能推动这种风暴。那么，海王星上为什么会形成风速远超地球风暴的"大黑斑"？这种风暴究竟是由什么推动的？

有天文学家假设，这种风暴来自海王星内部的强高压和强高温，而其内部热量的来源也是一个未解之谜。

**小博士百事问**

**木星大红斑是什么？**

木星大红斑是木星上的一个巨大的风暴气旋，颜色红而略带棕色，已经存在了数百年。木星大红斑非常庞大，其大小不断发生变化，有说法称，最大时可以并排放下 3 个地球。

# 世界未解之谜

**Unsolved Mysteries of the World** 大全集

# 地球之谜

张月 主编

黑龙江科学技术出版社
HEILONGJIANG SCIENCE AND TECHNOLOGY PRESS

图书在版编目（CIP）数据

世界未解之谜大全集．地球之谜 / 张月主编． —— 哈
尔滨：黑龙江科学技术出版社，2023.8（2024.5 重印）
ISBN 978-7-5719-2100-2

Ⅰ．①世… Ⅱ．①张… Ⅲ．①科学知识－儿童读物②
地球－儿童读物 Ⅳ．① Z228.1 ② P183-49

中国国家版本馆 CIP 数据核字（2023）第 153624 号

# 世界未解之谜大全集　　地球之谜
SHIJIE WEIJIE ZHI MI DAQUANJI　DIQIU ZHI MI

张月　主编

| | |
|---|---|
| 项目总监 | 薛方闻 |
| 策划编辑 | 沈福威　顾天歌 |
| 责任编辑 | 回　博 |
| 插　　画 | 文贤阁 |
| 排　　版 | 文贤阁 |
| 出　　版 | 黑龙江科学技术出版社 |
| | 地址：哈尔滨市南岗区公安街 70-2 号　邮编：150007 |
| | 电话：（0451）53642106　传真：（0451）53642143 |
| | 网址：www.lkcbs.cn |
| 发　　行 | 新华书店 |
| 印　　刷 | 三河市南阳印刷有限公司 |
| 开　　本 | 880 mm×1230 mm 1/32 |
| 印　　张 | 3 |
| 字　　数 | 48 千字 |
| 版　　次 | 2023 年 8 月第 1 版 |
| 印　　次 | 2024 年 5 月第 2 次印刷 |
| 书　　号 | ISBN 978-7-5719-2100-2 |
| 定　　价 | 138.00 元（全 8 册） |

# PREFACE
## 前　言

　　我们生活的世界，表面上平静无波，实际上有着无数波诡云谲的谜团。由于人类科技水平的局限，或者眼下缺少关键性证据，很多成了不解之谜。

　　世界上的未解之谜不胜枚举，小读者想要获得探索谜团的乐趣，就请打开这套《世界未解之谜大全集》吧！我们精心选择了有关宇宙、地球、海洋、人类、自然、宝藏、UFO 与外星人、科学的种种未解之谜，包罗万象，乐趣无穷。举例来说，宇宙大爆炸假说是目前最接近"宇宙真相"的假说，但至今仍缺乏关键性证据来证实；地球上的生物千奇百怪，有天生就会"盖房"的昆虫，也有刀枪不入的树木，还有至今踪迹难寻的神秘生物；宇宙中有数不胜数的行星，UFO 和外星人是很有可能存在的，但是人类至今无法证实……探索这些谜团的过程真的是妙趣横生。

# CONTENTS
# 目 录

## 1 蓝色的星球
### ——神秘地球

# 2 神奇的异域
## ——陆地秘境

# 3 流动的谜团
## ——魔幻水域

# 4 超前的智慧
## ——奇特建筑

# 蓝色的星球
## ——神秘地球

# 地球起源之谜

我们的地球到底是如何形成的呢？是否像神话中讲的那样是神创造的呢？古往今来，不知有多少智者被这个问题所困扰，更不知有多少科学家为这个问题殚精竭虑。为了解开地球的起源之谜，人们尝试过各种途径，希望能找到那个神秘的"神"。

## 神创论

人类文明诞生之初，人们对世界的认识较为浅薄，不过人们并没有因此而放弃思考。人们看着天空与大地，观察着各种生物，逐渐创造出各种瑰丽的故事，并对地球的起源提出了种种猜想。中国的古人曾用"盘古开天辟地"的故事来解释地球的起源，西方则用"上帝造物"的情节来解释世界的诞生。

　　按照中国古人的说法，天地最初是连在一起的，宇宙一片混沌，什么也看不见。直到有一个叫盘古的巨人劈开混沌，这才有了天和地。盘古死后，他的身体又化作了日月星辰、山川河流等。按照西方的说法，世界是上帝创造的，人类则以亚当与夏娃为祖先。不管是中国的说法还是西方的说法，都显示出古人对地球起源的思考，虽然这些猜想缺乏科学依据，但也显示出古人探索世界的热情。

## 追求真理

　　随着科技的发展，人们愈加发现神创论难以解答关于地球起源的问题，一些智者勇敢地抛弃了神创论，转而用科学思维探索地球的起源之谜。在众多针对地球起源之谜的科学猜想中，康德提出的"星云说"尤为著名。康德是德国哲学家，他认为，太阳系最初只是一团星云，但星云中的物质分布不均匀，使得星云内部各区域的物质密度有较大差别。由于引力的影响，星云中心物质的密度逐渐增大，并最终形成太阳，而围绕太阳旋转的物质也逐渐聚集到一起，并最终形成各类行星。就这样，太阳系逐渐演变为我们今天所看到的样子。

　　尽管"星云说"相比于神创论更合理，也能较好地解释太阳系内各种天体的运行规律，但仍然存在不少漏洞。除此之外，还有不少关于地球起源的假说，但都无法真正解释清楚地球究竟是如何形成的。所以，对于地球的起源之谜，我们依然要继续探索。

**小博士百事问**

### 星云是云吗？

　　"星云"这个词语，难免让人联想到天上的层层白云。其实，星云并非云团，而是天体，只不过这种天体是云雾状的。星云一般由宇宙尘埃和气体构成，对恒星等天体的形成有重要作用。

# 地球**年龄**之谜

说到年龄，我们的第一反应往往是人类的年龄。人类的一生一般只有几十年，地球则不然，科学家在谈到地球的年龄时，一般以亿年为单位。由此可见，人的寿命与地球无法相提并论。

## 地质学家的观点

我们在计算自己的年龄时，一般会用当下的日期减去自己的出生日期。如果我们要计算地球的年龄，那应该如何做呢？

18世纪末期，一位名叫维尔纳的地理学者尝试对地层进行划分。维尔纳的努力没有白费，他的研究成果成为后人研究地层的重要依据。以维尔纳的成果为基础，人们将原始岩层归为第一纪，把原始岩层上的过渡层归为第二纪，之后人们又先后划分出第三纪与第四纪。

人们在对各个纪进行划分后，又把各个纪归入古生代、中生代等，从而形成一套完善的地质年代体系。这个体系的建立标志着人类在地质学领域迈出坚实的一步。遗憾的是，不同地质年代所属的具体时间难以确定，尽管当时人们能够大致推断出地球的演化过程，但仍然难以得出具体的数据。人们只知道地球的演化过程较为漫长，但很难知道地球的具体年龄。

### 同位素地质测定法

到了 20 世纪，科学家发明了同位素地质测定法，这是目前测定地球年龄的最佳方法。根据这种办法，科学家找到的最古老的岩石有 38 亿岁。然而，最古老的岩石并不是地球诞生时

留下来的最早证据，不能代表地球的整个历史。这是因为，婴儿时代的地球是一个炽热的熔融球体，最古老的岩石是地球冷却下来形成坚硬的地壳后保存下来的。

20 世纪 60 年代末，科学家通过测定取自月球表面的岩石样本，发现月球的年龄在 44 亿到 46 亿年之间。根据星云说，太阳系的天体是由同一个原始星云形成的，因此可以认为地球是在 46 亿年前形成的。

## 争议不断

目前，人们普遍认为地球的年龄约为 46 亿年，不过这个数据仅仅是一个估算出的数值，并没有得到科学界的普遍认可。有些学者对这个数据有所质疑，因为以目前的科学手段，人们测定出的岩石年龄误差过大，有时误差可以达到上亿年。

总之，要想测量出较为精准的地球年龄，就要有更先进的技术手段，这有待于科学家的进一步努力。

小博士百事问

**什么是地质年代？**

地质年代指地壳中岩石形成的时间和顺序。地质年代可以分为相对地质年代和绝对地质年代，其中绝对地质年代也叫同位素年龄。所谓相对地质年代，就是借助岩石的层位与岩石中的古生物化石判断出的年代；所谓同位素年龄，就是借助同位素的特点对岩石进行测量从而判断其存在年代。通过测量地质年代，人们可以更清晰地了解地球历史。

# 地核结构之谜

地球的最高峰珠穆朗玛峰的高度为8848.86米，而最深的勘探井深十几千米。通过这些数字我们可以发现，尽管科技水平飞速发展，但人类真正能够直接接触的地球表层范围只有约20千米。那么，地球的核心部分是什么样的呢？这个问题至今也没有得到解答。

## 早期的认识

由于人类的科技手段不足以直接探测地球核心部分，因此人们只能提出猜想。有些人认为地球的核心部分并不是实心的，而是一个孕育着生命的中空环境。不过这种猜想并没有可靠的依据来证实。

有些学者认为，地球的核心部分是由气体组成的，他们的依据来自火山喷发现象。通过对历次火山喷发的研究，人们发现，熔岩的温度与其所处深度呈正相关，即深度越深，温度越高。经过计算，人们发现，如果按照这种规律，那么地球核心部分的温度足有十万摄氏度。如果真是这样，那么即使地球核心部分有极高的压力，那里的物质也依然会保持气态。不过这种猜想并没有得到广泛的认可。

后来，人们借助重力方面的规律计算出地球的密度，结果惊讶地发现地球内部的密度要远高于地表物质的密度。这就意味着，地球的核心部分大概存在着密度极高的物质。

## 地震波的帮助

随着人类对地震波的了解越发深入，一些学者尝试利用地震波测验地球的核心区域。借助地震波，人们发现地核并不是统一的结构，而是可以分为内核与外核，这两部分以地下5100千米处为分界。地震波可分为横波与纵波，横波无法通过外核，却能通过内核。人们根据地震波的相关知识，推测出外核应为液态，内核应为固态。之后，人们测量出地震波在内核与外核中的传播速度，进而推测出地核的构成物质是铁、镍等物质。

## 不同的说法

　　还有很多学者对地核的结构提出了自己的猜想，有些学者认为地核主要由铁与硅构成，有些学者认为地核主要由铁与硫构成，也有学者认为地核中有大量氢化物。不管哪种猜想，都是推测出来的，均无法得到证实，因此地核的结构是什么样的，至今没有确切的答案。

## 小博士百事问

**地球的内部结构究竟是什么样的？**

　　地球由多种物质构成，其内部可以分为多个层次，即所谓的地球内部圈层。一般来说，地球内部分成三层，即地壳、地幔与地核，这三层由不同的物质构成，结构也不一样。

# 陆地**形成**之谜

对人类而言，陆地是主要的生活区域，人一生都是在陆地上度过的，有人难免会觉得陆地的存在是天经地义的。可陆地的存在真的是理所应当的吗？陆地究竟是怎样产生的呢？

## 岩浆凝固而成

一些学者对陆地的形成过程提出了自己的看法。他们认为，陆地并非在地球诞生之初就存在，因为地球在诞生之初是由气体与滚烫的岩浆构成的，这些滚烫的岩浆在冷却凝固后就构成了陆地的基础，而陆地形成的整个过程可能有数亿年之久。

## 地壳的演变

如果陆地是逐渐形成的，那么在陆地诞生之初，地壳是什么样子的呢？有些学者认为，地壳最初应当是硅镁质的，即近似于如今海洋的底部岩层。

人们做出这种推断，并非无所根据，而是以月球的月面结构为依据的。而且，地球的地壳并不是一个整体，而是由数个板块构成的，板块之间的边缘部分较薄，足以使下层物质涌出。并且，不同板块之间会发生碰撞，在这个过程中，有些板块会下沉，有些板块则会升高。下沉的板块会因高温而发生熔化，之后重的物质逐渐下沉，轻的物质逐渐上浮，就这样，在不断运动当中，一些陆地逐渐高过海平面，成为我们今天见到的陆地样貌。

　　尽管人们对陆地的成因做出过多种猜测，但始终拿不出足以一锤定音的证据，因此，陆地成因之谜到今天仍然困扰着人们。

### 小博士百事问

**地壳是由哪些岩石构成的？**

　　地壳按照组成物质的不同可以分成两层。上层的组成物质的化学成分主要是硅、铝，类似于花岗岩，所以这一层叫作花岗岩层。下层的组成物质的化学成分主要是硅和镁，类似于玄武岩，所以这一层叫作玄武岩层。

# 地球未来会怎样?

地球是人类繁衍生息的地方,人类的命运与地球的命运息息相关,因此,人们不断尝试着推测地球的未来,想要以此知晓人类的命运。人类文明的历史相比于地球的历史不过是沧海一粟,对人类而言,获知地球的未来实在是太难了。

## 太阳吞噬地球

人的寿命虽然有限,但总有一些人怀有崇高的使命感,担忧人类未来的发展。想要保障人类的未来,自然离不开对地球未来的探索。

有些学者对地球的未来持悲观态度,因为地球的命运与太阳息息相关，而太阳并不会永久地散发能量，当太阳的燃料用尽时，其体积会不断变大，并且在短时间内爆发出巨大的能量。在这种情况下，地球既要承受太阳散发的能量，又要应对太阳膨胀的情况，恐怕难逃被太阳吞噬的命运。不过我们也不必太过悲观，随着科技的发展，相信人类一定可以想出应对的办法。

## 其他观点

除了上述观点，学者们还提出了其他关于地球未来的观点。比如，有些学者认为，与其担忧数十亿年后太阳爆炸，不如担忧眼下地球可能发生的灾害。人类文明虽然辉煌，但也脆弱，不管是大地震、洪水还是瘟疫，都有可能对人类文明造成重创甚至毁灭。而且这些大型灾害很难预测，所以我们不如先把精力放在预防及应对这些自然灾害上。

除了大型灾害，外来天体也有可能毁灭地球生物。事实上，当初恐龙的灭绝就有可能是外来天体撞击地球造成的。天体撞击地球的灾难难以预测，一旦发生，人类极有可能面临灭顶之灾。

## 无法掌握的未来

经过上面的分析，我们不难发现，地球其实很脆弱，很多因素都可能对地球造成沉重打击。不过，只要人类团结起来，不断发展科学技术，一定可以应对各种危难处境。

### 小博士百事问

**为什么会有陨石坠落到地球上？**

当陨石进入地球轨道附近时，会受到地球引力的作用而改变运动方向，其中一些天体最终会穿过大气层撞击地面。

# 神奇的异域
## ——陆地秘境

# 珠穆朗玛峰增高之谜

珠穆朗玛峰是喜马拉雅山脉的主峰，位于中国西藏自治区和尼泊尔交界处的喜马拉雅山脉中段，也是世界第一高峰。它正不断地增高，不断刷新纪录，这是怎么回事呢？

## 山峰从前是海洋

喜马拉雅山一带在距今2亿多年前还是一片海洋，属于辽阔的古地中海的一部分，当时还没有珠穆朗玛峰。直到数千万年前，喜马拉雅山才因为强烈的造山运动从海洋变为陆地。

## 不断在增高

2020 年，人们对珠穆朗玛峰的高度进行了测量，测量结果为 8848.86 米，而且人们还推算出珠穆朗玛峰仍在不断地增高。珠穆朗玛峰在第四纪长达 300 万年的时间内总计上升了大约 3000 米，平均每上升 10 米需要 1 万年。珠穆朗玛峰在最近 1 万年的上升高度就达到 370 米，平均每年就会上升 3.7 厘米。时至今日，珠穆朗玛峰仍在上升，不过它的上升速度比较缓慢，不易被人们察觉。

## 还会一直增高吗?

一些专家指出,珠穆朗玛峰的高度会降低,不会持续增高,原因与其所处地区的气候有关。众所周知,冰雪终年覆盖在珠穆朗玛峰上,仿佛给它戴上了一顶厚厚的"冰帽子"。冰雪在全球气候变暖的影响下加速融化,这样测量出来的"身高"自然变矮,于是珠穆朗玛峰的整体高度也就降低了。这个观点是有测量数据作为支撑的:珠穆朗玛峰的高度在 1966 年至 1999 年共降低了 1.3 米。它的高度从 8849.75 米变成了 8848.45 米。地壳运动无法解释珠穆朗玛峰的高度为什么会在短期内快速降低,原因只可能与气候对冰川的影响有关。

有些专家则提出了相反的意见。他们认为珠穆朗玛峰仍会持续增高,原因在于地壳运动。这个观点的依据是板块构造学说，印度洋板块与亚欧板块的碰撞是喜马拉雅山产生的原因，目前这一板块运动还很强烈，因此珠穆朗玛峰还会不断增高的这种猜想有一定合理性。

究竟哪一种说法才是正确的呢？专家们尚未找到确凿的证据，因此现在还无法得出定论。

### 小博士百事问

**什么是板块构造学说？**

板块构造学说是一种全球构造学说。该学说认为，由岩石组成的地球表层并不是整体一块，而是由板块拼合而成的。全球大致划分为六大板块，即太平洋板块、印度洋板块、亚欧板块、非洲板块、美洲板块和南极洲板块。

# 深不可测的 "无底洞"

宇宙中有深不见底的黑洞，那么地球上也有这样的 "无底洞" 吗？这个猜想使许多专家产生了浓厚的兴趣。随着人类的不断探索，地球上的 "无底洞" 也逐渐浮出水面。

## 希腊 "无底洞"

地球上的 "无底洞" 就在希腊亚格斯古城的海滨。因为它和大海离得很近，涨潮的时候，汹涌的海水就会不可阻挡地灌进洞中。经过测量，一天当中，有 3000 万千克海水流入洞内。令人奇怪的事情是，这么多海水注入洞内，但是从未将洞注满。专家起初推测，这个深不见底的洞是不是类似石灰岩地区的喀斯特洞穴呢？诸如竖井、漏斗或是落水洞一类的。通常情况下，喀斯特洞穴存在一个出口，流入洞里的水会沿着出口排出。但是，亚格斯古城的人从未见过有水从该洞流出。

## "无底洞"出口之谜

为了破解"无底洞"出口之谜，美国地理学会于1958年指派一支考察队到亚格斯古城海滨进行实地考察。起初，他们将一种经久不变的深色颜料溶于海水，混了该颜料的海水注入"无底洞"内。随后他们还对附近海面和海岛上的湖泊、河流进行了观察，期望能找到这种混入颜色的海水，但是结果令他们大失所望。莫非是颜料被过多海水稀释，淡到人们看不出来？

过了几年，美国人尝试开展一种新型试验。他们用塑料研制出一款可以浮在水上而且不溶于水的塑料粒子，共有 130 千克重的这种物质被试验人员抛入打旋的海水中。不一会儿，这堆塑料粒子如同一个整体，都没入"无底洞"中。试验人员猜想，一旦有别的地方出现一粒，便能够发现"无底洞"的出口了。

他们花了一年多的时间在众多水域找寻，依然没有收获。到今天为止，谁也不知道此地的海水到底流向了何处，它到底有没有出口。如果有，它的出口又在哪儿呢？目前，科学家还无法做出合理的解释。

## 小博士百事问

### 涨潮落潮的原因是什么？

潮汐是沿海地区的一种自然现象，当太阳和月球所处的位置在地球的同一侧且在一条直线上的时候，地球所受到的引力增加，产生大潮，即涨潮；当太阳和月球所处的位置相对于地球呈直角的时候，地球所受到的引力抵消，产生小潮，即落潮。

# 奇特的地温异常带

地球的公转和自转产生了一年四季的变化。每当数九寒冬和酷热的盛夏来临，人们总是渴望能有一个冬暖夏凉的地方。其实，世界上真有一些冬暖夏凉的"宝地"。

## 辽宁省桓仁地温异常带

辽宁省东部山区桓仁满族自治县境内有一块让人们叹为观止的地温异常带。每当夏天来临，这里的地下温度便开始下降。当盛夏气温高达30℃时，在这里地下1米深处，温度竟低至零下十几摄氏度，达到滴水成冰的程度。

这种现象在船营沟一户任姓人家房后的一处小山岗则更为明显。1995年的夏天，任老汉在干活时，偶然发现岩石的空隙里冒出了刺骨的寒气。任老汉感到很惊讶，于是在这里用石块垒成了一个小洞。夏季，这个小洞就变成了一个天然的冰箱，散发出阵阵寒气，这时人站在距洞口六七米远时，就会被这寒气冻得难以忍受。

入秋后，这里的气温开始上升，到了朔风凛冽的隆冬时节，这里却是热气腾腾的，任家的"天然大冰箱"这时又变成了"保温箱"。人们在任家山后的山岗上看到，虽然大地已经封冻，但种在这里的角瓜却长得蔓壮叶肥，周围的小草也是绿茵茵的。

## 河南省林县地温异常带

无独有偶，在河南省林县境内的太行山半山腰，有一个叫作"冰冰背"的地方，也是个冬暖夏凉的地方。这里阳春三月开始结冰，冰期长达5个月；寒冬腊月，热气如蒸，从乱石下溢出的泉水温暖宜人，小溪两岸花朵鲜艳、小草嫩绿。

## 地温异常带的成因

众所周知，随着地球的公转，太阳直射点在南北回归线之间的移动使地球产生四季的冷热变化。这些奇异的地温异常带却打破了这一自然规律。那么，当外界变暖时，这些地带的地下为什么会那么寒冷？当外界变冷时，这些地带又是从哪里获得的热能呢？这奇异的现象引起了许多科研人员的注意。有些人认为，在这种冷热反常的地带，地下可能有庞大的储气构造和特殊的保温层，大气对流于这种特殊的地质构造之中，才导致这种奇异现象的发生。

也有人认为，这些地带的地下有寒、热两条储气带同时释放气流，遇寒则热气显，遇热则寒气显。还有人则认为，这些地下庞大储气带的上面有一个特殊的阀门，冬、春自动开闭，从而导致异常现象的发生。

这些分析只是推论而已，这种地温异常带究竟是如何形成的？这些地区的地质结构有什么与众不同之处？看来，这些地带的"冷热颠倒"之谜还有待科学工作者进一步考证才可能解开。

### 小博士百事问

#### 为什么会有四季变化？

当地球围绕太阳公转的时候，它也会围绕自身的地轴自转。但是，地轴并非与黄道面垂直的，而是有一个倾斜的角度，我们把这个倾斜的角度称为黄赤交角。黄赤交角的存在，使得太阳在地球表面的直射点在南、北回归线之间移动，从而形成了四季变化。

# 高原地热之谜

在雄伟的冈底斯山和念青唐古拉山下，经常能见到山峰白雪皑皑、山脚热气腾腾，与蓝天白云交相辉映，蔚为壮观。这些热气腾腾的地方就是高原地热区，而在青藏高原共有1000余处地热带，以西藏南部的地热带最为强盛。

## 高原地热现象

人们在西藏南部发现11处水热爆炸区，其中以玛旁雍热田最为典型。玛旁雍热田位于西藏自治区西南部普兰县境内，玛旁雍热田水热区规模大，活动十分频繁。据目击者介绍，1975年11月，该地区发生了一次水热爆炸，震天巨响吓得牛、羊四处逃散。巨大的黑灰色烟柱冲上天空，上升到八九百米的高度，形成一团黑云飘走。爆炸时抛出的石块直径大的达30厘米，爆炸后9个月，穴口依然笼罩在弥漫的蒸汽之中。爆炸后出现了一个直径约25

米的大坑，称为圆形爆炸穴，穴体充水成热水塘，中心有两个沸泉口，形成沸水滚滚、翻涌不息的湍流区。

水热爆炸是一种极其激烈的水热活动现象，爆炸后地表留下一个漏斗状的爆炸穴，穴口四周组成的环形垣体堆积物逐渐流散，泉口涌水量慢慢减少，水质渐清，水温降低。水热爆炸通常没有固定的时间和地点，前兆不明显，过程也很短促，往往在10分钟以内，因此只有少数人碰巧目睹过这种奇特的地热现象。

### 科学家的探索

有人认为，水热爆炸属于火山活动的范畴，这是因为目前仅有中国、美国、日本、新西兰和意大利等国家发现过水热爆炸，且这几次水热爆炸几乎都出现在近代火山区内。然而，青藏高原上的水热爆炸活动和现代火山似乎没有什么联系。它是在以岩浆热源为背景的浅层含热水层中，高温热水由于自身温度超过了与压力相适应的沸点而骤然汽化，体积膨胀数百倍所产生的巨大压力掀开了上面的盖层而发生的爆炸。

高原上水热爆炸的规模较小，但同一地点发生水热爆炸的频率较高。这种罕见的高频水热爆炸活动说明，下覆热源的热能传递速率大，爆炸点的热量积累快。从地热带内其他迹象判断，这个热源可能是十分年轻的岩浆侵入体。

　　间歇喷泉是地下炽热的岩浆和地表纯净的冷水共同作用的产物，在我国西藏境内发现了多处间歇喷泉，它们大多每隔一定时间喷出一次热水柱或汽柱，可高达数十米。间歇喷泉的喷发和休止，取决于它奇妙的地下结构和热活动过程。

　　总之，要想完全弄清楚高原地热现象发生的原因，还有待科学家进一步研究。

### 小博士百事问

**你听说过羊八井地热蒸汽田吗?**

　　羊八井地热蒸汽田也是典型的水热爆炸类型的热田之一，位于拉萨市当雄县西南。羊八井地热蒸汽田一带总弥漫着白色雾气，地热田产生的巨大蒸汽团升腾成高 10 余米的白色汽柱，十分壮观。

# "死亡谷" 之谜

"死亡谷"可以算得上是离奇与恐怖的代名词。有的"死亡谷"是爬行动物和鸟类等的坟墓，有的"死亡谷"是人类的天敌，人们谈之色变。

## 美国"死亡谷"

在美国加利福尼亚州与内华达州相毗连的地带，人们发现一条非常大的峡谷，峡谷两侧都是悬崖峭壁，地势十分险恶。

1949年，来自美国的一支探寻金矿的探险队抵达内华达州的一座山脉，由于迷路进入某处山谷，自此杳无音信。之后还有几支探险队走进其中，也无一幸免于难。这个山谷因此得名"死亡谷"。

之后，经过飞机探查，专家吃惊地发现该山谷内竟然栖息着300多种鸟、20多种蛇、17种蜥蜴，以及1500多头野驴。直到现在，关于这个山谷对人类和动物差别对待的原因，还无人能给出合理的说法。

## 俄罗斯"死亡谷"

俄罗斯"死亡谷"就位于堪察加半岛上，那里有一个狭长地带，被称为"动物的地狱"，是各种动物的天然"坟场"。那里一片死寂，极为荒凉，密布着纵横交错的深沟、深坑，除了斜坡上终年生长的雪苔，几乎寸草不生。人要是过去，照样会被吞噬掉。据说，已经有二三十人死于该山谷。

苏联科学家曾对这座"死亡谷"进行了多次探险考察，结果都无法解开这个谜。有科学家认为，"死亡谷"的罪魁祸首可能是积聚在陷阱中那使人窒息的毒气——硫化氢和二氧化碳，但这些毒气扩散速度没有那么快，而是慢慢地产生作用。也有人说是烈性的毒剂导致的结果，可是在离"死亡谷"仅一箭之地的居民却一直安然无恙。这其中的原因，至今无人知晓。

## 小博士百事问

**硫化氢这种气体有什么特点？**

硫化氢是一种酸性气体，无色、易燃，浓度低时产生臭鸡蛋的气味，浓度特别低时就会产生硫黄味，存在剧毒。硫化氢是易燃危险品，和空气混合可以生成爆炸性混合物，和明火接触就会燃烧并爆炸。在化学原料中，硫化氢占有重要地位。

# 香格里拉之谜

在小说《消失的地平线》中，英国作家希尔顿刻画了一个神奇的地方——香格里拉。小说里的香格里拉隐匿在喜马拉雅山脉当中，那里的居民守护着自己的文明，过着平静安逸、与世无争的日子。

## 香格里拉简介

在我国的云南省迪庆藏族自治州真有个香格里拉市。香格里拉市地处青藏高原东南部的横断山脉，亚洲几条大河皆流经于此。数千万年的岁月中，河流的不断冲刷赋予了此地绝无仅有的壮丽景观。此处的雪山圣洁、峡谷深邃、瀑布磅礴，有着湛蓝如洗的天幕、被森林围绕的寂静湖泊、徜徉在宽阔草原上的牛羊群，以及金碧辉煌的庙宇。

虽然中国的香格里拉市与希尔顿描写的香格里拉非常相像，可是还是有人觉得，此地并非真正的香格里拉。原因是希尔顿书中描写的香格里拉地处西藏一处无人问津的深谷里，并非地处云南省西北的香格里拉市。

## 神秘的 Hunza 山谷

还有人认为，香格里拉的原型就是神秘的 Hunza 山谷。巴基斯坦北部的 Hunza 山谷与我国边境相邻，周围尽是银装素裹、冰河悬注的雪山，可山谷中央的气候却十分适宜人们居住，放眼望去，皑皑白雪中一片郁郁葱葱。居住在山谷里的人们近乎隔绝于世。那里的环境非常接近希尔顿作品中描绘的风景。所以，有人觉得，香格里拉就存在于 Hunza 山谷中。可惜周遭战乱不休，人们不便去一探究竟。

好奇心促使一部分人不愿相信香格里拉仅仅是作者一时兴起于纸上构造出的美妙幻境，始终锲而不舍地探寻着此地。迄今为止，这个未解的谜团仍蕴含着很多可能性，给人们留下了很大的想象空间，引导着人们不断求索。

### 小博士百事问

**"香格里拉"这个词是如何演化而来的？**

许多学者和专家通过对"香格里拉"这个词追根溯源发现，其来源于藏传佛教术语"香巴拉"一词，发音源自云南香格里拉藏区的一种方言，是"心中的日月"的意思。

# 撒哈拉沙漠之谜

众所周知，撒哈拉沙漠面积广阔，环境极为恶劣。可以说，如果把南极洲除去，那么撒哈拉沙漠就是世界上面积最大的荒漠。但有趣的是，就是在这个人迹罕至的地区，却存在过较繁荣的文明。撒哈拉沙漠的环境如此恶劣，究竟是怎样的强大文明能在这里生存呢？

## 撒哈拉沙漠上的岩画

曾经有一位德国学者去撒哈拉沙漠寻找灵感，没想到在这片沙漠中发现了古代文明的遗址。当他开心而认真地

去观察遗址时，发现了一批岩画。根据岩画上显示的信息，这位德国学者得出了一个惊人的结论，那就是撒哈拉沙漠曾经是一片草原。为什么这位学者会得出这样一个令人意想不到的结论呢？因为岩画上所描绘的动物中竟然出现了河马。我们知道，河马对水资源的需求量是很大的。有趣的是，岩画上竟然还有犀牛、马等动物，但偏偏没有骆驼。以这些信息为基础，这位德国学者逐渐推测出了更多的信息，并把撒哈拉沙漠的历史分成了两个部分，即草原时期和沙漠时期。

## 岩画创作时间不同

后来，相关学者对那些岩画进行了更深入的研究，发现那些岩画的创作时间不同，有的在公元前3000年前，有的在公元前3000年后。经过对比，学者们发现，在创作于公元前3000年前的岩画中，水牛、河马等动物出现

的次数较多；在创作于公元前3000年后的岩画中，水牛、河马等动物出现的次数较少；在创作于公元前200年左右的岩画中，骆驼的形象开始出现。据此，学者们对撒哈拉沙漠的气候变化和时代划分有了大致的猜想。

尽管学者们对撒哈拉沙漠的历史进行了更深入的研究，但依然有很多问题没有得到解答，如撒哈拉沙漠发生气候变化的原因是什么。

小博士百事问

**沙漠是如何形成的？**

大风刮走了地表上的泥沙，令地表露出岩石的外壳，变成萧索的戈壁。一些被刮走的沙粒在风力遭遇阻碍或变弱时堆积成很多沙丘，覆盖在地面上便会形成沙漠。除此之外，沙漠的形成也与人类不合理的活动密切相关。

# 神农架之谜

说到中国境内的原始森林，就不得不提神农架。神农架是湖北省的一处林区，面积广大，不仅有很多稀有的动植物，还有很多令人费解的事情。

## 难以捉摸的神农架

作为有名的原始森林，神农架有着令人惊叹的美丽而奇特的风景，也有很多神秘之处。一些去过神农架的游客说他们曾在神农架看到过"鬼市"，也就是传说中鬼魂的

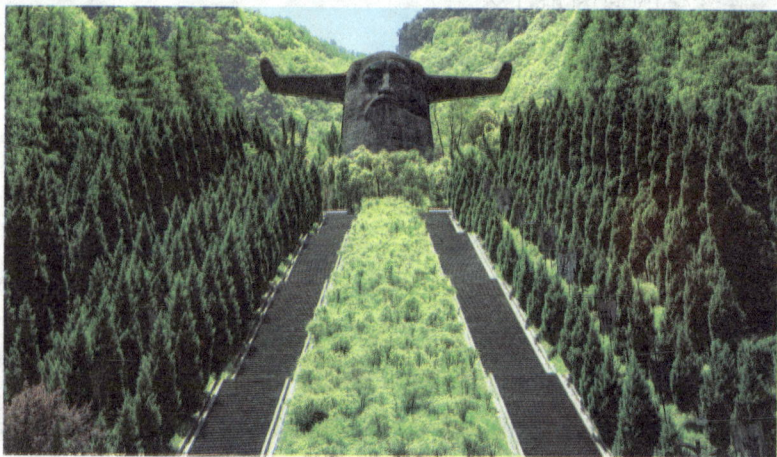

交易场所，有人甚至说自己听到过"鬼市"中进行交易的声音。考虑到神农架独特的气候条件，有些人猜测，"鬼市"极有可能是海市蜃楼现象，但"鬼市"中传出的交易声音又是怎么回事呢？科学家们至今没有给出一个合理的解释。

除了"鬼市"，神农架中还有一处令人难以理解的山洞，那就是"冷暖洞"。洞内有形状各异的石柱、石笋等。根据游客的描述，"冷暖洞"中的温度有一条明显的分界线，分界线的一侧较冷，另一侧则较热。根据一些游客的描述，站在较冷的一侧感到寒气逼人，站在较热的一侧则感觉温暖宜人。对于这种现象，人们产生了种种猜测。有的人认为，产生这种现象的原因是洞口的特殊形状，也就是说，洞口的独特形状使得吹入洞中的风只能影响分界线某一侧的区域。也有人认为，这种现象的成因是"冷暖洞"地下存在热源，使得热源上方的区域较为温暖。由于众说纷纭，至今难以定论。

## 动物白化现象

神农架中的动物身上也有令人费解的地方，如动物的白化现象。人们在神农架发现的白化动物较多，有猴类、鼠类、熊类、狼类等。尽管人们在其他地区也发现过白化动物，但其他地区的此类现象几乎都没有神农架这里这样明显。

神农架中有太多的谜题等待人们去解答，这些谜题给神农架中的动植物和山川披上了一层神秘的面纱，这也是神农架的魅力所在。我们相信，只要人们不断探索，神农架中的未解之谜终有被解开的那一天。

### 小博士百事问

**什么是白化动物？**

白化动物是体色异常呈白色的个体，对于自然界中的物种来说，同一物种的成员彼此的形态都十分相似，但在高等动物中，会偶尔出现特殊的个体，特别在羽毛或肤色上呈现异常的白色，但其体内的各个器官却与同一物种的其他个体没有什么差别。

# 北纬30°之谜

如果沿北纬30°绕行地球一圈，那么我们不仅能看到很多奇特的自然美景，还能发现一系列让人难以捉摸的神秘现象。这些神秘现象是地球文明的一种表现，吸引着无数探险爱好者从世界各地赶来领略其中的魅力。

## 令人惊叹的北纬30°

海拔最高的山峰——珠穆朗玛峰处于北纬30°上，同时马里亚纳海沟也处于北纬30°上，它是世界上最深的海沟。此外，许多世界闻名的大江大河的入海口也在北纬

30° 上,如中国的长江、埃及的尼罗河、美国的密西西比河、伊拉克的幼发拉底河等。

## 令人费解的北纬30°

同时,著名的自然之谜在这一纬度上也比比皆是,如百慕大三角之谜、埃及金字塔和狮身人面像之谜、大西洋诸岛沉没之谜、撒哈拉沙漠之谜、死海形成之谜等。

更令人百思不得其解的是,这一纬度上还存在所谓的"死亡旋涡区",飞机、轮船在这些地方极易失事。地球上大部分异常区都分布在海洋水域,它们以一种垂直搅动的大规模旋涡的形式表现出来，旋涡、海流、气旋以及风在那里相互作用，磁暴也非常剧烈和频繁，远远超过其他地区。

## 百思不得其解

为什么会出现这样的情况呢？那些神秘地带的怪异事件究竟是大自然的偶然现象，还是某些神秘的力量刻意安排的？那些异常现象的产生原因吸引着科学家们展开研究，他们给出了不少解释，如大气偏差、重力异常、地震、海啸、海龙卷，甚至宇宙黑洞、时空翘曲等。

令人失望的是，现有的各种解释都无法使所有人信服，尽管新的假设不断出现，但是人们又不断找到证据加以否定。虽然北纬 30° 只是人类人为划定的一条地球纬线，但是似乎并没有那么简单。北纬 30° 上存在着许多未解之谜，需要人类展开研究并努力探索，只有这样才能揭开其中的奥秘。

**小博士百事问**

**发生地震的原因是什么?**

因为地壳始终没有停止过运动，板块之间会出现相对运动。当大板块相互碰撞的时候，岩石层生成的强大能量会令岩石在一瞬间断裂，释放出巨大的能量。部分能量传达至地表，便发生了地震。

# 流动的谜团
## ——魔幻水域

# 杀人湖之谜

若说湖泊会杀人，绝大多数人都不会相信，可世界上的确存在这样的湖泊。

## 杀人湖事件

1988 年春天的一个清晨，在西非喀麦隆高原一个秀丽的山坡上，游人们正在赏玩景色，忽然碧蓝晶莹的尼奥斯湖呈现如血一般的赤色，如同一只血红的眼睛，愤怒而狰狞地盯着那些游人。

游人们十分震惊，许多人跑到山下查看情况。他们看到山坡的草丛被密密麻麻的牲畜尸体覆盖，那些牲畜仿佛是被什么东西从高空摔下致死。尼奥斯湖边的村庄里死气沉沉的，住宅、教堂和家畜棚都没有受到任何损坏，但是街上空无一人。游人们怀着惴惴不安的心情进入村庄，打算调查清楚酿成这场惨剧的原因。没想到接下来的场景让他们更加惶恐：村民们一脸狰狞、凌乱地倒在屋门前。从体态特征观察，可以断定他们已经死亡很久。有一小部分人鼓起勇气推开房屋的门一探究竟，随后发现屋里也到处是死去的尸体，有人死在卧室的床上，有人死在厨房的地面上。

后来，大家找到了一些昏迷不醒的人。他们也是凶案的受害者，只不过当时身处距离尼奥斯湖比较远的位置，才幸免于难。他们醒过来后将事情的来龙去脉告诉游人：昨天暮时，尼奥斯湖忽然传出震耳欲聋的响声，与此同时，湖中喷射出一股80多米高的柱状蒸汽，直射向天际。之后，那股蒸汽似一团烟状云雾流入底下的深谷。接着伴随着呼呼的声音，湖面上刮来一股强劲的风，风裹挟着使人恶心的臭味，将这团烟状云雾推至周围的村庄。凡是被波及的村庄，里面的村民都被剥夺了生命。

## 🔍 科学家的结论

这个事件被报道出来后，全球各地的科学家纷纷前去尼奥斯湖畔寻找真相。科学家们在分析尼奥斯湖的水质时，检测到湖水中溶有大量的气体，这些气体中二氧化碳占比高达 98% ~ 99%。当研究人员从比较深的地方将样品提取上来时，湖面便如同我们刚拧开瓶装汽水一般，发出嘶嘶的响声并冒着气。

根据这一现象及检测结果，科学家得出结论：湖水中含有的大量二氧化碳使尼奥斯湖仿佛成了一个威力巨大的炸弹，外部环境的变化（如地震、火山爆发、落石、大风等）会使湖水释放气体。当湖水释放出的气体以云雾状沉下来时，其中含有的大量二氧化碳就会导致周边的居民和牲畜因无法呼吸而死亡。这些二氧化碳是火山爆发或山崩时产生的，随后逐渐溶解在湖水中。这种论断看起来十分合理，但是仍然没有解释清楚这次事件的一些疑点，如湖水为什么会忽然变成血红色？尼奥斯湖周边村庄里的牲畜好像不是因窒息而死，而像是被什么东西从高空摔下致死的，那将它们摔下来的又是谁呢？这些疑点都没有得到充分而合理的解释。

看来，这次离奇事件的原因还需要进一步调查，这个"杀人湖"也需要科学家们进一步研究。

### 小博士百事问

**二氧化碳对人体危害大吗？**

研究发现，当空气中二氧化碳的浓度太高时，人体的呼吸器官就会受损，甚至有令人窒息的可能。这里所说的会产生危害的浓度是高于2%；若浓度不及2%，则不会对人体产生太大的影响。

# 离奇的贝加尔湖

作为世界上最深的淡水湖，贝加尔湖平均深度达730米。这里是西汉时期苏武牧羊的地点，向来有"西伯利亚明珠"的称号。

## 贝加尔湖简介

贝加尔湖地处俄罗斯东西伯利亚的南部，"贝加尔"一词来自布里亚特语，含义是"天然之海"。贝加尔湖弯曲狭长，仿佛一弯明月穿山而过。其长度为 636 千米，平均宽度为 48 千米，最宽的地方有 79.4 千米，整个湖的面积为 3.15 万平方千米。

## 海洋生物从哪儿来？

说起贝加尔湖，科学家最感兴趣的是，为什么会有大量海洋生物生活在这里呢？对此，科学家们做了很多推测。

科学家们一开始的看法是，贝加尔湖最初是连着大海的，湖中生活的海洋生物就是很早之前从海洋中过来的。

20 世纪 50 年代初，钻探技术已经有了很大进步，科学家们借助这种技术在贝加尔湖湖滨钻了几个很深的井，并取上来一些岩芯样品。科学家们发现，取出的样品中沉积层只有新生代的，并没有中生代的。另外，也有其他材料表明，长期以来，贝加尔湖一带都是陆地，贝加尔湖是一个断层湖，形成原因是地壳断裂活动。这样一来，一些科学家便否定了之前的观点，即"湖中的海洋生物是之前的大海留下来的"这一论断。

那么，那些海洋生物到底来自哪里呢？它们又是如何来到湖中的呢？

苏联的贝尔格院士等人的看法是，只有奥木尔鱼和海豹是真正意义上的海洋生物，它们也许来自北冰洋，一路沿着江河来到贝加尔湖。可是，湖中的海螺、龙虾、海绵等生物的存在又该如何解释呢？

对于贝加尔湖中的特有生物到底来自哪里，现在仍然没有定论。其中非常令人费解的一点是，奥木尔鱼和海豹为什么不在原海域生活，而要费如此大的力气来到这么远的淡水湖生活呢？况且它们是如何知道要来的地方正好有适合它们生活的贝加尔湖存在呢？这些问题还有待科学家们进一步去探索、发现。

### 小博士百事问

**贝加尔湖蕴含着哪些资源？**

贝加尔湖的淡水资源十分丰富，贝加尔湖具备极强的蓄水能力，平均储量高达 23 万亿立方米，约占世界地表淡水资源总量的五分之一。不仅如此，贝加尔湖还有稀缺的矿物资源和野生动植物资源等。

# 月牙泉成因之谜

甘肃省敦煌市境内沙漠中有一处绿洲，名叫月牙泉，有着"沙漠第一泉"之称，也是举世闻名的敦煌八景之一。历经千百年的时间，凭借"山泉共处，沙水共生"的奇特景观名扬四海，有"塞外风光之一绝"的美誉。

## 美丽的月牙泉

月牙泉位于敦煌地区的沙漠之中，它最初并不叫"月牙泉"，而是被称作"沙井"。自古以来月牙泉便深受人们的喜爱，据说汉朝时百姓就已经将此地作为美景来观赏

了。远远望去，月牙泉既像一位躺在恋人怀中的少女，又像一块美丽的翡翠，让人心生赞叹。

## 月牙泉的成因

关于月牙泉的成因，学者们提出了多种猜测。

有的学者从河流改道这一角度提出了猜想。他们认为，月牙泉区域最初是一条河流的河道，但由于地理因素，那条河流逐渐改道，原有的河道被沙子掩埋。在这个过程中，大量水资源成为地下水，月牙泉区域则因为海拔较低而成为地下水的汇合处。正是大量地下水的存在，月牙泉的水量才能够维持下去。

　　有些学者认为月牙泉的形成原因是它附近存在断层。从月牙泉的深浅程度来看，这种猜想并不是毫无根据的。根据这些学者的研究，正是断层的存在才使得月牙泉成为地下水的汇合处，从而使月牙泉得到充足的水源供应。

　　一些学者从风的强度和方向这个角度提出了猜想。根据这些学者的研究，最初月牙泉区域虽然海拔较低，但是不足以成为地下水的汇合处，后来此地长期受大风的作用，风蚀作用使得此地的海拔越来越低，最终此地成为地下水的汇合处。同时，由于此地的风往往把月牙泉区域的沙子往高处吹，所以月牙泉得以摆脱被沙子掩埋的命运。

　　还有一些学者认为，月牙泉并不完全是自然形成的，即月牙泉受到过人类的"修剪"。由于月牙泉在很久以前就受到人们的重视，所以这种猜想并非无稽之谈。

　　真相究竟如何，有待我们进一步探究。

### 小博士百事问

#### 什么是风蚀？

　　风蚀，即风的侵蚀作用，是指地表物质由于风的作用而遭到侵蚀和磨蚀并被带走的过程。一般来说，风蚀的严重程度与土壤的潮湿程度、风力的稳定程度有关。风蚀可分为多种形态，如滚动、磨蚀等。

# 百慕大三角之谜

自 1945 年起，船只和飞机一抵达百慕大三角一带便会离奇消失。如今，一提起那些离奇的、无法解释的众多失联事件，人们便会想起百慕大三角。

## "魔鬼三角"

百慕大三角地处大西洋，状似三角形，大部分地处北纬 20° 至北纬 30° 之间。百慕大三角区在热带气团的影响下，每到夏秋两季便经常出现热带飓风。猛烈的风拼命地翻搅着海水，有时会产生高约 10 米的水墙，或产生柱状的海龙卷，狂涛怒浪，威势骇人。多年以来，屡次出现飞机和船只在这个三角海区离奇失联的事件，人们找不出发生这些事件的缘由，所以这一地区有了个骇人听闻的名字——"魔鬼三角"。

## 超自然说

坚信超自然说的人猜测，外星人也许是想以百慕大这块地域为基地，还在海底埋设了一种秘密信号系统，通过这种方式定期向宇宙空间投射无线电信号，指引飞碟登陆地球。这种无线电信号系统不但可以对飞机、轮船上的导

航系统和驾驶员生理器官的功能造成严重干扰和损坏，甚至可以将其彻底毁掉。

## 自然说

秉持着自然说的人认为超自然说过于荒诞，他们试图从自然角度寻找谜底。

一种说法是百慕大三角海域存在异常的磁场，致使轮船、飞机的导航系统失去控制，驶向了未知方向。

一种说法是百慕大三角海域有处黑洞，能在顷刻之间将路过的轮船、飞机等吞噬得"一根骨头都不剩"。

一种说法是百慕大三角海底存在一股和潮水方向相反的暗流。潮水遇上暗流时，便会发生海难，暗流还会卷走残骸。

　　一种说法是百慕大三角海域有着高强度的次声波，破坏力巨大，能顷刻间毁坏物体。

　　此外，还有众多说法，但都不能完全解释百慕大三角一带发生的离奇事件。

**小博士百事问**

**你知道黑洞是什么吗？**

　　黑洞的质量很大，引力极强，一切物质都不能摆脱黑洞引力的影响，包括光，因此黑洞有着"宇宙魔窟"之称。

# 太湖成因之谜

太部分湖的湖面都好似圆镜一般，可太湖的湖面如同一轮向西突出的弯月，安稳地卧在江苏省南部的陆地上。针对这片水域的成因，专家们莫衷一是，太湖的成因由此越发不可捉摸。

## 潟湖说

在太湖的成因假说中，潟湖说最为著名。潟湖说主要是以太湖平原存在海相沉积为依据。长江携带的众多泥沙渐渐堆积在下游，令那时的长江三角洲不停地朝海洋延伸，进而产生了沙嘴。之后沙嘴渐渐围绕着古太湖的东北岸延伸继而转向东南，连接钱塘江北岸的沙嘴，如此一来，古太湖便被包围成一个潟湖。之后由于泥沙的不断堆积，潟湖渐渐变成大小不一、和海洋彻底隔离的湖泊群，该湖群的主体便是太湖，之后湖水逐渐淡化，最终成为现在的太湖。

许多人怀疑潟湖说的真实性，通过对太湖的湖底及其周边的考察，他们发现了古人遗留下来的墓地和村庄的街道，还有人在湖底发现了石器时代的旧址。假如太湖本身就是个潟湖，那该如何解释这些遗迹呢？这些事实彻底颠覆了潟湖说。

### 陨石冲击说

后来，对于太湖的形成原因出现了新的观点。有人猜测太湖也许是天外飞石的杰作，也就是"陨石冲击说"。

第一，观察太湖的外部轮廓，其东北部朝内凹陷，湖岸十分破碎，西南部则朝外突出，湖岸十分齐整，如同一个平滑的圆弧，其外观类似于一些大陆上留存下来的陨石坑。

第二，太湖周遭岩层的断裂有规律可循。太湖东北部的岩层存在很多被拉伸而成的断裂，而西南部岩层大都是被挤压而成的断裂。只有地面受到来自东北方向的巨大冲击时，才会出现这种地层断裂情况。

与此同时，地质学家还在继续研究。在太湖及其周边湖泊的淤泥层中，地质学家发现了一些形态多样的石头。通过测试研究，他们确定这些怪石就是太湖冲击坑的溅射物，从此太湖是一个陨石冲击坑的说法几乎被确立了下来。

## 质疑的声音

针对陨石冲击说，很多专家也提出了疑问。假如这种规模的巨坑是陨石撞击的杰作，那么这颗陨石的威力相当于1000万颗原子弹，如此巨大的威力会对地球造成不堪设想的后果。

迄今为止，关于太湖的成因尚没有确切的答案，但是随着探究一步步展开，相信人们终有一天会解开太湖的成因之谜。

## 小博士百事问

**陨石是什么？**

陨石也叫"陨星"，它是从地球之外的太空中抵达地球的"天外来客"。陨石有着不同的规格，有的巨大无比，有的渺若灰尘。通过对陨石的研究，科学家能够得到丰富的宇宙信息，因此陨石也是探索宇宙奥秘最直观的材料。

# 南极**不冻湖**之谜

南极洲是无人居住的冰雪之境，被人们习惯性地称为"白色大陆"。令人不可思议的是，如此寒冷的冰雪之境中居然存在着不冻湖，这也是大自然的奇妙之处。

## 莫名其妙的不冻湖

身处南极洲极目远眺，到处都是银装素裹的景象。南极洲的土地面积大概有1400万平方千米，几乎整个洲都覆盖着成百上千米厚的坚冰。内陆高原平均–50℃左右的气温仿佛令此处的一切都丧失了生机。专家们在这种恶劣的环境中却发现了一个不冻湖。

这个不冻湖拥有2500多平方千米的面积，最深的地方有66米，湖底水温居然有25℃。从底层盐类含量来看，不冻湖比海水多5倍多。湖中时不时有泉水涌出水面。专家们在不冻湖的周围考察后发现，这里没有类似于火山活动的地质现象。如此极寒的条件下还能存在不冻湖，专家们对此也迷惑不解。令人尤为惊诧的是，南极的不冻湖还有很多。

## 巨大的水温差异

1960 年，对测量资料进行分析后，日本学者发现，不冻湖表面薄冰层下的水温大致为 0℃，水越深，温度越高。16 米深的地方为 7.7℃，而 40 米以下的水温居然达到了 25℃，相当于温带地区海水的温度，几乎和夏季温带地区海面的水温差不多。

## 不冻湖的成因

有的专家认为这是受特殊条件下温度和气压的共同影响造成的。3000多米的冰层下的压力高达278个标准大气压。在如此大的压力下，湖底放出的热量相较于普通状态下释放的热量多，并且在 -29℃ 左右冰就会消融。不仅如此，上层的冰层好似一张大棉被，阻止了热量的散发，并将大地释放的热量积蓄下来。这样一来，大量的冰在南极大陆的凹部融化成"湖水"。事实真是如此吗？希望未来人们能有更深刻的认识。

### 小博士百事问

**为什么我们察觉不到空气中存在的压力？**

这是因为我们体内也存在空气，并且体内空气的压力等同于外界空气的压力，它们互相抵消，我们便不会察觉到。倘若我们的体内不存在空气，我们的身体就会被空气压扁。

# 超前的智慧
## ——奇特建筑

# 埃及金字塔建造之谜

金字塔的雄伟让人叹为观止。但在惊叹之余，我们不禁思考，如此巨大的建筑物，在生产力低下的远古时代，是如何被人们建造出来的呢？

## 巧夺天工的设计

根据估算，胡夫金字塔包含了 230 万块巨石，塔身各个石块之间并没有任何黏着物。历经几千年的风吹雨打，石块之间的缝隙依旧非常紧密，甚至一根针或一把匕首都

难以插入。远古时代的人类还不会使用铁器，那么这些巨型石块是如何被他们加工成型的，又是如何被严密地堆砌在一起的呢？

其实，金字塔并不是由石块简单地堆砌而成的，它的内部设计可谓巧夺天工，里面有迷宫般的墓室和隧道。当时建造金字塔的工人们是怎样开凿这些隧道的呢？有一个叫作"大长廊"的隧道位于大金字塔的内部深处，它完全由大理石筑成，墙壁被打磨得非常光滑，地面也异常平整。但不管是这里，还是法老的墓室内，都没有发现火炬之类的照明物存在过的痕迹，也没有发现被熏黑的墙面与屋顶。

## 令人迷惑的建造过程

根据古希腊历史学家希罗多德的记录，建造金字塔的工人有上万人，每几个月就要轮换一批。除了普通工人，还需要大批的监工、工程技术人员和维持治安的人，而这些人又有家属。除此之外，还有大量祭司、官员、僧侣和法老的家族成员。这样算来，建造金字塔的工人以及相关人员至少有几十万人，最多可达上百万人。这些人不能不吃不喝，衣食住行也是样样不能少的。然而在那个时代，古埃及的人口并没有那么多，这又如何解释呢？

古埃及人又是怎样将这些巨石一块一块地运输到施工现场的呢？因为在那个时候，马车还没有被发明出来，所以大部分人猜想他们是用滚木运输的。运输这些巨石需要非常粗大的树干，而尼罗河河畔多棕榈树，棕榈树的树干质地柔软，根本无法运输这些巨石。若从域外运来木材，则需要一支庞大的船队沿着尼罗河逆流而上，将木头转运到开罗后再用民车运输到施工工地。就算古埃及人当时拥

有庞大的船队，但是马车也是在那之后才被发明出来的。

金字塔到底是怎样建成的呢？至今无人能给出让人信服的答案，但是有一点毋庸置疑：金字塔是用一种我们不知道的技术修建的。即使当今人们的技术手段如此高超，也没有一个建筑师能仿造出大金字塔。

**你知道最大的金字塔是哪个吗？**

以体积而言，世界上的金字塔当以胡夫金字塔为首。胡夫金字塔位于今天的开罗一带，拥有正方形的塔基，塔基的边长在 232 米左右，整个金字塔均由巨石垒成，总高度达 146 米左右。

# 土耳其地下城市之谜

土耳其卡帕多西亚位于土耳其东南部，是个美丽而又神奇的地方。这里是一个很适合放飞热气球的地方，在这里伴随着日出一起飞翔还是一种不错的感受。另外，这里还有一个神秘的地方，那就是地下城市。

## 地下城市的规模

地下城市规模宏大，共有 1200 间石头小房子，可以居住 1.5 万人。它上下共分为 8 层，其迂回曲折的走廊又低又窄，人在里面需弯腰行走，走在这样的走廊和石头房子里，会有一种进入了蚂蚁窝的感觉。通往地下城市的通道隐藏在村子各处的房屋下面。这个古城从地面往下层层叠叠，深达数十米，纵横交错。这个地下城市无所不包，房间、居室、礼拜堂、酿酒坊、牲畜圈、仓库等各类设施可谓应有尽有，甚至还有学校，教室中间的讲台及两排课桌都是用原石凿成的。

　　城市边缘还有一些隧道，通向别的地下城市。每个地下城市的规模不等，有的仅能居住几十人，而有的则可以容纳上万人。地下城市的通风设施也近乎完美，在地下城市中心有通气孔与地面相连，通风道密如蛛网，其两壁人工开凿的凿痕依然清晰可见。地下通道每一层的入口都用一块巨大的石门堵住，以防止入侵者进入。

更令人惊讶的是，卡帕多西亚地区还有许多地下的教堂和房屋因地震引起的洞口坍塌而尚未被挖掘。因此，有人估计，地下城市的数量可能达 100 座之多。

## 谁建造的地下城市?

面对如此恢宏的地下城市群，人们不禁要问：它们是谁建造的呢？

有人认为，这些石窟就是基督徒建造的。因为基督教初创时，在中东地区备受打压，于是卡帕多西亚就成为基督徒重整队伍的关键地区。也有人认为，这一地区从公元前起就是不同民族和文化的熔炉，而且这些地下古城的年代比基督教建筑要早得多，基督徒建造地下城市的说法很难成立。

要想得到确切的结论，还有待考古学家们进一步探索和研究。

## 小博士百事问

**你了解卡帕多西亚吗？**

卡帕多西亚是历史上的地区名，大致位于古代小亚细亚（即土耳其）东南部，以其童话般的斑点岩层而闻名。卡帕多西亚独特的喀斯特地貌与月球表面相似，被称为"地球上最像月球的地方"。

# 非洲独石教堂之谜

在非洲国家埃塞俄比亚的拉斯塔山脉中，有一座著名的建筑群——拉利贝拉岩石教堂群。这一建筑群的最大特点在于它的每座教堂都是用一整块巨大的岩石开凿出来的，而不是用一块块石头堆砌而成的。因此，人们称这些教堂为"独石教堂"。

## 独石教堂的规模

独石教堂不仅是世界建筑史上的一个奇迹，也是当时基督教文明在埃塞俄比亚繁荣发展的证据。举世无双的独石教堂之所以能被当时的人们建造出来，与当地的地理环境有很大关系。埃塞俄比亚是一个多山的国家，这里的高山几乎全是由火山灰和熔岩凝结而成的火山。当地的工匠就是根据这种地形，专门挑选体积较大的岩石，把岩石中间凿空，然后按照自己的设计将其建造成教堂的。

教堂矗立在 7 ~ 12 米深的井状通道的中央，雕刻自顶部（穹顶、天花板、拱门和上层窗户）开始，一直延续到底部（地板、门和基石）。为了使夏季的滂沱大雨所造成的积水能被畅通地排掉，工匠建造的空间平面略有倾斜。建筑物的突出部分，如屋顶、檐沟、飞檐、过梁和窗台，其突出程度视雨水的主要方向而定。

拉利贝拉岩石教堂在布局、比例、风格上都有各自的特色，一系列地道、深沟和涵洞把一座座教堂连接起来。这些教堂至今仍在使用，到教堂做礼拜已经成为当地居民日常生活的一部分，礼拜者众多。

## 神秘的独石教堂

为什么要把如此雄壮的教堂修建在这样的不毛之地呢？对于这个问题，很多人有自己的见解。第一种说法认为，若要保持神圣，教堂必须建在与大地、天空结为一体的地方，只有这样才能把天、地、人连接起来。第二种说法认为，把教堂建在荒凉的地区能避免敌人的进攻和破坏。

第三种说法认为这是由于当时发达的建筑技术失传了，人们只能开凿岩石来建筑教堂。迄今为止，没有人能提出有确切证据的说法。拉利贝拉岩石教堂群仍然是一个神秘的地方。

## 小博士百事问

**你了解拉利贝拉岩石教堂吗？**

1978 年，拉利贝拉岩石教堂被联合国教科文组织世界遗产委员会批准作为文化遗产列入《世界遗产名录》，被誉为"非洲奇迹"。它是埃塞俄比亚基督徒眼中的圣地，至今仍有虔诚的信徒前去朝圣。

# 印度泰姬陵之谜

说到印度的建筑，很多人首先想到的便是泰姬陵，泰姬陵作为陵墓建筑中的典范，一直被人们所称颂。它不仅有较高的艺术价值，还牵涉一段动人心弦的爱情故事。

## 泰姬陵简介

泰姬陵又称"泰吉·玛哈尔陵"，是莫卧儿帝国皇帝沙贾汗为其爱妃泰吉·玛哈尔建造的陵墓。泰姬陵建筑群包括大门、陵寝、两座清真寺、四座尖塔和一些附属建筑物。整个陵园为长方形，四周被一道红砂石墙围绕，正中央是陵寝。陵的四方各有一座尖塔，高达41米，大门与陵墓由一条宽阔笔直的、用红石铺

成的甬道相连接，左右两边对称，布局工整。陵园布局精巧，风景优美，更有流水、喷泉点缀，从整体上反映了莫卧儿人心目中人间仙境的模样。

## 好大喜功的沙贾汗

如果告诉你泰姬陵的建造过程充满血腥，你又有什么感受呢？据说，泰姬陵的建造者沙贾汗可不是个仁厚的君王，他在位期间，疯狂压榨百姓，死死地把权力抓在手中，为了防止权力被夺走，他不惜杀掉同胞兄弟。他的妻子也是个心狠手辣的人，不仅陪伴着沙贾汗四处征战，而且多次建议沙贾汗屠杀基督徒。沙贾汗的妻子十分敌视异教徒，她的棺材上刻着一句话，大意是请求上天帮助她的国家打击异教徒。穷奢极欲的沙贾汗为了扩大权势而南征北战，给人民带来了深重的苦难。

沙贾汗对艺术很感兴趣，尤其重视建筑。或许他是想通过建造精美的建筑来体现他的权力。举世闻名的泰姬陵便是由他下令修建的。不过，他虽然重视泰姬陵，却对建造泰姬陵的工匠毫不留情，泰姬陵建成之后，他便对那些工匠处以重刑。后世的人们普遍对沙贾汗的这种行为既愤慨又疑惑。如果说建造泰姬陵是为了展示君王的权势，那杀掉那些工匠又是为了什么呢？难道这血腥的杀戮，仅仅是为了使工匠们不再造出比泰姬陵更为完美的建筑？其背后究竟隐藏了什么秘密呢？这一系列的谜团，令人百思不得其解。

**小博士百事问**

**为什么泰姬陵被誉为"完美建筑"呢？**

泰姬陵规模宏伟，结构复杂，不但有殿堂、钟楼，还有水池、尖塔，这些建筑的材料是大理石，并且嵌有珠宝，是印度的代表性艺术作品，也是研究穆斯林文化的重要依据，因此有"完美建筑"的美称。

# 世界未解之谜

Unsolved Mysteries of the World

大全集

# 海洋之谜

张月 主编

黑龙江科学技术出版社

HEILONGJIANG SCIENCE AND TECHNOLOGY PRESS

图书在版编目（CIP）数据

世界未解之谜大全集．海洋之谜 ／ 张月主编．－－ 哈
尔滨：黑龙江科学技术出版社，2023.8（2024.5 重印）
ISBN 978-7-5719-2100-2

Ⅰ．①世… Ⅱ．①张… Ⅲ．①科学知识－儿童读物②
海洋－儿童读物 Ⅳ．① Z228.1②P7-49

中国国家版本馆 CIP 数据核字（2023）第 153636 号

# 世界未解之谜大全集　海洋之谜
SHIJIE WEIJIE ZHI MI DAQUANJI HAIYANG ZHI MI

张月　主编

| | |
|---|---|
| 项目总监 | 薛方闻 |
| 策划编辑 | 沈福威　顾天歌 |
| 责任编辑 | 刘　杨 |
| 插　画 | 文贤阁 |
| 排　版 | 文贤阁 |
| 出　版 | 黑龙江科学技术出版社 |
| | 地址：哈尔滨市南岗区公安街 70-2 号　邮编：150007 |
| | 电话：（0451）53642106　传真：（0451）53642143 |
| | 网址：www.1kcbs.cn |
| 发　行 | 新华书店 |
| 印　刷 | 三河市南阳印刷有限公司 |
| 开　本 | 880 mm×1230 mm 1/32 |
| 印　张 | 3 |
| 字　数 | 48 千字 |
| 版　次 | 2023 年 8 月第 1 版 |
| 印　次 | 2024 年 5 月第 2 次印刷 |
| 书　号 | ISBN 978-7-5719-2100-2 |
| 定　价 | 138.00 元（全 8 册） |

# PREFACE
## 前　言

　　我们生活的世界，表面上平静无波，实际上有着无数波诡云谲的谜团。由于人类科技水平的局限，或者眼下缺少关键性证据，很多成了不解之谜。

　　世界上的未解之谜不胜枚举，小读者想要获得探索谜团的乐趣，就请打开这套《世界未解之谜大全集》吧！我们精心选择了有关宇宙、地球、海洋、人类、自然、宝藏、UFO与外星人、科学的种种未解之谜，包罗万象，乐趣无穷。举例来说，宇宙大爆炸假说是目前最接近"宇宙真相"的假说，但至今仍缺乏关键性证据来证实；地球上的生物千奇百怪，有天生就会"盖房"的昆虫，也有刀枪不入的树木，还有至今踪迹难寻的神秘生物；宇宙中有数不胜数的行星，UFO和外星人是很有可能存在的，但是人类至今无法证实……探索这些谜团的过程真的是妙趣横生。

# CONTENTS
# 目　录

## 1 浩瀚无穷
### ——海洋形成之谜

# 2 深藏不露
## ——海底怪象

# 3 丰富多彩
## ——海洋生物探秘

# 4 匪夷所思
## ——海洋奇闻

# 浩瀚无穷
## ——海洋形成之谜

# 海水来源之谜

　　海洋占据地球表面积的 70% 以上，比陆地要大得多。海洋中的水约占地球上总水量的 97%。从太空看到的地球就像一个巨大的蓝色水球。那么，地球上的水到底从何而来？直到今天，科学界仍存在不同的说法。

## 📷 代表性的说法

　　大约 46 亿年前，地球刚刚形成。在地球形成后的几亿年里，由于地壳较薄，加上小天体经常撞击地球表面，地幔里的熔融岩浆容易喷涌而出，当时地球上到处是一片火海。伴随岩浆喷出的还有大量的水蒸气、二氧化碳，这些气体上升到空中，覆盖了整个地球。水蒸气形成云层，产生降雨。

经过长时间的降雨，原本的地壳低洼地带就会出现大量的积水，形成了最初的海洋。

最初的海洋不停地补充盐分与水资源，经过长年累月的地质作用，最后变成了我们今天看到的样子。这是关于海水来源的一种有代表性的说法。

## 另一种假说

还有一种说法是，地球上的水是撞入地球的彗星带来的。这是美国科学家提出的一种假说。他们在 1987 年通过卫星获取的一些地球大气紫外辐射照片中发现，在地球图像上有一些黑斑。科学家认为，这些黑斑是由冰块组成的小彗星冲入地球大气层造成的。当冰彗星到达地球大气层时，地球引力作用和大气摩擦会将它们击得粉碎，冰彗星就变成细小的冰微粒，逐渐消散到稀薄的大气流中去，最终以雨或雪的形式降落到地面。地球经历数亿年的时间后，表面就存在非常多的水，这些水就成了如今的海洋。

关于海水来源之谜，科学家一直争论不止，至今仍众说纷纭。目前，科学家还不能给出明确的答案。

## 小博士百事问

### 彗星是什么？

彗星是一种天体，围绕太阳运行。彗星的特别之处在于，当它接近太阳时，由彗核、彗发和彗尾构成；远离太阳时，是发光的云雾状小斑点。

# 海盐来源之谜

　　众所周知，海水是咸的，原因在于海水中大约3.5%是盐类。这些盐类物质中大多数是氯化钠，还有一小部分氯化镁、碳酸钙、硫酸钾等。这些"始作俑者"令海水苦涩无比。那么问题来了：海水中的盐到底源自何处呢？

## 海盐来源于内陆

　　许多科学家认为，海水中的盐来源于内陆。由于水循环，海洋中大量的水分被蒸发掉，形成的水蒸气升腾到空

降雪

降雨

蒸发

河流

海洋

气中，化作雨水渗入地下。土壤与岩石不停地受到降水的冲击，其中的可溶性物质（大部分是盐类物质）被带进江河湖海。外流河汇入大海时带去了众多盐类物质，而且盐分蒸发不了，大海中的盐分积累了几百万年，越积越多，海水也就变得越来越咸。

## 不同的看法

一些科学家提出了另一种看法：地壳在地球形成的初始阶段极为脆弱，频繁的火山爆发导致大量矿物质被喷出地表，降水又将这些矿物质带入早期的海洋中。海水不停地溶解矿物质中的可溶性盐类，故而海水变咸了。

人们在 20 世纪 70 年代发现海水所溶解的盐量之所以

比河川溶解的盐量高出数百倍，是因为海底大断裂带的断裂聚热反应。可是，此发现还是不能解开海盐的来源之谜，只能说明海盐的来源有其他途径。

除此之外，还有许多人围绕海盐的成因问题提出了自己的看法，但是没有人能找到确切的证据。因此，这个问题还有待科学家们继续探索。

小博士百事问

**你知道什么是水循环吗？**

在太阳辐射和地心引力的相互作用下，地表的水持续地蒸发到了大气中形成水汽，水汽随大气环流传播到一些地域，随后通过降水的方式返回陆地表面或海洋。这个过程就是水循环。

# 海底平顶山之谜

美丽富饶而又变幻莫测的海洋一直是人们探索的对象。海洋包容万物，孕育无限生命，却也能摧毁、吞噬生命。黑漆漆的海底存在各种奇特地貌和自然奇观。种种奇异景观中，数海底平顶山最引人注目。

## 平顶山的发现

美军在第二次世界大战期间曾派人全面调查太平洋洋底，执行这一任务的是美国科学家哈里·哈蒙德·赫斯。他在调查的过程中有一个意外发现：在海平面 200 米以下的海底分布着众多海底山，它们成队排列着，有的山峰相连，有的独立成峰。更令人惊讶的是，这些海底山都被"削"去了顶。

## 平顶山的成因

人们不禁疑惑，海底平顶山的成因是什么呢？

按照大部分科学家的说法，火山岛露出海面后，在海浪的侵蚀作用下逐渐形成了平顶山。该观点的依据是，不少被磨圆的玄武岩砾石在平顶山顶部被发现，这说明平顶山最初高于海面，遭受过海浪侵蚀。但是，如果碎石受到海浪的磨蚀，那么碎石的位置最深也不过在水下一二十米处。然而实际情况是，平顶山山顶位于水下几百米乃至上千米的地方。科学家们据此推测，海浪不仅侵蚀了玄武岩，还"削"平了火山的尖顶。

但是，这种说法遭到一部分科学家的质疑，他们的理由是平顶山山脚的岩石年龄比山顶的玄武岩年龄要小。地质学的基本规律表明，如果是海底火山不断喷发堆积从而形成平顶山的话，那么平顶山山脚的岩石年龄应该大于山顶的岩石年龄。

还有科学家提出，海底平顶山的"平顶"其实是火山口。

很久以前，火山喷发形成了火山口，由于位置靠近海平面，火山口周围有很多珊瑚虫在此繁衍，逐渐形成了环礁。在漫长的地质变迁过程中，火山口周围死亡的珊瑚虫不断堆积，最终形成平顶山。

时至今日，对于海底平顶山的成因，科学界依然众说纷纭，莫衷一是。

### 小博士百事问

**火山是怎样形成的？**

地球内部满是炽热的岩浆，当受到巨大的压力时，岩浆会冲破地壳的薄弱之处，喷薄而出，这就是火山喷发的过程。喷发出的岩浆及碎屑物质在地表冷凝、堆积而形成的山体就是火山。

# 大洋中脊之谜

在世人看来，地球上巍然屹立的山脉便是大地之脊。其实汪洋大海也有"脊梁"，大洋的"脊梁"被称为大洋中脊，又名中央海岭。大洋中脊高出洋底2000～4000米，有的凸出海平面变成岛屿，宽度为1000～4000千米，可谓世界上规模最大的环球山系。

## 大洋中脊的发现

英国"挑战者"号考察船在19世纪70年代进行了环球海洋考察，在对大西洋进行深入考察时，发现了一个令

大洋中脊

人惊讶的现象——有一条巨大的山脊处在大西洋中部的洋底，纵贯南北。之后，陆续有人在太平洋、印度洋观测到了相似的山脊。因为这些山脊位于大洋中部或靠近中部，看起来好像是海洋的脊柱，所以专家就给它们取了一个贴切的名字——大洋中脊。

大洋中脊具有复杂的地形，纵看好似起伏的波浪。处在中脊顶端附近的岭谷起伏幅度较大，离脊轴越远幅度越小。这主要是因为中脊顶部的沉积物偏薄，中脊两翼的沉积物渐渐变厚。

在构造方面，大洋中脊被众多垂直或斜交于轴部的大断裂带截断。在地形方面，断裂带的一面表现为窄长的海脊，另一面表现为凹陷的槽谷。

## 大洋中脊成因之谜

大洋中脊是如何形成的呢？它们为何会出现在大洋的中部呢？

科学家们在 20 世纪 70 年代对大洋中脊的构造运动、地壳性质等进行仔细考察后得出结论，认为海底扩张的中心就是大洋中脊轴部，地球内部的热地幔物质顺着大洋中脊轴部不断上升变成新的大洋型地壳。因为中脊顶部具有很高的温度，所以是火山活动频繁地带。

脊下物质热膨胀造成了中脊凸起的地形。在地幔对流的推动下，新的大洋型地壳自脊轴向两边扩张推移。软流层顶部的物质在扩张和冷却的过程中慢慢地凝固，变成岩石，

13

形成岩石圈，离脊顶越远岩石圈越厚。在扩张增厚的过程中，洋底的岩石圈不停地往下沉，逐渐变成了两翼低、轴部高的大洋中脊。

目前我们只揭开了大洋中脊的一部分面纱，还有很多悬而未解的谜题等着我们去破解，我们坚信随着科学技术的进步，这些谜底会被逐一揭晓。

## 小博士百事问

### 大洋中脊是怎么分布的？

太平洋的中脊因所处地点偏东，边坡平缓，所以叫太平洋海隆；印度洋的中脊大概在大洋中部，分为三支，展开呈倒立的"Y"形；大西洋的中脊在其中央，向与两岸平行的方向延伸，边坡较陡。

# 北冰洋形成之谜

地球上的海洋大致分成4块，即太平洋、大西洋、印度洋、北冰洋，简称"四大洋"，其中面积最小的是北冰洋。由于气候恶劣，北冰洋的访客很少，故而充满了神秘气息。

## 北冰洋简介

北冰洋地处寒冷的北极，被欧洲、亚洲和北美洲围绕。这个面积最小的大洋只有1475万平方千米，约占世界海洋总面积的 4%，所以也被称为"北极海"。

北冰洋也是最浅的大洋，平均深度 1225 米，最大深度为 5527 米。北冰洋还是最冷的大洋，全年都可以看到漂浮在洋面上的冰层。北冰洋中央区域的冰有 300 多万年的历史，所以海水的温度常年极低。

以前有人执意要去北极中央发掘"新大陆"，却徒劳无功。但这也使得一些人对北冰洋的形成过程产生了浓厚的兴趣。通过长时间的研究，科学家提出了两种关于北冰洋形成过程的假说。

## 假说一

在许多个世纪以前，劳亚古陆是一整块大陆，之后经过地壳的不断运动，渐渐破裂并解体，使得亚欧板块与美洲板块之间的洋底发生扩张运动，一个巨型海盆就此产生，这就是北冰洋海盆。后来，又出现了几次洋底扩张运动，就逐渐形成了北冰洋。

## 假说二

2000 万年前的北冰洋仅仅是个巨型淡水湖，通过费尔姆海峡和大西洋相接。北冰洋的淡水质量小，从上边流

进大西洋。大西洋的盐水质量大，从下边流进北冰洋。长此以往，大西洋的盐水便取代了北冰洋的淡水，北冰洋彻底变成了海洋，海底也产生了海洋生物、氧化铁和氧化锰等。

不过，以上两种假说的证据都不充分，有待进一步验证。

### 小博士百事问

**北冰洋的冰有多少？**

四大洋中，北冰洋的温度最低，属于寒带海洋。此地全年积雪，千里冰封，洋面上覆盖着3～4米厚的冰层，十分坚固。当此地的海水朝南流入大西洋的时候，到处可以看到一团团巨型冰山随流而去。

# 还会诞生新的**大洋**吗？

*世界上现存的四大洋为太平洋、印度洋、大西洋和北冰洋。然而加拿大学者威尔逊依据各种迹象推测，非洲大陆正在分裂，一片新大洋正孕育而生。那么，真的会形成新的大洋吗？*

## 新大洋出现的预兆

早在 20 世纪末，英国地质学家格雷戈里就对非洲大陆东部巨大裂谷的情景进行了描述。这个裂谷地处东经 30°～40°，底部存在尼罗河和红海。顺着尼罗河向南，到了河流的发源地就会遇到基奥加湖、维多利亚湖、坦噶尼喀湖、卢多尔夫湖和尼亚萨湖等湖泊。这些河、湖、海在地壳上构成一条巨型的裂谷，全长约 6500 千米（在非洲大陆长约 4000 千米），平均宽 48～65 千米，名为东非大裂谷。断裂带沿线有频繁的火山活动，源自地壳深处的碱性岩浆和玄武岩沿着该通道向上涌出，将断裂带两侧的大陆地块朝外侧推，令裂谷持续扩大。目前北部已扩至红海。红海海底深1500米的地方有一条3000米长的凹地，凹地上的两个火山口的周遭倾覆着已经凝固的火山熔岩，红海底部有一层富含铁、锌、钛等硫化物的软泥，这些东西是珍贵的矿产。大裂谷南部存在一些湖泊，其中蕴含着火山岩。这里的一切都是新大洋即将出现的征兆。

## 威尔逊的推断

威尔逊认为，是中央海岭裂谷的活动形成了大洋，而亚丁湾、红海有很大的可能性在未来扩展成大洋。倘若产生了新大洋，尼罗河东边的埃及、肯尼亚、坦桑尼亚和埃塞俄比亚将变成新大洋东海岸的国家，刚果、赞比亚和乍得等内陆国家将变成新大洋西海岸的国家，这些国家的气候将发生巨大变化，撒哈拉沙漠的面积将会大大减小甚至消失。地中海北部会和新大洋连通，一起构成世界"第五大洋"，一改现在较为闭锁的状态。

## 有待进一步研究

　　神秘的"第五大洋"真的会出现吗？现在世界上发现的裂谷有很多，比如美国中西部的里奥格兰德裂谷、德国的莱茵裂谷、西伯利亚高原的贝加尔裂谷、我国东部的郯庐断裂带、横贯日本的中央裂谷、纵贯菲律宾的菲律宾大裂谷等。其中很多裂谷的规模和东非大裂谷相差无几，有的和大洋的中央海岭相连，有的是断裂山谷，有的是湖，有的裂谷的一部分是边缘海。它们最终都会变成世界大洋吗？关于东非裂谷未来是否会变成世界"第五大洋"，这个问题还需要科学家们不断探索。

### 小博士百事问

**什么是洋?**

　　洋也称"大洋"，指地球表面特别广袤的水域。洋是海洋的中心部分，也是海洋的主体。世界上大洋的总面积约占海洋总面积的89%。大洋的深度一般大于2000～3000米。大洋距离陆地比较远，不受陆地的影响，其水文和盐度的变化不大。

# 深藏不露
## —— 海底怪象

# 海底"浓烟"之谜

浓烟是一种常见的污染现象，工厂排出的废气会形成烟雾，住宅失火、森林大火也会冒出滚滚浓烟。你知道吗，海底也会冒出"浓烟"，这是怎么回事呢？

## 海底"浓烟"的发现

20世纪70年代，美国海洋学家巴勒带领一批科学家对墨西哥西面北纬21°的太平洋进行了一次水下考察。当科学家们乘坐的深水潜艇"阿尔文"号渐渐接近海底时，透过潜艇的舷窗，他们看到了"浓雾"弥漫下的一根根高达六七米的粗大石柱，石柱顶部喷发出滚滚"浓烟"。

"阿尔文"号向"浓烟"靠近，并将温度探测器伸进"浓烟"中。查看测试结果时，科学家们不禁吓了一跳，原来这里的温度竟高达近千摄氏度。经过仔细观察，他们发现"浓烟"原来是一种金属热液"喷泉"，当它遇到寒冷的海水时，便立刻凝结出铜、铁、锌等硫化物，并沉积在"烟囱"的周围，堆成小丘。他们还注意到，在这些温度很高的喷口周围竟形成了一种特殊的生存环境，这里就像沙漠中的绿洲，生活着许多贝类、蠕虫类和其他动物群落。

巴勒等人的发现引起了科学界的极大兴趣。

## 与海底"喷泉"有关

美国密歇根大学的奥温认为，这种海底"喷泉"可能与地球气候的变化有着密切的联系。奥温在研究了从东太平洋海底获取的沉积物和岩样以后发现，在几千万年前的沉积物中，铁的含量和钙的含量比现在要高出几倍。为什么沉积物中钙、铁等的含量这么高呢？奥温认为，这可能与海底"喷泉"活动的增强有关。

据此，奥温又进一步提出，当海底"喷泉"活动增强时，所喷出的物质与海水中的硫酸氢钙发生反应，析出二氧化碳。已知现在的海底"喷泉"提供给大气的二氧化碳占大气中二氧化碳自然来源的14%～22%。因此，当钙的析出量增加时，大气中二氧化碳的含量必将大大增加。众所周知，随着二氧化碳含量的增加，将会产生明显的温室效应，从而使全球的气温上升，导致极地地区气候变暖。

在海底"浓烟"中还隐藏着什么秘密呢？人们期待着科学家能有新的发现。

### 小博士百事问

**什么是海底"喷泉"？**

海底"喷泉"的原理和火山"喷泉"类似。它是一个非常奇异的现象，喷出来的水就像烟囱一样。此外，在"烟囱林"中，还有大量生物围绕着"烟囱"生存。

# 海底风暴之谜

大部分人觉得海底没有风浪，十分平静。其实不然，海底终年遭受各种激流的冲击。这些名为"海底风暴"的激流，如同陆地上的龙卷风，在海底世界"横行无忌"。

## 消失的跳水运动员

20世纪80年代，一场跳水表演在挪威海岸某个岛屿上举行，由于跳水运动员需要从悬崖往下跳，因此这场表演格外扣人心弦。令人意想不到的是，几十名运动员跳入悬崖下的海水中后就失去了踪迹。意识到大事不妙后，人们马上安排资深潜水员入海寻找并用救生船接应他们。潜水员潜入距离水面5米深的地方时，被一股湍急的水流卷入海底。接到潜水员的呼救信息后，人们紧急派出瑞典的微型探测潜艇前去救援。然而，微型探测潜艇也遇到了同样的情况。随后，一艘由地质学家豪克逊负责的美国潜水调查船也展开了救援工作。豪克逊的眼睛一眨也不眨地注视着监测海底的电视屏，他发现潜水员失踪的地方存在一股强劲的潜流，他还在那个地方附近找到了失踪的运动员、潜水员的尸体和瑞典微型探测潜艇。难道这场灾难是海底风暴造成的？

## 海底风暴真实存在

美国海洋地质学家霍利斯特在 1963 年的旧金山学术会议上就推断存在海底风暴，然而当时人们对这项假说不屑一顾。

之后，在墨西哥湾 300 ~ 1000 米深的海底，专家们观测到了流动的强大水流，也确定了海底风暴假说的真实性。每年都会有一些海域出现海底风暴，海底风暴的破坏力甚至大于飓风。海底风暴能掀起海底的淤泥，其行经之处的动植物、礁石及海底通信电缆，都难以逃脱被掩埋的结局。这种现象非常罕见。

## 海底风暴的成因

海底风暴究竟是如何产生的呢？对此，科学家们的观点各不相同。

有的科学家认为，当海水和大气运动的能量积聚到一定程度时，海底就会形成海底风暴。也有专家觉得，在复杂的海洋地形环境下，极地冷海水飞速流进海底，搅动海底水体，就形成了海底风暴，这种海底风暴就如同大陆上的季风。北大西洋和南极洲附近经常发生海底风暴，可能就是这个原因。

目前，科学家们还不能完全解释海底风暴的形成原因，这一问题有待进一步研究。

### 小博士百事问

**什么是洋流？**

洋流是在海洋中长期较为稳定地遵循一定方向进行大规模流动的海水。洋流有着巨型规模，流量比河流要大得多。由于海水温度的不同，洋流有寒流和暖流之分。通常而言，从高水温的海域流向低水温的海域的洋流，名为暖流；从低水温的海域流向高水温的海域的洋流，名为寒流。

# 海底"铁塔"之谜

浩瀚的大海有着人们无法想象的谜团。在大海的深处，每天都有奇特的事情发生。在南太平洋的海底，科学家就曾发现过一座"铁塔"。

## 海底"铁塔"的发现

1964年，"爱尔塔宁"号科学考察船按照南极考察计划开始工作，当考察船航行到智利的合恩角以西7400千米左右的海域时抛锚停泊。

考察人员的工作是把一台深水摄像机放到4500米深的海底，进行水下拍摄工作。一天的考察工作结束后，技术人员对当天拍摄的胶片进行显像处理，在一张胶片上发现了一个奇特的东西。技术人员将该胶片放大并洗成照片后，清晰地看到一个顶端呈针状的水下"铁塔"。从塔的中部延伸出几排芯棒，芯棒与铁塔之间呈直角，每个芯棒的末端都有一个白色的小球。综合来看，照片上的东西很像一座塔式发射天线。

## 迷雾重重

1964年，"爱尔塔宁"号科学考察船完成使命，回到新西兰的奥克兰港。船员登陆后，立即把这一发现公之于众，他们将在海底拍到的那张神秘的"铁塔"照片拿给一名记者看。

记者问随船的海洋生物学家托马斯·霍普金斯海底发

现的到底是什么东西。生物学家没有正面回答，他说："显然，它既不是动物，也不是植物……我不想说这座海底'铁塔'是人为建造的，否则会产生无法回答的问题。比如，什么人以何种方式到达如此深的海底？是出于什么目的去建造它的？"

### 越来越扑朔迷离

一时之间，科学界掀起了一场对这座海底"铁塔"的讨论。

研究人员认为，这座"铁塔"可能是智能生物建造的。不久，新西兰的 UFO 研究者把照片寄给了美国从事月球遥控探测器指令研究的航天专家霍尼，请他对此做出解释。

霍尼说，凭他多年从事研究的经验，这个神秘的海底"铁塔"的建造者可能是来自太空的外星人，他们用它作为测量地球地震活动的传感器和信息转发器，并借助这套先进的仪器，及时而准确地把地球上的某些信息传送到他们的"母星"上去，与此同时，也可能以地球某个学术团体的名义，将情报传给各国政府。

时间已过了数十年，可是海底"铁塔"这个神秘事件却变得更加扑朔迷离。

## 小博士百事问

### 宇宙中存在外星人吗？

外星人是人类对地球之外高等智慧生命的总称。浩瀚宇宙中的星球数不胜数，其中很有可能存在环境和地球相似、活跃着生命的星球。迄今为止，人们还未找到和外星人有关的线索。即便如此，也不能证明宇宙中不存在外星人。

# 海底**玻璃**之谜

　　我们时常能看到玻璃制品，如玻璃瓶、玻璃珠、玻璃窗户等。出人意料的是，人们在深海海底竟然也发现了许多体积巨大的玻璃，这真是一件奇怪的事。

## 海底玻璃的特征

　　海底玻璃有着类似于普通玻璃的成分，它们有着良好的化学稳定性，耐高温，可透红外光和紫外光。海底存在大量稀有金属，因此海底玻璃中也含有丰富的金属元素。不仅如此，海底玻璃还存在许多一般的玻璃所没有的特性。

## 海底火山活动制造出来的

科学家们针对海底的玻璃进行了各种分析和研究。他们首先排除了这些玻璃是被人为扔进大海的观点，毕竟通过人工的方式制造不出这样特殊的玻璃。那么这些海底玻璃究竟是怎么产生的呢？

有一种说法是，海底火山活动制造出了这些海底玻璃。二氧化硅是玻璃主要的化学成分，漂亮的水晶就是由天然纯粹的二氧化硅构成的。倘若海底地壳某个地方有着大量水晶，那里又适逢火山活动，那么这些水晶会被灼热的岩浆熔化，然后由地壳深处来到海底，携带着二氧化硅的岩浆和严寒的海水相遇就形成了天然的玻

璃。受地壳活动和潮水搬运的影响，这些天然玻璃距离火
山口越来越远，最终进入人们的视野。

## 高压发挥了作用

还有一种说法是，在一定的高压下，海底的玄武岩与
海水中的一些物质发生反应，产生了一种凝胶体，进而变
成了玻璃。正常来讲，哪怕是一块最普通的玻璃，都需要
1400～1500℃的高温才能被制造出来，而熔化炉所用的耐
火材料被高温玻璃溶液强烈侵蚀后，形成的气体对人的身
体有害。倘若以高压取代高温，这种情形将会完全改变。

于是，一部分化学家将发现海底玻璃地区的玄武岩置于装有海水的容器中，放在大气压 400Pa 的环境下，然而这种研制玻璃的方法还是失败了。

海底玻璃的形成过程究竟是怎样的呢？对此，还没有人能给出一个合理的解释。

### 小博士百事问

**什么是玄武岩?**

玄武岩就好比地球的"地板砖"，遍布于陆壳上及海洋底部。质量小但质地坚硬是玄武岩的特点，正因如此，人们用它来修建跑道、公路、铁路、机场等，还经常把它作为高层建筑混凝土的制造原料，是一种优良的建筑材料。此外，玄武岩还凭借凹凸不平的外观受到了艺术家的青睐，成为假山和雕塑的原材料。

# 丰富多彩
# ——海洋生物探秘

# 水母之谜

水母是生活在广阔海洋中的极美丽的生物。它们身姿轻盈，晶莹夺目，身穿彩色"长裙"，有"海中仙子"的美誉。

## 比恐龙"辈分"高

水母虽然看起来十分柔弱，其实生命力非常顽强。早在 6.5 亿年前水母就出现了，甚至比恐龙出现的时间还要早。如今恐龙早已灭绝，水母却依然繁衍得很好。水母大部分生活在海水中，但有一些种类，如桃花水母，也能够生活在淡水中。

有人说水母是"水做的生物"，也不无道理。水母身体的主要成分便是水，它们结构简单，既无骨骼也无肌肉，是一种低等的无脊椎浮游生物。

## 不死水母

有一种灯塔水母，有着"长生不老"的特殊本领。专家指出，这种水母能将自身的细胞恢复到年轻状态。详细地说就是，这种水母成熟后，会转化成一个像水滴的胞囊，进而长成一个水螅群，之后再渐渐长大，成熟后进行交配，并周而复始……

灯塔水母为什么会"长生不老"呢？这个问题至今仍无人能解答。

## 水母泛滥之谜

水母虽然看上去没有什么可怕之处，但它们一旦在数量上占据主导地位，就可以成为海域的"主宰者"，鱼类等其他生物就难以生存，且此地生态平衡长期无法恢复。全球海洋中的水母数量越来越多，很多水域都出现水母数量猛增的现象，东亚海域最为严重。

2009年，胶州湾突然出现大量水母，这给当地居民带来了不小的困扰。水母泛滥会对鱼类造成极大的威胁，会导致鱼群迁徙，渔业减产。水母对人体也有伤害，轻者灼痛，重者心脏停搏、生命垂危。为什么水母数量会突然增长呢？科学家至今也没有给出确切的答案。

### 小博士百事问

**为什么水母能发光？**

水母的发光系统与其他动物不同，它们依靠体内一种名为埃奎林的蛋白质，这种蛋白质遇到钙离子可以发出比较强的蓝色光。海水中含有大量的钙离子，给水母发光提供了充足的条件。水母在海里四处游动，身体散发出球形的蓝光，触手则形成细长的光带，成为海洋中一道亮丽的风景线。

# 鱼类变性之谜

动物王国有很多趣事，鱼的雌雄之变就是其中之一。有关专家对此各执一词，至今依旧没有定论。但无论怎么说，鱼的雌雄之变是低等动物在残酷的物种竞争中，为了生存和繁衍而演变出的一种特殊的本领。

## "一夫多妻"的大家庭

红海的红鲷鱼有着"一夫多妻"的家庭，一般一个家庭由 20 多条红鲷鱼组成。一旦家庭中唯一的雄性鱼失踪或不幸死亡，就会有一条体力强健的雌性鱼转变成雄性鱼，承担起之前那条雄性鱼的责任来管理这个家庭。如果这条雄性鱼也消失，就会有新的雌性鱼转变为雄性鱼。随着鱼的不断消失不断变性，直至最后一条变成雄性。

事实上，性别转换在低等海洋动物中并不罕见。生活在珊瑚礁上的大鳍鱼、隆头鱼、鹦嘴鱼等都有由雌变雄的本领，而小丑鱼、细鳍鱼等有由雄变雌的本领。动画片《海底总动员》中，尼莫的妈妈去世后，它的爸爸就变成了雌性。

## 动物世界的"女儿国"

黄鳝大部分人都见过，它们刚出生时都是雌性，但是在性成熟产卵后，其生殖系统就会发生巨变，转变成雄性。一般身材娇小的黄鳝是雌性，而身材粗大的则是雄性。这样，雌性与雄性交配，又会生下一批"女士"，之后又转变成"男士"，就这样循环往复。

## 善变的石斑鱼

一些鱼类更为奇怪，如石斑鱼，当一个海域的雌性石斑鱼多于雄性石斑鱼时，一部分雌性石斑鱼就会转变成雄性；当这个海域的雄性石斑鱼多于雌性石斑鱼时，一部分雄性石斑鱼就会转变成雌性。它们来回转变的目的就是繁衍更多的下一代。更加神奇的是，生活在巴西沿海和美国佛罗里达州的蓝条石斑鱼，一天之内可以变性好几次。每当傍晚，雌性和雄性的蓝条石斑鱼就会发生性变，有时一天之内发生性变的次数竟超过5次。这种情况既叫"变性"，也叫"异体受精""雌雄同体"。科学家们表示，也许是因为石斑鱼的卵子的体积比精子大，如果只让雌性产卵，负担过重，代价过高。而如果雌性和雄性都既能排精又能排卵，会有助于繁殖更多的后代。

鱼类的变性之谜是科学家正在探索的一个课题，相信通过不断研究，科学家很快就会破解其中的奥秘。

## 小博士百事问

**石斑鱼为什么又叫"美容护肤之鱼"？**

石斑鱼体内脂肪含量低，而蛋白质含量高，它们体内不仅含有人类代谢所需的氨基酸，还含有多种无机盐、磷、钙、铁以及各种维生素。另外，石斑鱼的鱼皮胶质能促进胶原细胞的合成和增强上皮组织的完整生长，所以石斑鱼被称为"美容护肤之鱼"。

# 海豚救人之谜

常年生活在海边的人们一直把海豚看作一种神奇的动物，它们那聪明而奇特的表现很早就吸引了人们的注意。不过，人们对海豚最感兴趣的，可能还是它们奋不顾身救人的行为。

## 无私的救生员

1964 年，一艘日本渔船不幸触礁沉没，6 名船员当场丧生，幸存的 4 名船员拼命往岸边游去。可是离海岸太

　　远了，他们在大海中游了几个小时，精疲力竭，仍然不见海岸的影子。就在这生死攸关之际，两只海豚如同从天而降的救星来到他们身边，驮起他们向岸边游去，最后把他们安全送到了岸上。

　　海豚不但会把溺水者驮到岸边，在遇上鲨鱼吃人时，它们也会挺身相救。1959年夏天，"里奥·阿泰罗"号客轮在加勒比海因爆炸失事，许多乘客都在汹涌的海水中挣扎。不料祸不单行，鲨鱼云集而来，眼看众人就要葬身鱼腹，在这千钧一发之际，成群的海豚犹如神兵天降，向鲨鱼猛扑过去并将其赶走，使遇难的乘客转危为安。

## 只是出于本能吗？

那么，海豚为什么会救人呢？海豚救人究竟是一种本能，还是经过思考后的行为呢？难道是因为它们的大脑比较发达，可以看出人类游泳和溺水的区别吗？动物学家发现，海豚营救的对象不限于人，它们还会搭救体弱有病的同伴。凡是在水中不积极运动的物体，几乎都会引起海豚的注意和极大热情，成为它们的救援对象。因此，海洋动物学家认为，海豚的救人行为和它们经常把其他物体托出海面，推着这些物体前进一样，只是一种本能的习惯性动作。海豚是用肺呼吸的哺乳动物，它们在游泳时可以潜入水里，但每隔一段时间就得把头露出水面呼吸，否则就会窒息而死，因此它们会托举不擅长游泳的小海豚从而帮助其呼吸，并把这种习惯延续到人和其他落水的动物身上。

但是，这种说法未免过于简单，海豚的智力在动物中是数一数二的，它们的救人行为很可能还有其他原因，这有待科学家进一步研究。

## 小博士百事问

### 海豚是鱼吗？

海豚属于体型较小的鲸类，是哺乳类动物，因为海豚是没有鳃的，无法直接在水中呼吸，所以要浮到水面，借助肺来呼吸。而鱼类是有鳃的，可以直接在水中呼吸。除此之外，海豚的繁殖方式与鱼类也有很大区别，海豚是胎生的，小海豚靠吃妈妈的乳汁长大，而鱼类大部分都是卵生的。所以说海豚不是鱼类。

# 大白鲨之谜

大白鲨是海洋中最为凶猛残暴的动物之一，它们会攻击人类。其腹部的皮肤呈白色，所以沿海地区的居民叫它们"白色死神"。

## "白色死神"

大白鲨体型很大，成年大白鲨一般体长为 3.0 ~ 4.9 米。大白鲨的牙齿很多，并且十分锋利，因此它们又被叫作"海中狼"。大白鲨的胃具有独特的功能，这也是它们能在海中称霸的原因之一。它们的胃分为贲门胃和幽门胃，还没有消化的食物能够在贲门胃里存放很久。所以它们并不需要每天都进食，常常是三四天才吃一顿饱饭。但是假如它们在吃饱之后又碰见猎物，它们绝不会放过，而是会毫不犹豫地吞下猎物，贮藏在贲门胃中，当它们饿时就会用其充饥。

## 擅长伪装的掠食者

大白鲨由于体型庞大，灵活性不如其他鲨鱼。但大白鲨的捕猎能力十分出色，总能对猎物进行突然袭击。它们上半身与下半身的颜色有明显的区别，上半身颜色比较暗，下半身却十分明亮，这种保护色能帮助它们无声无息地靠近猎物。当它们从猎物的下方过来时，由于身体的颜色和深海颜色相近，所以直到它们发动攻击时，猎物才会发现自己处在危险之中，但是为时已晚。它们有时也会从上方攻击猎物，这时白色的下半身和映透到海水中的明亮天色融为一体，猎物很难发现它们。另外，大白鲨还有一种特殊的功能，即它们能把自己的体温维持得比环境温度高，所以它们即使在寒冷刺骨的海水中也能自在地生活。

## 簇拥的小鱼

专家们发现，在大白鲨的身边常常簇拥着很多小鱼，就像是大白鲨的仆人一样。仔细观察就会发现，围在大白鲨身边的都是一些身上有条状花纹的小鱼。这些小鱼为什么会围在凶狠残暴的大白鲨周围呢？难道它们不怕被大白鲨一口吞下吗？过去一些科学家认为，大白鲨极爱干净，之所以让这些小鱼围在身边，目的是让它们吃自己的食物残渣，即帮自己"打扫卫生"。但是后来科学家证实，这些小鱼对大白鲨的食物残渣并不感兴趣，它们会用自己的方式去寻找食物。到底是什么原因促使大白鲨把这些小鱼留在身边，而且对小鱼很友好呢？至今，科学家们也无法解答。

## 小博士百事问

**所有的鲨鱼都吃人吗？**

绝大部分鲨鱼一般情况下并不会主动袭击人类，这些鲨鱼通常生活在海洋底层，它们的食物主要是小鱼、小虾。但像大白鲨、蓝鲨和虎鲨等少部分鲨鱼会吃人，其中以大白鲨最为凶猛。

# 鲸鱼集体"自杀"之谜

*鲸鱼，动物世界中的"巨无霸"，给人们留下了许多不解之谜，其中之一就是鲸鱼集体"自杀"现象。*

## 鲸鱼"自杀"事件

1946 年，800 多条虎鲸冲上了阿根廷马德普拉塔城海滨浴场，然后全部死亡；1970 年，150 多条虎鲸冲上美国佛罗里达州皮尔斯堡的沙滩，从此再也没有返回大海；

1979 年，加拿大欧斯峡海湾的沙滩上出现了 130 多条鲸鱼的尸体；1980 年，58 条抹香鲸死在了澳大利亚新南威尔士州北部海岸的海滩上……

为了阻止这些鲸鱼自杀，人们想尽了办法：驾着渔船，开足水龙头，想阻止它们冲上海滩；或者用绳索、驳船等把它们拖回大海……可这一切努力都是徒劳，水龙头阻挡不了它们冲上沙滩，被拖回深水里的鲸鱼又游了回来，重新冲上沙滩。人们只能眼睁睁地看着它们死去。

## 不同的说法

鲸鱼集体"自杀"现象成了海洋学家们研究的重要课题，关于其死因，有很多种说法。

  一种说法是，鲸鱼是因为丧失了听力才冲上海滩的。鲸鱼的鼻部和咽部有能发出一种独特的高频声波的气囊，鲸鱼分辨方向和捕食靠的就是反射回来的声波。但是平坦多沙或泥质的浅海水域却只能反射低频声波，鲸鱼一旦进入，便不能很好地判断周围的环境，从而无法分辨方向。也有人认为是寄生虫影响了鲸鱼的听力，结果酿成了悲剧。

  还有一种说法是，鲸鱼接二连三地冲上海滩是一种救助行为。鲸鱼一般都是以集体形式活动，一起寻找食物，共同抵御敌害，相互之间团结友爱。倘若集体中的某个成员不小心搁浅了，其他成员便会不顾一切地冲上去救助，由此便导致了大量鲸鱼搁浅。

更有人猜测，之所以会发生大量鲸鱼搁浅的情况，是因为领头的鲸鱼没有辨明方向，从而使后面的鲸鱼也都跟着来到了错误的地方。因为鲸鱼习惯成群结队地活动，并且对首领非常忠诚，所以不管领头的鲸鱼往哪里游，其余成员都会坚定不移地跟随。因此，如果首领判断错了方向，整个鲸群就会遭殃。

总之，关于鲸鱼集体搁浅的原因众说纷纭，到现在仍没有定论。

**小博士百事问**

### 鲸为什么会喷水？

鲸属于哺乳动物，它们是用肺呼吸的，所以它们会每隔一段时间将头露出水面来呼吸。鲸的鼻孔位于身体的正上方，当鲸的鼻孔张开吸气时，假如在水下，水就会进入鼻腔，这时鲸可能有窒息的危险。鲸在露出水面呼气时，由于体内气体的温度比外界的高，加上鼻孔外围难免会有少量的水，所以当我们看到鲸鱼喷水雾柱时，其实是它们在呼气。

# 独角鲸长牙之谜

独角鲸的名字里有一个"角"字，但它前部伸出的那根长长的东西并不是角，而是牙。独角鲸的牙齿呈螺旋状，螺纹绕着同一个轴心向左旋转。那么，独角鲸的长牙究竟有什么用处呢？

## 独角鲸简介

独角鲸生活在北极海域，雄性通常重达 1.8 吨左右，体长可达 5.2 米；而雌性小得多，通常重 1 吨左右，体长约4米。独角鲸的皮肤在不同生长阶段颜色不相同，幼鲸是棕灰色，成年鲸是黑色，老年鲸则会慢慢变成灰白色。最让人奇怪的是，雄鲸的左上颌长着一枚长牙，长约2米，呈螺旋形；而雌鲸一般没有这种长牙。而"独角鲸"（也称"一角鲸"）这一名字就源自这枚像角的长牙。

## 独角鲸长牙的用处

有的学者认为，这枚长牙是独角鲸对付敌害和与同类争斗的武器；有的学者则认为，由于独角鲸生活在北极冰冻海域，这枚长牙是凿穿冰层以便进行呼吸的工具；还有的科学家认为，独角鲸的长牙是它获取食物的工具；另有一些科学家则设想，独角鲸在快速游动的时候身体会发热，

它们利用这枚长牙来释放余热；还有一些科学家的观点是，在寻找食物的时候，独角鲸利用长牙作为回声定位的工具；更有一种看法是，独角鲸利用长牙改善全身的流体力学性能，从而游动得更快；有的学者还认为，独角鲸的长牙的尖端表面很光滑，似乎可以用来引诱小鱼，以便乘机吞下。

总之，对于独角鲸的长牙的作用，科学界众说纷纭，莫衷一是。

**小博士百事问**

**独角鲸以什么为食呢？**

独角鲸会在海洋各层寻找食物，它们是"深层潜水者"。独角鲸夏天的主要捕食对象是比目鱼、北极鳕鱼以及一些其他鱼类；冬天捕食底栖生物，尤其是在厚厚冰层下生活的比目鱼。

# 大脑袋抹香鲸之谜

齿鲸中体型最大的就是抹香鲸，它的头非常大，因此又叫"巨头鲸"。至今，科学家对抹香鲸依然知之甚少。例如，抹香鲸的脑袋为什么那么大呢？有什么作用呢？

## 抹香鲸简介

抹香鲸不但体型大、性情凶猛，其外形也很奇特，像一只大大的蝌蚪，光脑袋就占了整个身体的三分之一，看上去有点儿头重脚轻的感觉。

抹香鲸具有很高的经济价值，它那颗大脑袋可不是空的，里面装满了鲸油，一头大抹香鲸脑袋里的

油可重达 1000 千克。鲸油是一种非常有用的润滑油，对
于天文钟、手表、火箭等都是必不可少的。抹香鲸肠道中
有一种异物，是非常好的保香剂，著名的龙涎香便来源于
此，抹香鲸也正是由此得名。

## 奇特的大脑袋

　　科学家们对抹香鲸最感兴趣的，还是它奇特的大脑袋。
它长那么大的脑袋是干什么用的呢？人们提出了各种不同
的看法。

　　有人认为，抹香鲸脑袋里面的油脂起着回声探测器的
作用。

　　抹香鲸的食量很大，平均每天需要捕食近 1 吨的食物。
它不仅白天要进食，晚上也要进食。抹香鲸的食物主要是

章鱼和乌贼，在嘈杂的海洋世界里，如果不用回声定位法来探测猎物的方位和数量，就无法很好地进行捕猎行动。而抹香鲸大脑袋里的脂肪就像声学中的透镜体，能把复杂的回声折射成灵敏的探测声束传入耳中，这样便可让大脑快速做出准确的判断。

有人不同意这种说法，认为抹香鲸的脑袋里面装那么多油脂是为了潜水。因为抹香鲸的食物——章鱼和乌贼都生活在深海区，为了捕捉到更多食物，抹香鲸必须延长潜水时间，大脑袋里面装的那些油脂就起到了浮力调节器的作用。

这两种说法孰是孰非，还有待进一步研究。

## 小博士百事问

### 抹香鲸是"潜水冠军"吗？

抹香鲸头重尾轻，是个潜水"能手"。另外，由于捕食巨大的头足类动物，因而抹香鲸更多的时候是在深海中生活。据观测，抹香鲸在捕猎巨型乌贼时，屏气潜水的时间可达 1.5 小时，甚至能够潜到深度达 2200 米的海域，因此被视为哺乳动物中的"潜水冠军"。

# 珊瑚礁消失之谜

　　近年来，科学家们发现在大西洋和太平洋的广大海域中有大批珊瑚礁突然消失了，这是非常反常的现象。是什么导致了珊瑚礁消失呢？

## 什么是珊瑚礁？

　　珊瑚礁是由珊瑚虫死亡后的骨骼等长期聚结形成的。珊瑚虫生活在温暖的海洋里，成群地固着在岩礁上。它们是腔肠动物门里的一个大家族，称为珊瑚虫纲。珊瑚虫的形状各种各样，有的像蘑菇，有的像树枝，有的像鹿角，有的像喇叭，有的像人的大脑；颜色也各不相同，有粉红、橙黄、浅绿、紫等，真是形形色色，五彩缤纷，很是漂亮。

珊瑚虫长着小巧的触手，均长在口的附近，当有海水流经时，触手将由海水裹挟而来的食物送进口中，然后这些食物经过消化腔的消化被珊瑚虫吸收。珊瑚虫能够从海洋里吸收钙质来形成自己的骨骼。老的珊瑚虫死去了，新的珊瑚虫很快又长了出来，就这样世代繁衍下去，它们的石灰质骨骼不断地积累，慢慢形成了珊瑚礁。因此，一个珊瑚礁的形成，依赖于亿万个活着的珊瑚虫。一旦出现意外情况，如珊瑚虫大量死亡，那些珊瑚礁也就不再有生机，海水会不断地冲击它们，使其慢慢分化、瓦解，最后消失在无际的海水中。

## 珊瑚礁消失的真相

珊瑚虫大批死亡的原因是什么呢？

有的专家认为，珊瑚虫之所以大批死亡是因为海水遭到了污染。科学家研究发现，珊瑚虫与一种海藻类植物有着共生关系，珊瑚虫可以从海藻身上得到氧、碳水化合物和氨基酸，而海藻能够通过珊瑚虫获取所需要的二氧化碳。

但当珊瑚礁周围的海水遭受污染后，海藻就难以继续生存和繁衍。一旦海藻死亡，与海藻共生的珊瑚虫也逃脱不了死亡的命运，于是珊瑚礁就渐渐分化、消失。

但有专家持不同的观点，他们认定，珊瑚礁的消失是气候变化导致的，而非海水污染。理由是在一些没有遭受污染的海域，也有珊瑚礁消失的现象。他们进行了一系列实验，发现珊瑚虫和海藻生存的最佳海水温度为26℃左右。而发生厄尔尼诺现象时，由于气候剧变，一些海域海水温度快速升高，有的海域水温可达30℃以上，海藻和珊瑚虫因在高温中无法生存而死亡，珊瑚礁也渐渐消失了。

以上说法仅仅是专家的推测，珊瑚礁消失的具体原因还不明确。相信在专家的调查研究之下，珊瑚礁消失之谜很快就会被解开。

### 小博士百事问

**珊瑚礁有什么作用呢？**

珊瑚礁对于沿海城市有着非常重要的作用，它们就像是一道天然的堤坝，可以保护脆弱的海岸线免于被海浪侵蚀。珊瑚礁是大自然赐予人类的宝贵财富，它们还为渔业和旅游业提供了观赏价值和广阔的开发空间。

# 匪夷所思
## ——海洋奇闻

# "海上光轮" 之谜

海洋是个奇妙的世界，自古以来就流传着许多神秘的故事。在科学技术高速发展的今天，人们已经揭开了许多海洋的奥秘，但这仅仅是人类向海洋进军的第一步，还有许多问题等待人们去解答。神秘的"海上光轮"就是其中之一。

## "海上光轮"现象

1880年的一个黑夜，"帕特纳"号轮船正在波斯湾海面上航行。突然，船的两侧各出现了一个直径几百米的圆形光轮。这两个奇怪的"海上光轮"在海面上旋转着，几乎擦到了船边。它们跟随着轮船前进，大约 20 分钟后才消失。美国作家查尔斯·福特一生都在搜集这类难以解释的怪事，他曾多次列举了这种奇怪的"海上光轮"现象。

1910 年的一天夜里，荷兰"瓦伦廷"号轮船的船长布雷耶在航行时，也看到了一个"海上光轮"在海面上飞速地旋转。与上个例子提到的"海上光轮"不同的是，该船船员在光轮出现时都有一种不舒服的感觉。

## "海上光轮"的成因

"海上光轮"大部分发生在印度洋及其附近的海域，其他海域鲜有发生。如何解释这种奇怪的现象呢？人们做了种种推论和假设。有人认为，航船的桅杆、吊索、电缆等的结合可能会产生旋转的光圈；海洋浮游生物也会促使海洋发光；有时，两组海浪相互干扰，会使发光的海洋浮游生物产生一种运动，这也可能会造成旋转的光圈……但遗憾的是，上述种种假设似乎都不能解释"海上光轮"现象。

还有一种说法是，"海上光轮"是在预示要发生海啸或地震。1933 年，日本三陆地区发生了海啸，当时有人发现浪头底下有几个外形像草帽的圆形光轮。这些光轮为青紫色，横着移动，而且具有很强的光，人们甚至能通过那些光亮看到漂浮在海面上的船的碎块。但是，别的地方发生海啸时，并没有"海上光轮"出现。所以，这种说法缺少科学依据。

于是，又有人猜测，"海上光轮"也许是由球形闪电的电击引起的现象，也有可能是其他某种物理现象造成的。

但这也只是猜测，谁也不能加以证实。

由于众说纷纭，"海上光轮"至今仍是一个难解的谜。

### 小博士百事问

#### 什么是球形闪电？

球形闪电是一种十分罕见的闪电，呈发光球形，直径在1米以下，一般15~40厘米。它能随气流在低空中随意飘荡，也能逆风而行。倘若遇到打开的门窗，它可以直接进入室内，比较容易发生的情况是从烟囱进入房子。

# 会旋转的小岛

形形色色、大大小小的岛屿，是无边无际的大洋中必要的点缀。有趣的是，有的岛屿竟然会旋转。如果在岛上待久了的话，会不会头晕呢？

## 小岛竟会旋转

1964 年，一艘货船到了西印度群岛一个荒无人烟的小岛，水手们抛下锚，船长在抛锚船只附近的一棵大树上刻下自己的名字、时间和船名，然后和船员们绕岛走了一圈。半个小时后，当他们回到原来上岸的地点时，发现船只和刻了字的大树的位置竟相差了 90 多米。原来这个小岛自己会旋转。

## 旋转之谜

　　究竟为什么会出现这种情况呢？科学家们对此现象进行了种种猜测。有人说这座岛犹如一座冰山浮在海上，因潮起潮落而自转。但是，西印度群岛位于赤道不远的地方，这里不分四季，温度高达 30℃，怎么会有冰呢？故冰山之说不能成立。

　　人们还猜测，是不是这里有特殊的地质结构，岛底是支点结构，且岛上部分与海底岩石部分分离，岛上可能有磁铁矿之类的东西，在地磁场的作用下便产生了扭转力量，于是整个岛便旋转起来了。

　　另一种解释是，这座岛的旋转和一种吃珊瑚的微生物有关。因为这里的岛屿大部分都是珊瑚岛。珊瑚虫是一种海洋动物，死后留下珊瑚群礁，天长日久就形成珊瑚岛。专家发现，海洋中有一种专吃珊瑚的微生物，在这种微生物的不断蚕食下，珊瑚岛的底部形成蛀牙状尖顶，最后形成具有支点的尖底结构。这样，在地磁、天体引力的作用下或地球自转时，这个岛就转了起来。这种解释似乎更合乎物理定律。但是真正原因是什么，也只有对该岛进行全面勘测考察后方可有定论。

### 小博士百事问

**为什么海洋中会有岛屿？**

　　岛屿就是海平面上的小块陆地。海底是起伏不平的，如果凸出海平面，就形成了岛屿。岛屿的成因有很多，有的是海洋生物遗骸等物质不断堆积而形成的，有的是海底火山喷发所产生的熔岩与碎屑物质堆积在海底而形成的，还有的则是大陆分裂产生的碎块形成的。

# "海火" 之谜

深不见底的大海中隐藏着许多我们见所未见的奇观。我们都知道"水火不容"的道理，可是大海却违背了人们的思维定式，出现了一个与常理相悖的景象——"海火"。

## "海火" 事件

1975 年的一天傍晚，江苏省近海海面上发出微微的光亮。这种光亮随着波浪而起伏，像燃烧的火焰那样翻腾不息，一直到天亮才逐渐消失。第二天傍晚，光亮再次出现，亮度更强。到第七天，海面上出现很多泡沫，当渔船驶过时，激起的水流明亮异常，水中还有珍珠般闪闪发光的颗粒。几小时以后，这里发生了一次地震。

1976年唐山大地震的前一天晚上，秦皇岛北戴河一带的海面上也有这种发光现象。站在码头上的人们看到海水中竟然出现了一条火龙似的明亮光带。

## "海火"可能来自海洋生物

"海火"在许多地方都可以看到，但其成因至今未能得到解释。

对于"海火"，一般认为是水里会发光的生物受到扰动而发光所致。例如，拉丁美洲大巴哈马岛的"火湖"由于繁殖着大量会发光的甲藻，每当夜晚，人们便会看到"火光"随着船桨的摆动而出现。现在已知会发光的生物种类还有许多细菌和放射虫、水螅、水母、鞭毛虫，以及一些甲壳类、多毛类小动物。因此，人们推测，当海水受到地震或海啸的剧烈震荡时，便会刺激这些生物，使其发出异常的光亮。

## "海火"可能与"地光"相似

然而，另一些研究者对此持有异议。他们提出，在大风大浪的夜晚，海水也同样受到激烈的扰动，为什么却没有刺激这些发光生物，使其产生"海火"呢？他们认为"海火"是一种与地面上的"地光"类似的发光现象。

国外学者曾对花岗岩、玄武岩、煤、大理石等多种岩石样品进行破裂实验，结果发现，当压力足够大时，这些试样便会爆炸性地碎裂，并在几毫秒内释放出电子流，使周围的气体分子发出微弱的光亮。在实验中，他们还注意到，如果把样品放在水中，碎裂时产生的电子流也能使水面发出光亮。

## 复杂的自然现象

一些人认为，"海火"作为一种复杂的自然现象，很可能有多种成因机制，生物发光和岩石爆裂发光只是其中的两种可能机制，不同机制产生的"海火"有着什么不同的特征，目前仍然是一个谜。

### 小博士百事问

**什么是地光？**

地光就是地震时出现的一种天空异常发光的现象，一般可以用肉眼观察到。地光一般与地震同时出现，但有时则出现在震前数小时或者震后一段时间内。地光有多种颜色，形状也不尽相同，包括闪光、带状光、片状光、柱状光等。

# 海鸣之谜

海鸣就是海洋发出的鸣响声。惊涛拍岸的轰响，地震和火山喷发引起的噪声，以及鱼类和其他海洋生物发出的声音都属海鸣。可是，有些地方发生的海鸣，其原因却难以弄清。

## 硇洲岛海鸣现象

每逢天气异常、风起云涌、暴风雨即将到来的时候，广东省湛江市硇洲岛东南方向的海面上便传出阵阵节奏起伏的鸣鸣的声音，就像雷声，高低错落。

根据硇洲岛很多当地人的说法，之所以会产生这种海鸣现象，是因为放置在海内的水鼓发出了响声。

他们说很多年之前法国人在硇洲岛构筑了国际灯塔，水鼓便是在那个时候被安置在周围的大海里的。灯塔起到了为来往的船舶指引方向的作用，水鼓是用来对海况进行探测和报警的仪器，可以在任何时间将风浪的动态信息传递给人们。然而，没有任何人看到过水鼓真实的样子，更没人知晓水鼓被放置在了大海的哪片区域。

## 海鸣成因之谜

相关部门专家曾经搭乘考察船前往硇洲岛东南方向的海域巡查，却一无所获。1969 年，人们曾在这片海域见到一些游水的海兽，有人认为它们是海豚。因此，有人觉得海鸣并不奇怪，不过就是与海豚差不多的海兽发出的嚎叫声。

有人推断，海兽能敏锐地感知到海况和天气的变化，对此产生焦躁不安的情绪而发出叫声。

有人猜测，也许是为了彼此间进行联络，海兽会一边游动一边嚎叫。

还有人猜想，海洋底部时常发生轻微地震。若是硇洲岛周遭的海底有沉船的残骸，那么出现地震时，地震引起的巨大的冲击力可以快速移动沉船的残骸，进而形成奇异的海鸣声。

科学家们经过考察研究发现硇洲岛是个火山岛，它形成的原因是海底火山爆发。众所周知，火山爆发会引发地震，由此可见，硇洲岛周遭的海域的确有可能发生地震。但是，这也无法断定这一区域的海鸣声和海底地震有关联。

实际上，硇洲岛的海鸣现象在 1976 年之后便出现了减弱的迹象。有人认为这是由水鼓建造的年代过于久远，其功能逐渐衰退导致的。还有人认为是由于最近几年人们增加了在这一海域的活动，打乱了海兽的作息规律，令其不得不另寻他地居住。

时至今日，科学家依然无法解释大海里为什么会发出奇怪的声音，这个问题还需要深入研究。

### 小博士百事问

**海底火山是如何爆发的？**

海底火山喷发时，如果水较浅、水压较小，就往往伴随着剧烈的爆炸现象。出现这种爆炸现象时，海底火山会喷发出大量炽热的熔岩和火山碎屑物质，同时产生许多气体，这些气体主要包括来自地球内部的二氧化碳、水蒸气和其他挥发性物质。

# 幽灵船之谜

我们时常能听到有关幽灵船的各种传说。这些幽灵船大多是已沉没或失踪的船只，但不知为何突然出现在茫茫大海上，而且船员都毫无踪迹，仿佛一个神秘的幽灵孤独地漂荡在大海上。

## 幽灵船事件

1939年3月的一天，一些游客正在南非最南端福尔斯的格兰卡海滨尽情地娱乐。这一天，海上风平浪静，如云一般的薄雾笼罩在海面上。突然，有人发出了惊讶的叫声，原来是一艘东印度帆船在云雾中慢慢显形，驶向海岸。这艘船的船身比较宽阔，船尾较高，帆桅完全是17世纪商船的模样，可以肯定它不是当代的帆船。在好望角一带的海域，这种帆船已经有 200 多年没有出现了，此时怎么会突然来到这里呢？疑问和好奇使人们全神贯注地盯着这艘船。然而，就在这艘船朝岸边行驶的时候，人们却看到了难以解释的一幕——它突然神秘地消失了。

## 科学家们的猜测

一些科学家对这艘神秘的幽灵船失踪事件做出了解释。他们认为，当时有一艘船在数百千米外的海面上行驶，由于光的折射，船的幻影出现在海岸附近，但是人们误把这个幻影当作真实的船只，产生了误会。可是，当时看到那艘幽灵船的人对细节的描述都十分相似，而且已经绝迹200多年的船竟然再次扬帆远航，这两个奇怪的现象至今无人给出合理的解释。

1942年9月，有几个人在开普敦再次见到了那艘幽灵船。当时他们正坐在露台上，突然看见远处有一艘东印度帆船朝着泰保湾方向行驶，不久便神秘地消失在洛宾岛背后。这是有关那艘幽灵船的最后一次目击事件。那艘船给人们留下了一个难以解开的谜题。

### 小博士百事问

**你了解"玛丽·赛勒斯特号"幽灵船事件吗？**

玛丽·赛勒斯特号是一艘前桅横帆双桅船，美国的贸易船。它于1872年在大西洋亚速尔群岛附近被人们发现。人们登船后发现，船上所有东西都安然无恙，包括食物、饮用水以及各种贵重的物品。可船上一个人影也没有，船长的日志也在十天前戛然而止了。船上的人就好像是人间蒸发了一样，谁也不知道当时究竟发生了什么。

# 悉尼大旋涡之谜

旋涡是一种十分常见的自然现象，在很多水域都能看到。然而，悉尼附近的海面上却出现过一个超级巨大的旋涡。它的直径约为200千米，旋转速度极快，把接近于10个丹麦海峡海底瀑布的水量裹挟其中，周围的海水和各种海洋生物都被它"吞噬"了。这个旋涡就像巨大的猛兽一样，令人畏惧。

## 悉尼大旋涡的出现

在科技的帮助下，人们从20世纪70年代起陆续发现了许多大旋涡。它们的直径大多为20~400千米，基本上都出现在人迹罕至的大洋深处。它们的旋转方向既有顺时针的，

又有逆时针的；有的中心温度很高，有的中心温度较低；有的持续时间长达数月，有的出现不久便消失了；旋涡中心处的海平面既有上升的，又有下降的。随着对悉尼大旋涡的发现和研究，学术界出现了一场"旋涡热"，很多科学家投身到寻找大旋涡成因的事业中。

一些科学家认为，洋流紊乱是大旋涡产生的原因。如果两股洋流恰好在海底的狭窄通道或者海岸处相遇，那么在狭小的空间中，海水会激烈地碰撞，从而形成大旋涡。

还有科学家表示，潮水才是大旋涡产生的原因。如果涨潮水与落潮水恰好相遇，那么二者会进行角力，互相争斗，从而形成大旋涡。

这个问题目前尚无定论，科学家们仍在努力寻找更加科学合理的解释。

## 旋涡的影响

旋涡具有极强的破坏性。由于旋涡的力量非常强大，许多深海物质会被带到海面，导致上层海水营养过剩，因此一些海洋生物会无法适应环境突变而死亡，人类的渔业生产也会受到影响。此外，由于高速旋转，旋涡能产生许多热量，导致局部海域的气候发生突变。一些专家认为，海洋旋涡可能是厄尔尼诺现象的成因之一。

有时，一些小旋涡会被大旋涡"吞噬"，使得大旋涡更加庞大，破坏力更强。一些科学家认为，许多海难都离不开旋涡的"推波助澜"，这或许为原因不明的海难提供了一个解谜思路。

### 小博士百事问

**什么是厄尔尼诺现象？**

从美洲前往亚洲是热带太平洋区域季风洋流的正常走向。在这种模式下，太平洋表层比较温暖，能为印尼等地带来充沛的热带降水。然而，每过 2 ~ 7 年，这种模式就会出现一次混乱，导致洋流和风向逆转，于是太平洋表层的热流来到了美洲，热带降水也随之离开亚洲，这就是厄尔尼诺现象。

# 世界未解之谜

Unsolved Mysteries
of the World

## 大全集

# 人类之谜

张月 主编

黑龙江科学技术出版社
HEILONGJIANG SCIENCE AND TECHNOLOGY PRESS

**图书在版编目（ＣＩＰ）数据**

世界未解之谜大全集．人类之谜 ／ 张月主编．-- 哈
尔滨：黑龙江科学技术出版社，2023.8（2024.5重印）
ISBN 978-7-5719-2100-2

Ⅰ．①世… Ⅱ．①张… Ⅲ．①科学知识－儿童读物②
人类学－儿童读物 Ⅳ．① Z228.1② Q98-49

中国国家版本馆 CIP 数据核字（2023）第 153634 号

# 世界未解之谜大全集　人类之谜
SHIJIE WEIJIE ZHI MI DAQUANJI  RENLEI ZHI MI

张月　主编

| | |
|---|---|
| 项目总监 | 薛方闻 |
| 策划编辑 | 沈福威　顾天歌 |
| 责任编辑 | 刘　杨 |
| 插　画 | 文贤阁 |
| 排　版 | 文贤阁 |
| 出　版 | 黑龙江科学技术出版社 |
| | 地址：哈尔滨市南岗区公安街 70-2 号　邮编：150007 |
| | 电话：（0451）53642106　传真：（0451）53642143 |
| | 网址：www.lkcbs.cn |
| 发　行 | 新华书店 |
| 印　刷 | 三河市南阳印刷有限公司 |
| 开　本 | 880 mm×1230 mm 1/32 |
| 印　张 | 3 |
| 字　数 | 48 千字 |
| 版　次 | 2023 年 8 月第 1 版 |
| 印　次 | 2024 年 5 月第 2 次印刷 |
| 书　号 | ISBN 978-7-5719-2100-2 |
| 定　价 | 138.00 元（全 8 册） |

# PREFACE
## 前　言

　　我们生活的世界，表面上平静无波，实际上有着无数波诡云谲的谜团。由于人类科技水平的局限，或者眼下缺少关键性证据，很多成了不解之谜。

　　世界上的未解之谜不胜枚举，小读者想要获得探索谜团的乐趣，就请打开这套《世界未解之谜大全集》吧！我们精心选择了有关宇宙、地球、海洋、人类、自然、宝藏、UFO 与外星人、科学的种种未解之谜，包罗万象，乐趣无穷。举例来说，宇宙大爆炸假说是目前最接近"宇宙真相"的假说，但至今仍缺乏关键性证据来证实；地球上的生物千奇百怪，有天生就会"盖房"的昆虫，也有刀枪不入的树木，还有至今踪迹难寻的神秘生物；宇宙中有数不胜数的行星，UFO 和外星人是很有可能存在的，但是人类至今无法证实……探索这些谜团的过程真的是妙趣横生。

# CONTENTS
# 目 录

## 1 远古的足迹
## ——人类演化

# 2 尘封的往事
## ——远古文明

# 3 深埋的秘密
## ——考古疑团

# 4 生命的奇迹
## ——人体奥秘

# 远古的足迹
## ——人类演化

# 人类的祖先究竟是谁?

尽管达尔文很早就通过一系列证据证明了人类是从古猿进化而来的,但如果进一步研究就会发现,古猿的种类有很多。那么不同种类的古猿之间是什么关系?哪种古猿与人类的关系更为密切呢?

## 腊玛古猿说

最初,人们普遍把非洲南方古猿作为古猿中人类祖先的代表。19世纪中期,有人提出一种独特的看法,即人类的祖先并不是非洲南方古猿，而是亚洲腊玛古猿。经过研究，人们发现在亚洲的巴基斯坦等国出土的腊玛古猿化石的形成时期比非洲南方古猿早，而且有一些证据表明，南方古猿可能是由腊玛古猿进化而来的。难道亚洲腊玛古猿就是人类的祖先吗？不过这一猜想很快就被推翻了。

## 南方古猿说

1974 年，一些学者在埃塞俄比亚发现了一批古人类化石，这些化石大致形成于 300 万年前，其中包括一个生存在 320 万年前后、被命名为"露西少女"的雌性古猿化石。这批化石被称为"阿法南方古猿化石"。一些学者认为，根据目前的资料，基本可以确定非洲南方古猿是人类的直接祖先，阿法南方古猿则是非洲南方古猿的祖先。但是仅凭化石很难确定阿法南方古猿与其他古猿之间究竟是什么关系。

还有人认为，阿法南方古猿可能不是人类的直接祖先，人类的直接祖先的化石可能尚未被发现。

## 尚无定论

尽管目前人类对古猿的了解越来越深入，但依然无法确定不同种类古猿之间的关系。事实上，即使面对同样的化石，不同的学者也可能得出不同的结论，如果想要得到公认的、可靠的结论，就需要进一步搜集资料并改进研究方法。

我国考古人类学家在最近几年发现了新的古人类化石，这批化石的形成时间大约是 200 万年前，这既为研究人类的进化过程提供了资料，也使相关问题的研究过程更加复杂。

人类的直接祖先到底是谁，看来还需要进一步研究。

### 小博士百事问

**"露西少女"是最古老的人类吗?**

"露西少女"是目前发现的最古老的人类化石，因此被认为是最早的人类。它的发现对古人类学研究具有十分重要的意义。"露西少女"结合了现代人类与黑猩猩的特征，虽然脑容量小，但是已经具有二足直立行走的特征。

# 人类迁徙之谜

人们在非洲发现了远古人类的足迹，自此之后，不少人都认为，人类就是起源于非洲。如果真是这样，那么新的问题又出现了：人类是怎么遍布全球的？早期人类是如何从非洲大陆迁徙到其他地方的？是什么时间迁徙的呢？

## 走出非洲说

1987年，"走出非洲说"被首次提出，并得到不少分子生物学证据的支持。科学家们普遍认为，由于气候变化剧烈，因此人类的祖先——古猿不得不改变生活方式。在遥远的中新世，森林古猿原本在树上生活，不过也有一些时间是在地面上度过的。几百万年后，地球气候产生了极大的变化，干旱席卷了非洲大陆，迫于生存压力，一些古猿迁徙到大草原，一些则继续在原地生活。恶劣的环境使留在原地的族群的数量不断减少，同时这些古猿在适应环境的过程中，最终演化成了大猩猩、黑猩猩、长臂猿……

迁徙到草原上的古猿最终进化成了人类。这些古猿经历重重困难，逐渐掌握了使用工具、直立行走、捕猎动物等基本生活能力，大脑也在与大自然的搏斗中慢慢变得发达，从而迈出了从猿到人的关键一步。之后的数百万年中，它们又形成了基本的家庭结构和社会组织，开始长时间在陆地上生活，从而慢慢产生了文化和最初的社会模式。

## 多地区进化说

虽然"走出非洲说"有不少证据支持，但是东亚地区出土的大量人类化石（包括中国出土的）却显示亚洲境内可能生存着多种类型的古人类成员，这与"走出非洲说"是相矛盾的。

于是，另一种假说——"多地区进化说"出现了。中国人类学家吴新智就是这一假说的支持者，他认为人类起源于四个地区并不断进化，每个地区之间都有基因交流。1984年，吴新智院士与澳大利亚国立大学的索恩、美国密歇根大学的沃尔波夫一起撰文，详细阐述了这一观点。

## 追寻人类足迹

哪种说法更加准确呢？过去遗留下来的少量实物并不足以支持我们很好地了解古人类的发展历程，因此科学家主要利用现代科学技术来追溯那段遥远的历史。

　　美国的一些科学家试图通过分析全球各个地区的人的DNA信息来找出全球不同地区的人群之间的基因关系，以此推断人类迁徙的历程。还有一个多国合作计划，叫作"追寻人类足迹计划"，其希望通过分子人类学的手段绘制出人类的迁徙地图。

　　受制于科学水平与久远的历史，目前科学家还无法解答关于人类迁徙的具体路线、迁徙速度，以及走出非洲的次数等问题。不过我们相信，随着科学家们的努力，人类迁徙的谜团总有一天能被彻底解开。

## 小博士百事问

### 人类进化的大致路径是怎样的？

　　最初的人类大概出现在约250万年前，由南方古猿进化而来，被称为"完全形成的人"；150万—250万年前，南方古猿的一支进化成了会制造工具的能人；20万—200万年前，会使用最基本的符号和语言的直立人出现；3万—25万年前，早期智人出现；1万—5万年前，晚期智人出现，他们就是现代人的祖先。

# 史前人类的足迹

1930 年，贝利欧学院的地质学专家包罗博士在美国肯塔基州的一座山上发现了一串史前人类的足迹，他指出，那座山属于古生代的沙石海岸，而这个脚印来自 2.5 亿年前！难道说那个时候就有人类了吗？包罗博士带着这个疑问，对这串足迹进行了持续 20 多年的研究。

## 史前的足迹

1953 年，在一次采访中，包罗博士对记者说："我们可以明显地看到那些脚印是分属右脚和左脚的，就足部的形态来说，它们与现代人的脚印具有很高的相似度。”

　　记者问道：“有没有可能是其他生物留下的脚印呢？”

　　包罗博士说，那些脚印不像是其他生物的脚印。经过测量，他们发现有足迹的那块岩石非常大，其他生物要想爬过去就必须使用前肢，那么岩石上一定会留下前肢的脚印，可是他们并没有找到前肢的印痕。更令人惊奇的是，在部分足迹上，他们还发现了穿着鞋子踩出的痕迹。

　　记者又问道：“这串足迹会不会是后人雕琢或伪造的，比如一些原始人或者古代印第安人？”

　　包罗博士否定了这种猜想，因为这块岩石上并没有任何切割或雕琢的痕迹。况且，他还对岩石上的沙砾进行了研究，结果表明：脚印外的沙砾密度小于脚印内的，这说

11

明那些脚印的确是踩上去的。

但是，那一地区在 2.5 亿年前生存着许多大型两栖动物，而人类直到二三百万年前才出现。如果这些脚印不是人类留下的，那么究竟是谁留下的呢？

## 三叶虫上的脚印

赫克尔公司的监察人梅斯特是三叶虫收藏家，他自称是"岩石狂"。1968 年，他曾与家人一起去美国犹他州的羚羊喷泉度假。这次旅行令他终生难忘，因为在这里他发现了一些三叶虫化石。

三叶虫生存在寒武纪时期，三叶虫化石是目前人类发现的最古老的化石之一。更令梅斯特吃惊的是，他竟然在这些三叶虫化石上发现了人类的脚印！其中一块三叶虫化石上保存了一个比较清晰的脚印，根据分析这应该是一只左脚的脚印。

有趣的是，盐湖城公立学校的教师比特先生也曾在同一地点有惊人的发现：一块泥板岩上面保存了一个赤脚脚印，根据足迹大小分析这应该是一个小孩的脚印，而且脚印比较清晰，可以隐约看到五根脚趾。

众所周知，在 5 亿年前根本就没有出现人类，甚至连猴子或熊这些与人类外形比较相近的动物也没有出现，更不可能有鞋子了！究竟是什么样的"人"能在 5 亿年前的地球上留下脚印呢？这个问题至今仍困扰着科学家们。

## 小博士百事问

### 三叶虫是一种什么动物？

三叶虫是生存在寒武纪时期的一种节肢动物。因为这种动物的背壳纵向分为中轴和两个肋叶三部分，所以被称为"三叶虫"。三叶虫是寒武纪时期海洋生态系统的主要成员，在二叠纪末期灭绝。

世界 未解之谜 大全集

# 尼安德特人 灭绝之谜

*1856年，考古学家在德国杜塞尔多夫尼安德特河谷中挖掘出了一些古人类骸骨，并将这种新发现的古人类命名为尼安德特人。很多人类学家认为，尼安德特人属于智人的一个亚种，并为他们起了个学名，叫作尼安德特智人。*

## 高度进化的人种

虽然尼安德特人的外貌比较像猿，不过就脑部的容积来说，他们跟现代人是不相上下的，也就是说，尼安德特人应该具有很高的智慧。

尼安德特人有很高的生存天赋，除了居于洞穴，他们还会扎营而居，搜集石头修筑

简陋的围墙，或者挖掘壕沟藏身。为了确保肉食供应充足，尼安德特人往往在动物迁徙路线周围营造居所。

除此之外，尼安德特人还学会了捕鱼和诱捕雀鸟。他们已经掌握了取火方法，并且能够使用石器剥下野兽的毛皮，然后将毛皮清理干净缝制成皮衣。尼安德特人还懂得照顾病人和弱者，而且还有埋葬死人的行为。

## 离奇的灭绝事件

虽然尼安德特人产生了社会组织，而且具备了许多生存技能，但是尼安德特人却在约 3 万年前突然灭绝了。

地球在冰期最后阶段产生的环境变化是不是导致尼安德特人灭绝的元凶？还是能力更强的种族把他们取代了？或者他们在持续的进化过程中被其他种族同化了？此外，还有专家提出尼安德特人曾经出现生育问题，他们的头盖骨逐渐变大，导致婴儿出生变得困难。上述种种说法，或许有一种是尼安德特人灭绝的真正原因。

## 幸存者在哪里？

然而，尼安德特人是否真的灭绝了？会不会在某些偏远地区依然零散地存在着他们的后裔？这种猜测不是无稽之谈，一些学者认为尼安德特人是有"幸存者"的。

并且，有关亚洲存在"野人"的传说和新闻屡见不鲜，人们还注意到在有关"野人"外形的描述中，"前额倾斜""鼻子扁平""眉毛粗浓""下颌阔大凸出"等特征频繁出现。巧合的是，尼安德特人的特征与这些描述非常吻合。

难道传说中的"野人"就是残存至今的尼安德特人吗？遗憾的是，相关的线索和证据都极为稀少，因此我们不能断定二者的关系。总之，尼安德特人灭绝之谜仍然困扰着人们。

### 小博士百事问

**智人都有哪些分支？**

智人分为早期智人（古人）和晚期智人（新人或克罗马农人）。智人约 100 万年前由匠人演化而来，约 80 万年前进入欧洲，随后逐渐散布到欧亚大陆各地，又演化出非洲的罗德西亚人、欧亚大陆西部的尼安德特人和东亚的丹尼索瓦人。现代人是约 20 万年前由罗德西亚人演化而来的。

# 印第安人起源于中国吗？

在哥伦布到达美洲大陆之前，勤劳勇敢、聪明正直的印第安人就已经在这片奇异富饶的土地上创造出高度发达的古文明。尽管现在印第安人生存的地区正逐渐缩小，并且遭受着严重的种族压迫，但不可否认的是，他们的确是美洲大陆的原住民。那么，印第安人到底来自何方呢？他们起源于哪里？

## 本土说

　　"本土说"是阿根廷著名人类学家、古生物学家弗洛伦蒂诺·阿梅吉诺在 1884 年提出的。他的观点是，阿根廷的潘帕斯地区是哺乳动物进化的中心，比旧大陆更早的类人

猿曾在那里出现过。他还提出，美洲不只是印第安人的故乡，还是全世界人们的"摇篮"。

但是，"本土说"出现后，很快就被否定了。原因在于阿梅吉诺把一些动物遗骨错误地当成了类人猿遗骨，并且他大大提前了这些遗骨的地质年代。

## 亚洲起源说

"本土说"被否定后，"外来说"成为科学界的主流观点，但在"来源地"问题上存在很大的争议。有人认为印第安人起源于大洋洲，有人认为他们来自早已沉没的"大西洲"，还有人认为他们来自欧洲大陆……

后来，通过大量的考古发现和资料研究，大多数科学家普遍认同的观点是"亚洲起源说"。这种观点认为，亚洲的原始狩猎民族是美洲印第安人的祖先，他们经过漫长的迁徙，最终来到了美洲大陆。

## 中国起源说

随着我国考古工作和古人类学的不断发展，我国科学家基于"亚洲起源说"进一步提出了"中国起源说"。这种假说认为，中国是古代印第安人的起源地，并且给出了许多有力的证据。首先，古代印第安人与中国人在文化上有非常相似的地方。例如，科学家在墨西哥古代奥尔梅克文化的遗址中发现了许多与中国商周时期的经典纹饰极为相似的图纹；生活于墨西哥瓦哈卡地区的印第安人的语言中，许多词的发音与汉语一些方言中词的发音完全一致。不仅如此，一些考古学家还在美洲发现了石刻等工具，与我国挖掘出的同类工具几乎一样。另外，我国许多史书都记载了古代印第安人与古代中国人曾有过交流。

但文化并非硬性材料，一般来说，人类的精神文化总会有一些共性，如果仅从这些方面就认定印第安人与中国人是近亲，以及古代印第安文化的发展深受古代中国文化的影响，也许过于武断。因此，要想弄清楚印第安人是否起源于中国，还需要科学家们进一步研究。

小博士百事问

**为什么印第安人与印度人的英文都是 Indians？**

这其实是一个巨大的历史误会。15 世纪末，意大利航海家哥伦布在航行中发现了美洲大陆，他误以为自己抵达了印度，因此将当地的土著称作"印第安人"（Indians，意为"印度居民"）。实际上，印第安人是美洲原住民的统称。

# 布须曼人来自何方?

布须曼人是生活在非洲南部地区的一个保持着原始狩猎和采集生活状态的民族。直到几十年前，布须曼人依然处在史前时期，几乎无人知晓。关于这个被人遗忘的民族，人们有太多疑问了。

## 居无定所

布须曼人生活在最贫瘠和荒芜的沙漠地区，像旧石器时代那样，以狩猎和采集植物的根、茎及野果为生。为了获得生存所需要的水和食物，布须曼人在夏季常常聚族而居，而到了冬季，当水和食物不能满足需要的时候，他们便开始以家庭为单位向不同的地方迁移，四处寻觅水和食物。但也有些布须曼人在冬季最干旱的时候被迫聚居在唯一的水源周围。

## 原始生活

在布须曼人部落中，男人负责外出狩猎，所捕获的动物与亲戚朋友共享。女人则负责采集，她们通常采集一切可供食用的植物的根、茎和果实。布须曼妇女在集体和家庭中有一定的地位，很受重视，同时享有决定权。这也许是因为她们的采集常常提供了布须曼人全年60%～80%的食物，而男人在狩猎季节里只能提供全年食物的20%～40%。

20世纪70年代以后，文明之风吹到了布须曼人部落中。几千年来的往事，也许有些早已被遗忘，虽然处于沙漠中心地带的小部落依然存在，但他们还能坚持到什么时候呢？

## 难以溯源

　　然而，令人困惑不解的是，从人类学的角度来看，布须曼人属于什么人种类型，直到今天仍然是一个未解之谜。布须曼人身材矮小，最矮的人只有 1.38 米左右，而最高的人也不超过 1.60 米。布须曼人有着黄里透红的皮肤，黄种人的眼睛，高高的颧骨，浓密而卷曲的头发。"布须曼人"这一称呼，实际上源于当年的荷兰殖民者，意为"灌木丛里的人"。至于他们的祖先，没有人知道是谁。近些年，一些民族学家根据考古发现，认为在旧石器时代中期和晚

期生活在南非的制造
石器的原始人有可能
就是布须曼人的祖先。
他们继续做出推论：
布须曼人的祖先曾经
占据过卡拉哈里的绝
大部分地区，后来由
于文化比较发达的、
使用铁器的班图人祖
先的入侵，布须曼人才被驱赶到贫瘠而荒芜的沙漠地区。
当然，这在目前还仅仅是一种假设，还有待各方面的进一
步证实。

## 小博士百事问

### 旧石器时代是什么时代？

旧石器时代是指以使用打制石器为标志的人类物质文化
发展阶段。旧石器时代共历时二三百万年，中国已经发现的
旧石器时代人类化石中重要的有元谋猿人、蓝田猿人、北京
猿人等。

# 尘封的往事
## —— 远古文明

# 玛雅文明消失之谜

从已知的资料来看，玛雅文明是诞生较早的人类文明之一。大约 4500 年前，美洲的玛雅人就已经建立了辉煌的文明，但不知道为什么，千余年前，玛雅人仿佛一下子消失了，他们的文明也好像一夜之间没了踪迹。玛雅文明为什么会突然消失呢？

## 古代的航天器雕刻

1952 年 6 月的一天，在玛雅古城帕伦克的一座神殿的废墟里，人们挖出了一块奇特的石板，上面雕刻着一些图案，但没有人能说出这些图案的意义，人们在很长一段时间内都把这块石板当作普通的文物。直到 20 世纪 60 年代，人类借助航天技术进入太空后，一些对航天器较为了解的专家才明白那块石板上图案的意义。原来，那些图案是航天器，虽然有些图案不够精准，但人们依然可以辨认出航天器的主要部分，甚至能分辨出进气口、排气管等。石板上的图案让专家们感到震惊，因为从常理来推断，古时候不应该有这样先进的技术，但这些图案又该怎么解释呢？

## 外星人曾造访玛雅？

一些学者认为玛雅人曾得到外星人的知识传授，那些外星人坐着飞船来到地球，将先进的知识传授给玛雅人，之后又坐着飞船离开，玛雅文明中的先进技术便是根据外星人留下的知识发展而来的。而那些奇怪的图案，则代表着玛雅人对那些外星人的印象。有些学者猜测，那些外星人曾和玛雅人有过约定，即何时重返地球。玛雅文明中的祭祀仪式，可能就代表着玛雅人对那批外星人重返地球的期盼。而主持祭祀的祭司等人，可能同时也是玛雅的统治者。但那些外星人并没有履行约定，这就导致玛雅人的信仰崩溃，进而导致祭司的威望不复存在，使玛雅人丧失了凝聚力，而玛雅文明也就逐渐消亡了。

外星人给玛雅人传授知识，这种观点听上去似乎是无稽之谈。但有关玛雅人的谜团实在是太多了，即使否定外星人的存在，也很难用合乎逻辑的方式解答玛雅文明之谜。

### 小博士百事问

**玛雅文明有哪些先进之处？**

玛雅文明曾经十分辉煌。玛雅人使用象形文字和二十进制的数字系统，他们有着高超的建造技术，不仅建造了大型神庙，还善于雕刻玉石，在农业领域的成就也令人惊叹。而且，玛雅人在天文历法方面也有出色的成果。这些成就都能说明玛雅文明是非常先进的，同时玛雅文明的消亡也让人感到惋惜。

# 西罗马帝国覆灭之谜

地中海沿岸曾经存在一个辉煌强大的国家——罗马帝国，那是一个地跨亚非欧三大洲的庞大帝国，首都罗马城更是有着"永恒之城"的美称。罗马帝国曾被分为东、西两部分，其中西罗马帝国却在不到200年的时间里迅速覆灭，而它覆灭的原因至今仍是历史学家们研究的话题。

## 并非因入侵毁灭

历史上，罗马帝国与日耳曼部落争斗了几个世纪，哥特人部落也曾多次侵扰实力较弱的西罗马帝国。公元410年，哥特人首领阿拉里克亲领日耳曼大军大举进攻罗马，并成功占领了罗马城，从此，西罗马帝国开始一步步走向灭亡。因此有人认为西罗马帝国是因一连串的外部入侵而灭亡的。

但实际上，罗马城失陷后，西罗马帝国还苟延残喘了几十年，也就是说，罗马城失陷并未对西罗马帝国造成致命打击。因此外部入侵只是加速了它的灭亡，西罗马帝国覆灭还有更隐秘的原因。

## 真凶是铅吗？

1969—1976年，英国南部赛伦塞斯特进行了一项挖掘工作，人们在一座西罗马帝国的墓群里发现了450具骸骨。这座墓群建于公元4世纪末5世纪初，里面大部分骸骨中有超过正常人 80 多倍的铅含量，儿童骨头中的铅含量则更多。因此有人猜测，这些罗马人可能是因铅含量超标中毒而死。

罗马人很满意他们的供水系统，一般是用铅管输送饮用水。他们用铅杯喝水，用铅锅做饭，甚至将氧化铅作为糖一类的调料来使用。大量的铅进入人体，必然会导致全身无力。另外，过多地食用铅还会使人丧失生育能力。西罗马帝国后期，皇帝总是鼓励民众生育孩子，虽然没有确切证据可以证明人口有所减少，但这样做也许的确是为了防止人口削减。

哪怕是吸收微量的铅，人体也会受到很大的影响，所以西罗马人很可能是因为吸收太多的铅而死亡，导致整个帝国的灭亡。不过这也只是科学家的猜测，目前并没有充足的证据，要想证实这一点，还需要更多的资料和考古发现。

## 安然无恙的兄弟国

人们同样好奇的是，在西罗马帝国覆灭后，他的兄弟国——东罗马帝国为什么还能继续存在上千年呢？当然，相比之下，东罗马帝国本身就有很多优势，比如在边疆修筑了完善的防御工事，能够更好地抵御外族的入侵；国内有良好的治安。另外，还有一件不能忽略的事情，就是东罗马帝国所拥有的铅矿要比西罗马帝国少很多，所以当地民众只能使用在他们看来比较低劣的陶杯和瓦锅。

西罗马帝国到底为何灭亡？目前，对这个问题我们无法给出确切的答案，还有待科学家进一步考证，人们期待早日解开这个谜团。

## 小博士百事问

**东罗马帝国与西罗马帝国是什么关系？**

公元 286 年，罗马帝国皇帝戴克里先把政权一分为二，罗马开始有东、西两部分。公元 395 年，罗马帝国的皇帝狄奥多西一世逝世时将帝国的东、西两部分分别交给两个儿子，实行东西分治。实际上，东罗马帝国与西罗马帝国本质上依然是一个整体，只是由两个皇帝分别统治，但是罗马帝国却再未统一。

# 苏美尔文明之谜

苏美尔城是现在所知道的人类文明史中历史最悠久的文明城市之一，于公元前4000年左右突然出现，又突然消失。苏美尔人为什么有那么先进的文明？为什么会突然消失？关于这些问题，考古学家们也是摸不着头脑。

## 人类文明的曙光

一部分考古学家和历史学家的观点达成统一，他们认为苏美尔城不只是古代东方文明的发祥地，也是现代世界文明的发祥地。

说到苏美尔文明，人们最先想到的便是楔形文字。苏美尔人不但创造了文字，还创造了建筑技术、灌溉技术、农耕技术、几何学、天文学、算学、法律等各种科学。

但是让历史学家和考古学家难以置信的是，这些知识是苏美尔人在极短的时间内获得的。人们不由得感叹，是什么神秘力量让苏美尔人在这么短的时间内变得聪慧起来，让他们拥有不亚于 20 世纪国家的文明呢？

## 师从海底生物说

美国太空界专家卡鲁·赛甘博士认为，苏美尔文明是

依靠强大的非人类生物的帮助而诞生的。

巴比伦的祭司罗梭斯运用数千年以来的神殿古文书，在公元前2世纪末写出了极具说服力的《巴比伦史》。其中一段文字是这样的："当太古的巴比伦地区的人们过着像野兽一样无规律的生活时，在波斯湾突然出现了一种欧亚奈斯生物，这种生物非常聪明，其形体像鱼，但鱼头下却有别的头，并与人类一样有手和脚，声音也与人类极其相似。这种生物白天会从海中出来，然后教授人类知识。由于它们是两栖动物，所以每到晚上，它们就会回到海里。"

卡鲁·赛甘博士还强调："如果将欧亚奈斯生物'如鱼般的身体'看作潜水衣，'鱼头下的别的头'看作头盔中的脸，我们就会立即得出结论——它们是海中的非人类智能生物。"由于卡鲁·赛甘博士的猜测并没有确切的证据可以支撑，所以人们对这个猜测持怀疑态度。

## 外星人造访说

后来，中东古代史研究家兼语言学家卡利亚·席金发现，在希伯来、埃及、美索不达米亚等中东地区的文献和《圣经》记录的共同语中，都出现了"塞姆"这个单词。此外，不管是什么文书，都用"塞姆"记录人类升天或神的天上之旅的场景。"塞姆"在当时的绘画文字中的意思是"垂直上升"。因此人们猜测，它应该是太空舱、火箭之类的飞行物体。实际上，在献给巴比伦的女神伊茜达尔的赞歌中，有一句就非常明显地将它作为飞行物体来叙述："天上的贵妇人搭乘'塞姆'飞行在人类居住的地球上。"

另外，当时的浮雕、绘画上都绘有火箭形状的物体。难道说是外星人将先进的文明带给了苏美尔人吗？这一说法实在有些荒谬。

有关苏美尔文明的起源说法不一，大家各执一词，但是哪一种说法才是正确的，还需要科学家们进一步探索。

## 小博士百事问

### 古巴比伦是历史最悠久的国家吗？

古巴比伦是位于两河流域、以巴比伦城为中心的国家，巴比伦城始建于公元前3000年代后期，至今约有5000年的历史。古巴比伦王国约在公元前19世纪建成，是历史最悠久的国家之一，也是人类文明的发祥地之一。

# 迈锡尼文明之谜

迈锡尼文明是古希腊青铜时代的文明，由伯罗奔尼撒半岛的迈锡尼城而得名，是爱琴文化的重要组成部分。迈锡尼文明留下的痕迹并不多，是一个古老而神秘的文明。

## 迈锡尼王国的衰落

公元前 12 世纪的特洛伊战争中，自负的迈锡尼国王阿伽门农是一个关键性的人物。在荷马史诗中，阿伽门农是希腊联军的统帅，特洛伊王子赫克托耳则是特洛伊城的核心人物。阿伽门农在众神或明或暗的帮助下倾尽全力去攻打特洛伊，特洛伊也得到另外一些神明的帮助。这场战争历时10年，耗费了大量人力和财力，最终希腊联军借助"木马计"攻克了特洛伊城，将这座繁华的城市洗劫一空。但是，迈锡尼王国也元气大伤，迈锡尼文明从此一蹶不振。几百年之后，它自己的城池也被攻破，迈锡尼王国从此消失在人类的视线中了。

## 重见天日的黄金之城

直到19世纪，经过许多考古学家的努力，迈锡尼王国重新出现在人们的眼前。现存的迈锡尼古城位于山顶，平面呈三角形铺展开来。古城大门的上方有一块精美的石板雕，上面雕刻着一对已经无头但仍然威武的雄狮。两只狮子还头顶着一根柱子。这块石板雕被认为是皇族权势的象征。因此，迈锡尼城堡的大门被叫作"狮子门"。狮子门往里，就是一处单独围着石墙的皇家墓井。墓井里发现的尸体多为黄金所包裹，有一具男尸脸上还戴着精致的黄金面具，这就是著名的"阿伽门农金面具"，很多学者相信那具男尸就是著名的迈锡尼国王阿伽门农。墓井中的妇女头上也装饰了各种黄金首饰，连墓内的小孩儿也为金片所覆盖。由此可见，迈锡尼享有"黄金之城"的美誉确实当之无愧。

## 接连不断的谜题

除了墓地，城堡里还有皇家宫殿、楼阁、冠冕厅及起居室。城堡的东面还有大量商人的住处，在那里发现了不少陶器。人们由此推断迈锡尼古城里居住的全是皇族、政要和商人，他们享有迈锡尼文明的富裕果实。但是，迈锡尼本身并不出产黄金，可那么多的黄金都是从哪里来的呢？迈锡尼雄踞高山之上，也算是固若金汤，可是为何在历史上却多次被攻破呢？更让人不明白的是，迈锡尼文明已经创造了自己的文字，并且用它来书写进行贸易时的货物清单，但他们却不在墓碑上刻下死者的名字和功绩，这有别于同时代及后世民族竖立丰碑的习惯，这又是为什么呢？

### 小博士百事问

**荷马史诗是一部诗集吗？**

相传，荷马史诗是古希腊诗人荷马创作的两部长篇史诗——《伊利亚特》和《奥德赛》的统称，两部史诗各24卷，由民间流传的短歌综合编写而成。荷马史诗不仅是一部文学价值很高的诗集，在历史、地理、考古等领域也有重要价值。

# 阿兹特克帝国天亡之谜

阿兹特克人是印第安人的一支，而阿兹特克帝国是当时阿兹特克人的一个部落联盟，形成于14世纪初。鼎盛时期的阿兹特克帝国的疆域几乎囊括了整个中美洲地区。但是，盛极一时的阿兹特克帝国却在16世纪初突然灭亡了，至今人们仍在寻找它灭亡的原因。

## 阴险的西班牙人

1519年，为了实现"黄金梦"，西班牙船长科尔特斯带着500多名士兵、10多匹战马和一批枪械登陆美洲大陆，来到了富庶的阿兹特克帝国。阿兹特克人从未见过长相奇特、穿着怪异的西班牙人，见到他们从海上登陆，还骑着从未见过的战马，就误认为他们是神明的化身。国王蒙特祖马二世还把他们请到首都特诺奇蒂特兰城的王宫，并热情地招待了他们。

可科尔特斯却利用阿兹特克人的热情和善良，在特诺奇蒂特兰城大肆抢掠，干尽了坏事。他还集结了很多对阿兹特克帝国有怨气的邻国军队，最终在 1521 年，西班牙人将整个特诺奇蒂特兰城的守卫力量全部消灭，并烧毁了城市。可是，区区 500 多名西班牙士兵是怎样消灭数十万阿兹特克士兵的呢？

## 瘟疫爆发说

西班牙人与阿兹特克军队的实力过于悬殊，正常来讲，西班牙人根本不可能打赢。据说，西班牙人是利用瘟疫打败阵势浩大的阿兹特克军队的。

西班牙人登陆美洲大陆时，还携带着欧洲大陆上长期流行的麻疹、天花、黑死病等瘟疫。由于一名患天花病的西班牙士兵被阿兹特克人俘虏了，因此众多阿兹特克人感染此病毒而死亡，据说死亡人数将近 300 万。这使得本来人多势众的阿兹特克帝国因人员骤减而变得国力衰弱，因此西班牙人才有机可乘。

难道天花病毒有如此巨大的威力，以至于能在短短 2 年多的时间内让庞大的阿兹特克帝国国力尽失吗？对此很多人持怀疑态度。

### 印第安人的复仇

另一种说法认为，西班牙人之所以能够胜利，主要是因为得到了其他印第安部落的帮助。

在当时，阿兹特克帝国流行活人祭祀，为了完成这种祭祀，阿兹特克人便经常进攻周边的其他印第安部落和国家，靠获得的俘虏来进行祭祀。长期的进攻和残忍的祭祀行为使其他部落对阿兹特克帝国既害怕又仇恨，最终经过西班牙人煽风点火，这些部落便与其联合起来大举进攻阿兹特克帝国。

到底哪种说法才更接近史实呢？由于历史太过久远，加上史料也很少，因此目前人们还无法准确判断阿兹特克帝国灭亡的真正原因。也许在不久的将来，考古学家会解开这个谜团。

### 小博士百事问

#### 阿兹特克文明有什么奇特之处？

阿兹特克文明是美洲古代三大文明之一，曾是高度发达的文明。阿兹特克人有很高的数学水平，制定了十分精确的历法系统，有着发达的灌溉技术，还创造了象形文字，并且可以制造书写材料。阿兹特克人还有着高超的建筑技术，其首都特诺奇蒂特兰城的遗址至今仍吸引着众多游客。

# 失落的奥尔梅克文明

3000 多年前，美洲的墨西哥湾海岸上曾有一支奥尔梅克部族，他们当时就在高原上兴建房屋，创建城市，还创造了高度发达的文明，一度十分强盛。然而，后来不知道为什么，这个部族却突然消失了，至今考古学家仍在寻找原因。

## 美洲文明始祖

根据目前的考古发现，大家都相信奥尔梅克文明是美洲最古老的文明，并且影响范围很广。

经考证，奥尔梅克人最初生活在墨西哥一带，当时他们已经有了高度发达的文明。之后他们多次对外征讨，使得自己文化的影响力不断扩大，其文化甚至影响了特奥蒂瓦坎和玛雅。考古学家经过研究发现，这两个民族不仅文化的发展和繁荣比奥尔梅克文明晚，而且他们还继承了奥尔梅克人在房屋设计、建筑布局、文化艺术等方面的遗产，可以说，奥尔梅克人为特奥蒂瓦坎人和玛雅人建造辉煌城市起到了引领作用。

## 独立文明假说

发达的奥尔梅克文明最令人困惑的一点就是它的独立性问题。不少考古发现显示，古代中美洲其他文明的兴起和繁荣深受奥尔梅克文明的影响，但 20 世纪 80 年代初，考古学家通过对玛雅出土的文物进行研究发现，早在奥尔梅克文明形成近千年之前，玛雅文明就已经存在了。如此一来，这两种文明之间的关系就变得十分复杂了。有些科学家对奥尔梅克文明的独立性持怀疑态度，不过大部分学者依旧认为奥尔梅克文明是独立存在的。

## 令人费解的巨大石雕

目前，人们了解到的是，奥尔梅克人存在了约 10 个世纪。在这段时间里，奥尔梅克文明涉及了中美洲大部分地区，并在那些地区留下了文明遗迹。

奥尔梅克人有着高超的建筑技术，还十分擅长雕刻，尤其是在坚硬的翡翠上进行雕琢或用巨石雕刻巨大的人头雕像。那些人头雕像多用玄武岩雕成，高度达 2 米，重量达 30 吨。并且令人意外的是，奥尔梅克人生活的地方并没有他们雕刻所需的原料，他们要经过长时间的长途跋涉，去其他地方才能找到这些原料。在那么原始的生产条件下，真不知道奥尔梅克人是怎么做到的！

## 从哪儿来，又去了哪儿？

奥尔梅克人给世人留下了内容丰富的碑文、精美的雕像以及无价的文化遗产，同时也给世人留下了一个巨大的谜团。他们当时的文明已经高度发达，在被特奥蒂瓦坎人、玛雅人及其他民族继承后，他们却好像突然人间蒸发了一样。奥尔梅克人为什么会突然神秘地消失？他们是如何消失的？这些问题至今也没有答案。

### 小博士百事问

**奥尔梅克文明有哪些先进之处？**

奥尔梅克人有着高超的建筑技术，他们修建了大量宏伟的建筑，包括金字塔和神殿等。他们还发展出耕作文明，并且有可能是最早种植玉米的民族。奥尔梅克文明已经步入阶级社会，形成了国家组织，在文字、历法上也有一定的发展。

# 深埋的秘密
## ——考古疑团

# 史前巨石阵之谜

索尔兹伯里平原位于英格兰南部，它因一群环形分布的巨石而闻名世界。这些巨石矗立在这里已经有数千年了，人们称其为巨石阵。多年以来，巨石阵吸引了无数人前来考察，人们也提出了许多不解的谜题。

## 建造方法成谜

巨石阵是由排列成圆形的上百根巨石柱构成的一个神秘石阵。最高的巨石柱有 10 多米，有些巨石柱上面还横放着巨大的条形石。这些巨石柱的平均重量约为 25 吨，即使在现代社会，把如此"笨重"的巨石从远处搬过来搭建石阵也是不容易的，更别提科技落后、生产力不发达的古代社会了。经过研究，科学家给出了一个相对合理的说法。

　　首先，古人在远处的普里塞利山脉开采出蓝砂岩。其次，使用滚木法或水运法把这些巨石运到索尔兹伯里平原。然后，选择合适的地方挖掘竖立石柱所需的土坑。最后，把巨石慢慢放进土坑里。至于那些横放在石柱上的条形石，科学家推测古人采用的可能是屯土法，即先用土在石柱周围堆成一座小土山，然后把条形石通过土山所形成的斜坡运到土山顶，最后横放在土山中央的石柱上。

据推算，建造巨石阵需要耗费巨大的人力和物力，大概需要 1 万人不眠不休地工作 1 年才能完成这样庞大的工程。古人如此大费周章地建造巨石阵，究竟是为什么呢？

英国天文学家洛基尔曾经在巨石阵中央观察星空，发现了一个奇特的现象：立春和立冬这两天的日出位置恰好与第 91 号巨石所指的方向相对应，立夏和立秋这两天的日落位置则与第 93 号巨石所指的方向相对应。这个发现引起学术界的广泛讨论，人们在此基础上继续研究，发现巨石阵除了指向节令的日出与日落位置，还能准确预测日食和月食。据此推断，巨石阵可能是用来进行天文观测的。

## 祭祀场所说

英国科学家使用科学仪器对巨石阵进行探测后发现，如果在巨石阵中央说话，那么说话声会被放大，即使站在远处也可以清楚地听到。为什么巨石阵能够放大声音呢？

原来，声音在接触到巨石阵里面的巨石后会出现"反弹"，因为人与巨石之间的距离较近，所以声音被"反弹"回来后，其频率不会发生很大的变化，这样一来，人的声音不仅没有被削弱，还得到一定程度的加强。有人据此推测，宗教祭祀可能是巨石阵的真正用途，祭司可以站在巨石阵中央更好地向周围的人传达神谕。

巨石阵究竟是如何建造而成的？是谁建造了它？它的用途又是什么？尽管这些问题尚无确切的结论，但人们从未停止对真相的探索。

### 小博士百事问

**巨石阵还有哪些神奇之处？**

考古学家们发现，巨石阵的建造可以分为三个阶段。在第一阶段的奥布里洞遗迹中，有一个巨大的圆形土堤，土堤中有 56 个圆坑。牛津大学的亚历山大·汤姆教授研究后指出，这些圆坑竟然是按照黄金分割比排列的。

# 马耳他巨石庙之谜

马耳他是一个风景秀丽、气候宜人的地中海国家，有一处历史悠久、宏伟壮观的史前建筑群——巨石庙。巨石庙分布在马耳他的各个岛屿上，均由庞大的石块搭建而成。这些古老的巨大建筑静静地矗立了数千年，给今天的我们带来一个又一个未解之谜。

## 尚未可知的方法

马耳他巨石庙中的巨石有的雕凿粗糙，有的加工精细，有的已经风化坍塌，有的保存完好，可以看出它们加工于不同的年代，不过这些巨石的重量都在 1 吨以上。令人们

疑惑的是，在没有起重机器的时代，古人是采用什么办法将这些巨大的石料运输到一起的？又是如何把它们垒成建筑的？这些年来，考古学家不断研究马耳他巨石庙，虽取得了一些成果，但随之而来的还有不解的谜团。

## 巨石堆砌的奇迹

塔尔申神庙是马耳他巨石庙中规模最大的、也是最著名的神庙。很久以来，马耳他塔尔申村的农民在犁地时，农具经常被埋于地下的大石块碰坏。直到 1913 年，对此情况忍无可忍的村民将大石块的事报告给相关部门。没想到这一报告竟为考古学界带来意外之喜。原来塔尔申村的地下竟埋藏着面积达 8 万平方米的史前遗迹——"塔尔申神庙"。塔尔申神庙殿、厅、院俱全；以巨石为建筑主体，用横梁加树枝再覆以石灰石或者黏土建造了庙顶；用石块砌成了外墙，将帽石安置在墙顶。令人称奇的是，构成外墙的众多石块之间并不是用黏合剂连接起来的，却坚固无比，千百年间屹立不倒。这是什么原因呢？

## 超乎时代的技术

吉甘提亚神庙是马耳他巨石庙中历史最久的神庙之一，建于 5000 多年前，地处马耳他戈佐岛中部。吉甘提亚神庙同样由巨大的石块搭建而成，而且这些巨石搭建得非常严密，巨石两两之间居然连一张纸都容不下！这令人们难以理解，在缺乏精密仪器的史前时代，人们是怎样做到的呢？

## 难以想象的工艺

哈加因神庙是马耳他巨石庙中最精致的神庙。与其他几座神庙一样，哈加因神庙也是由石灰岩巨石构成的，其工整的排列、齐整的切割、平滑的表面以及丰富的装饰无不令人惊叹，数千年前的古人竟然有如此精湛的加工工艺。哈加因神庙中有一块长达 660 米的铺路石板，它是马耳他巨石庙中最大的一块巨石。至今人们仍不清楚古人是如何开采、运输、打磨这块巨石的。

马耳他群岛上的巨石庙到底是在何种情况下以何种方式建造的？它们有着怎样的影响？数不清的谜团还有待人们继续揭开。

## 小博士百事问

**马耳他巨石庙有多久的历史？**

考古学家指出，马耳他巨石庙约建于公元前 3500 年，也就是距今约 5500 年前。而埃及金字塔建成于 4000 多年前，也就是说，马耳他巨石庙的历史比金字塔更久远。而且马耳他巨石庙还是世界上最古老的、不需要支撑的石头结构建筑。目前，马耳他巨石庙已被列入《世界遗产名录》，成为热门的旅游景点。

# 复活节岛巨像之谜

南太平洋的东部有一个小岛，名叫复活节岛，这个小岛荒无人烟，几乎看不到人类文明的迹象，但它因为岛上近千尊神秘的巨人石像而闻名于世。这些巨大的石像来自哪里，出自何人之手？至今没有答案。

## 神秘的石像

复活节岛的神秘气息十分浓厚，全岛共有近千尊巨大石雕像，且都是半身像，外貌没有太大的差别。它们所处的位置有所不同，有的倒在荒地上，有的卧于海岸边。这些石像普遍有七八米高，都重达数十吨，甚至有些石像的装饰物都有数吨重。这些石像都是用火成岩制成的，而且全部采用整块的岩石制成。

## 石像是谁的祖先？

让人疑惑的是，这些石像是谁雕刻的呢？它们的寓意是什么呢？

多数人认为，这些石像是居住在岛上的土著为了对神或者已经死去的酋长表示崇敬而雕刻的。但是仍有一些人持不同的观点，他们认为石像的高鼻梁、深眼窝、薄嘴唇都是白种人的典型特征，而岛上的土著是波利尼西亚人，他们的长相并不符合石像的特征。石像的耳朵特别长，人类中没有与之相像的。雕塑是一种艺术，肯定会暗藏着那个民族的特点，但这些石像的外形与波利尼西亚人的长相大相径庭。因此人们认为这些石像并非波利尼西亚人制作的。

## 石像出自谁之手？

据考察，这些石像全部雕凿于 1000 多年前，当时这一地区的石器工具还不完善，根本不可能完成如此浩大的雕刻工程。而且，这些石像的艺术性非常高，连现代专家都赞叹这些石像是巧夺天工之作。恐怕没有人愿意相信，石器时代的波利尼西亚人会雕刻出如此精美的石像。

还有一种观点认为，石像不是古代人雕刻的，而是出自外星人之手。很多人对这个说法嗤之以鼻，可是又拿不出确凿的证据来反驳。石像出自谁之手？至今仍困扰着人们。

团团迷雾笼罩着复活节岛，挑战着人类的想象力，也许只有那些沉默不语的石像才能解开这无尽的谜团。

**小博士百事问**

**你知道复活节岛的来历吗？**

1722年4月的一天，荷兰航海家雅各布·洛加文率领着一支船队航行在广阔的太平洋上，并偶然发现了一个小岛。由于登岛的时间是西方复活节的首日，所以洛加文把这个小岛命名为"复活节岛"。

# 图坦卡蒙的诅咒之谜

1922 年，古埃及法老图坦卡蒙的陵墓被发现的消息震惊了全世界，这是世界上最有名的法老墓之一。这个法老墓中有诸多疑团，其中最令人恐惧的，莫过于图坦卡蒙的诅咒。

## 发现法老墓

图坦卡蒙法老墓是一座保存完好的埃及法老陵墓。1922 年，英国的富豪卡那蓬公爵和考古学家霍华德·卡特博士第一次对图坦卡蒙法老墓进行挖掘。当他们要进入墓穴时，发现墓穴的入口处赫然写着："任何盗墓者都将遭到法老的诅咒！"两人对法老的恐吓付之一笑，然后进入了墓道。此行使他们得到了罕见的法老黄金面罩和价值连城的财宝。

## 接连不断的灾难

然而，谁也没有想到的是，此后厄运和灾难接连不断地在卡特博士周围降临了。首先是卡特博士的掘墓合作者卡那蓬公爵竟然因蚊虫叮咬而去世。不久后，有个叫威尔夫·尤埃尔的人在参观了图坦卡蒙法老墓之后，在乘船游河时也意外落水溺亡。一个多月后，同样参观了图坦卡蒙法老墓的美国铁路大王乔奇·J.库尔德因肺炎猝死。有一个新闻记者想一探究竟，当他打算用X射线透视图坦卡蒙的木乃伊时，突然窒息死亡。恐怖的灾难还在不断降临。不久，卡特博士的两名助手A.C.麦克与理查德·皮切尔也意外死亡，几名与他们关系密切的人也相继去世。就这样，挖掘、参观了图坦卡蒙法老墓的人，以及与其有关的人都接二连三地离奇死亡。一时间，法老的诅咒让人们恐惧万分。

## 难以解释的谜团

自挖掘图坦卡蒙法老墓取出木乃伊之后的 3 年 3 个月内，涉及陵墓的有关人员中，共有 22 人先后神秘地死去，他们都是欧美人。然而，令人奇怪的是，同样掘过墓并触碰过墓中物品的当地人居然安然无恙，无一人死亡。

究竟该如何解释这些现象呢？是偶然的巧合，或者真是法老的诅咒？有人认为所谓诅咒一说纯属迷信。也有人说可能是为了防止有人盗墓，当时的人在安置灵柩的房间的砖石上涂上了毒剂，因为土地干燥，毒性可长久保持。还有不少人坚持己见，说是法老的诅咒所致。图坦卡蒙的诅咒至今还是个令人毛骨悚然的未解之谜。

## 小博士百事问

### 图坦卡蒙法老墓在哪里？

在尼罗河西岸，古埃及首都底比斯的遗址附近，有一片深藏在石灰石山中的谷地，那便是闻名世界的"国王谷"，图坦卡蒙墓就在那里。国王谷中还埋葬着埃及新王朝时期各代王族和显贵，共有64座帝王陵墓，如今已成为埃及著名的旅游景点。

# 法国卡纳克石阵之谜

在法国布列塔尼半岛的卡纳克有一片8千米长的神奇石阵，其中遍地都是高耸的巨石，它们坐落在一片庄稼地中，英国考古学家海丁翰教授将其称作"比金字塔更神秘"的石柱群。在这个巨大的石阵中，隐藏着一个又一个难解之谜。

## 宗教用途说

迄今为止，参观卡纳克石阵的游客成千上万。对于这些巨石的用途，很多人做出了解释。其中，宗教用途说最为流行。这一观点指出，卡纳克属于宗教中心，古布列塔尼人膜拜那些巨石，并将石阵作为祭祀的"庙宇"。后来，罗马人将古布列塔尼人打败，把自己信奉的神的名字刻在了上面。

## 月亮观测台说

1959年，通过放射性碳元素年代推断法，专家们推断石阵建造的时间为公元前4300年左右。20世纪70年代中期，英国人亚历山大·汤姆测量了该石阵，得出一个出人意料的结论：石阵其实是个月亮观测台。古时候观察月亮的天文学家每天会随着月亮位置的变化而改变自己的观测地点，为了做标记，每次都在新地点竖立一根石柱。通过这种方式，他们了解了月亮运行的周期以及另外一些天文知识。但在20世纪80年代初，由英、法考古学家组成的联合考察组前往卡纳克调查汤姆的学说的真实性时，却没有发现巨石的排列顺序和月亮的出没规律有什么联系。

## 建造方法成谜

石材是构建这样庞大的石建筑群必不可少的原料，可是建造石阵的地方没有岩石资源，人们不得不从几千米外的岩山甚至更远的地方获得石材。新石器时代人类所使用的最先进的搬运工具不过是滚轴、杠杆、绳索等，搬运方法不过是推、拉、滚、借助土坡下滑。在这种条件下想要将几吨、几十吨的巨石运到几千米、几十千米之外的地方绝非易事，更不用说搬运千万块这样的巨石了。

将如此多的巨石运到卡纳克，再将它们竖立起来构成石阵，很难想象当时的人用的是什么方法。促使他们狂热地开展这样庞大的工程的原因又是什么？目前为止，卡纳克石阵的谜团仍未解开。

### 小博士百事问

**卡纳克石阵的布局是怎样的？**

卡纳克石阵穿行于农舍、庄稼和树林当中。农田将石阵分为三部分：凯尔勒斯康石阵、凯尔马里奥石阵、梅内克石阵。不仅如此，在凯尔勒斯康和梅内克石阵的周边还有两处半圆形的石列，在人为的精密布局下，整个石列长阵整齐有序地排列着。

# 特奥蒂瓦坎古城之谜

墨西哥首都墨西哥城的东北方坐落着特奥蒂瓦坎古城，"特奥蒂瓦坎"在当地的语言中是"神之都城"的意思，城中充斥着种种匪夷所思的谜团。

## 难以想象的巨大规模

作为拉丁美洲面积最大的古城遗址，特奥蒂瓦坎古城繁荣的时候有着 21 平方千米的占地面积。考古学家估测该遗址已有 2000 多年的历史。气势恢宏的太阳金字塔是古城中最引人瞩目的存在。金字塔的底部长 230 米，宽

220 米，高达 66 米。专家推断，建造太阳金字塔所需的石料和泥土达 250 万吨，依照 2000 多年前的劳动力的水准，单单修筑这个金字塔便需要工人上万名，工期 30 多年。况且在特奥蒂瓦坎古城中的辉煌建筑不只有太阳金字塔一座。古代的生产力落后，想要建造这种巨型建筑群简直难如登天。

## 令人疑惑的云母神殿

在太阳金字塔西边的一个地窖中，考古学家们在石头地板下发现了厚厚的两层切割好的巨大云母片，因此这个地窖被专家们命名为"云母神殿"。神殿中的云母片都有 15 厘米左右厚，8 平方米大，看起来像一块块云母地砖，似乎是匠人有意为之。令人感到奇怪的是，建造者为什么

要在地板下埋藏这些云母片呢？而且依据现有资料，专家们得出结论：这些云母片都是从 3000 多千米以外的巴西开采出来的。几千年前，到底是什么人从千里以外的地方将这么多云母片送到特奥蒂瓦坎古城的呢？

## 数千年前的天文图

特奥蒂瓦坎古城的中央有条长约 3 千米的大道，被世人称为"亡灵大道"。众多建筑错落有致地分布在它两侧。在对特奥蒂瓦坎古城和亡灵大道的布局进行了仔细的研究后，专家发现亡灵大道上建筑的分布距离竟然与太阳系的几大行星之间的距离比例相同。俯瞰亡灵大道会发现它好似太阳系轨道的平面图。在很多人看来，这并非巧合，难道建造特奥蒂瓦坎古城的人早在几千年前就掌握了现代天文学知识吗？

是谁建造了特奥蒂瓦坎古城？他们是从哪里习得了如此高超的建造技术，又是如何掌握了现代天文学知识？难道是外星的先进文明指点了建造古城的人吗？古城的居民如今又在哪里？这些问题至今没有答案。

**小博士百事问**

**特奥蒂瓦坎古城兴建于什么时候？**

考古学家们推测，特奥蒂瓦坎古城兴建于公元前150年到公元100年之间。但由于缺少文字记载，我们对它的历史还没有足够的了解。我们只知道，它是印第安文明的重要遗址，在12世纪时被阿兹特克人发现，并被命名为"特奥蒂瓦坎（众神之城）"。

# 生命的奇迹
## ——人体奥秘

# 回光返照之谜

我们经常听说有些得了重病的人，在行将就木之时会忽然再次焕发生机，令亲属欣喜若狂，以为他们即将康复。谁知这种状态就如同昙花一现，没能持续多久，病人很快便撒手人寰。这便是所谓的"回光返照"现象。那么，这种现象是什么原因造成的呢？

## 传统中医的解释

中医上有一种说法是"得神者生，失神者死"。濒死的病人回光返照，好比油尽灯枯之时，油灯的火焰忽然跳

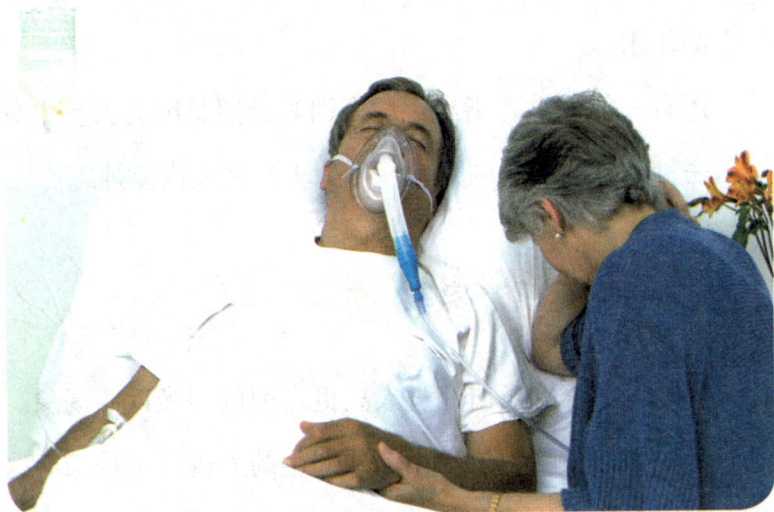

跃一下，造成"残灯复明"的假象。回光返照是临死前的征兆，象征着"刚阳欲将离绝、阳气虚脱、孤阳外跃"，是病人全部脏腑衰竭之前集合一切力量做出的垂死挣扎。

## 现代医学的说法

现代医学认为，回光返照属于一种人体应激反应的表现，其主要原因是肾上腺能分泌出激素，包括能够缓解症状、促进恢复的糖皮质激素和兴奋心脏、收缩血管的肾上腺素等。人在将死之时，大脑会立即命令肾上腺释放这些激素，调集全身的所有积极因素，令病入膏肓的人重新焕发短暂的活力，这些都是内分泌激素在中枢神经的驱动下产生的作用。

还有一部分学者指出，病人回光返照是因为大脑中分泌出一种活性物质叫内啡素，可让垂死之人恢复神志。

## "回光返照"实验

美国科学家特意研究过人离世之前的回光返照现象。他们曾对一批被竭力抢救而起死回生的人进行了采访。这些人都说自己在将要离开人世的时候在一片黑暗中看到了强光。有人称自己在强光中看到了过世的亲戚、朋友；有人表示自己处在一个黑暗的隧洞尾端；有人称感觉灵魂出窍；有人称自己在空中飘浮着并慢慢地融化……

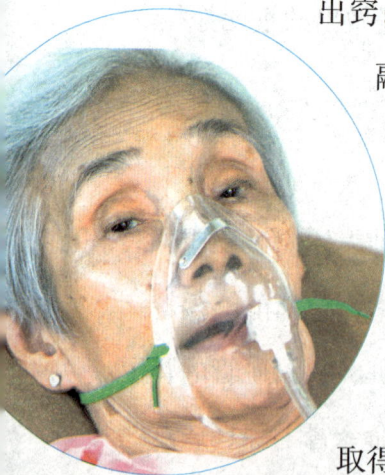

目前，人们尚不清楚回光返照现象的真正原因，不过可以确定的是，这种现象在临床学上有重要意义。比如病人的生命稍微延长，让其交代后事、做最后的道别；倘若能取得更多的治疗时间，说不定可以将病人

从死亡线上拉回。因此现代医学将回光返照现象视为一项研究课题，希望早日破解其中奥秘，帮助更多的人。

**小博士百事问**

**人有可能死而复生吗?**

从科学角度来讲，人死是不能复生的。医学上的死亡分为三个阶段，分别是濒死期、临床死亡期和生物学死亡期。处于濒死期或临床死亡期的人可能由于生命体征不明显而被认为死亡，实际上他们并未彻底死亡，只要条件充足是有可能被救活的。而已被认定为生物学死亡期的人就无法复生了。

# 不怕冷的人

人体对温度的变化是很敏感的，外界温度稍有变化我们就能感受到，而且只要温度低到一定程度，即便再强壮的人也会难以忍受。可是，并非所有人对温度都特别敏感，世界上有些人似乎完全不惧怕寒冷。

## 冬穿夏装的小男孩

意大利发生过一件有趣的事情，在一个寒冷的日子里，街上的很多人注意到一个背着书包、穿着短裤短袖的小男孩，这个小男孩正走路去上学。有人立刻报警向警察说明了这一情况，大家都认为这个小男孩遭受了父母的虐待。

得知这个情况后，警察立即找到那个小男孩询问情况。可那个小男孩却说自己并没有遭到虐待，也没有任何疾病，他并不觉得冷，身体也没有任何问题。最后，警察只能让小男孩去上学了。

## 喜冷厌热的小女孩

在中国也发现过这种不怕冷的奇人。四川绵阳地区有过一个不怕冷的女孩。这个女孩喜欢在寒冷的环境中生活，不喜欢在温暖或炎热的环境中生活。在寒冷的环境中，这个女孩显得很活跃；在温度较高的环境中，这个女孩就显得无精打采，甚至会生病。

江西也有过一个不怕冷的女孩。据她的家人说，这个女孩从小就不喜欢穿衣服，后来虽然愿意穿衣服了，但也只穿那种单薄的衣服。这个女孩对寒冷的环境一点儿也不反感，就算在寒冷的冬天也不愿意穿厚衣服。

## 奇特的体质

这些不怕冷的孩子令很多人感到困惑，但人们始终没办法解释这种现象。曾经有人提出相关的猜想，即这些孩子不怕冷的原因是他们的神经系统无法正常工作。但这个猜想难以被人们认可，因为很多不怕冷的孩子在进行医学检查后被认为是健康的。而且，如果这些孩子不怕冷的原因是他们的神经系统无法正常工作，那么也就意味着寒冷的环境实际上会损伤这些孩子的活动能力，只是这些孩子感受不到。但实际上这些孩子在寒冷的环境中进行活动时并没有出现困难。总之，对于这种现象，人们还需要进一步研究。

### 小博士百事问

**人在过度寒冷的情况下会怎样？**

当人处在十分寒冷的环境中，身体热量流失大于热量补给，导致人体核心区温度过低时就会产生失温现象。失温是一种严重的病症，失温初期人会忍不住地打哆嗦，中期会逐渐失去意识，到了后期则会因心脏骤停而昏迷。

# 没有**指纹**的人

世界上没有完全相同的两个指纹，因此通过指纹来识别人的身份是一种极为可靠的办法。可是，世界上也存在一种没有指纹的人。我们的手指接触干净光滑的玻璃后，会在上面留下指纹，他们却不然。

## 肆无忌惮的窃贼

2006年12月13日，辽宁省沈阳市有位民警在巡查时将一个入室行窃的人抓获。民警通过审问发现该窃贼在不到一年的时间里已经作案上百起。可是他为什么始终逍遥法外呢？真相在于这个窃贼的十指上仅有几个模糊的十字交叉的白色花纹，并没有指纹。

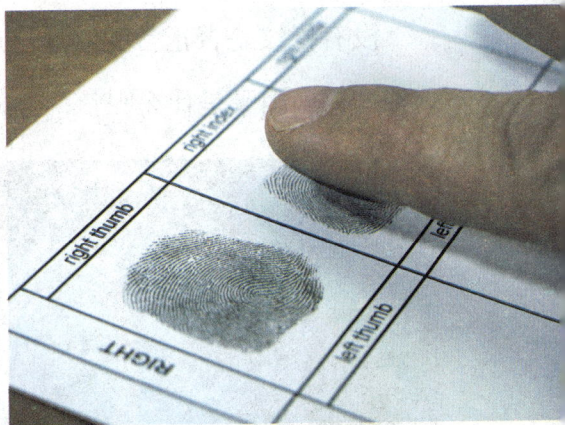

## 希望落空的姑娘

2007 年，美国弗吉尼亚州有个名叫谢丽尔·梅纳德的女孩在大学毕业后打算入职航空领域，而且她各方面条件都与航空服务工作的要求相符。可她最终在体检这一轮被淘汰了，理由是她的手指没有指纹，这是工作所不允许的。最终谢丽尔与理想工作失之交臂，她对此十分郁闷，过了很久都没能找到称心的工作。

## 皮肤病假说

没有指纹是否正常呢？这难道是一种疾病？假如这是一种病，病因又是什么呢？

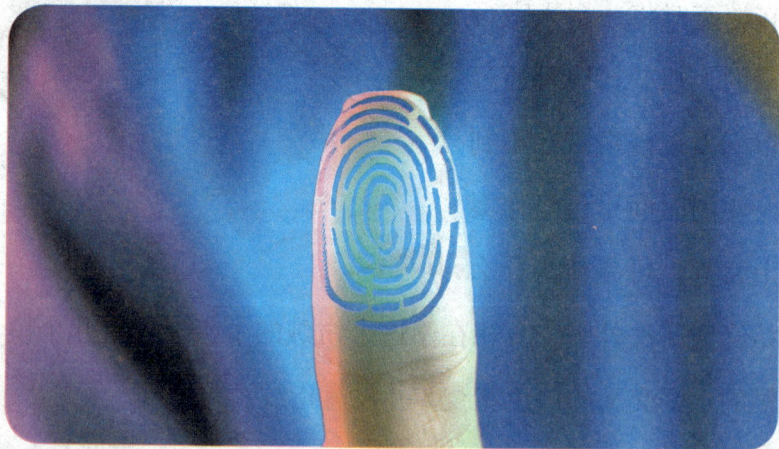

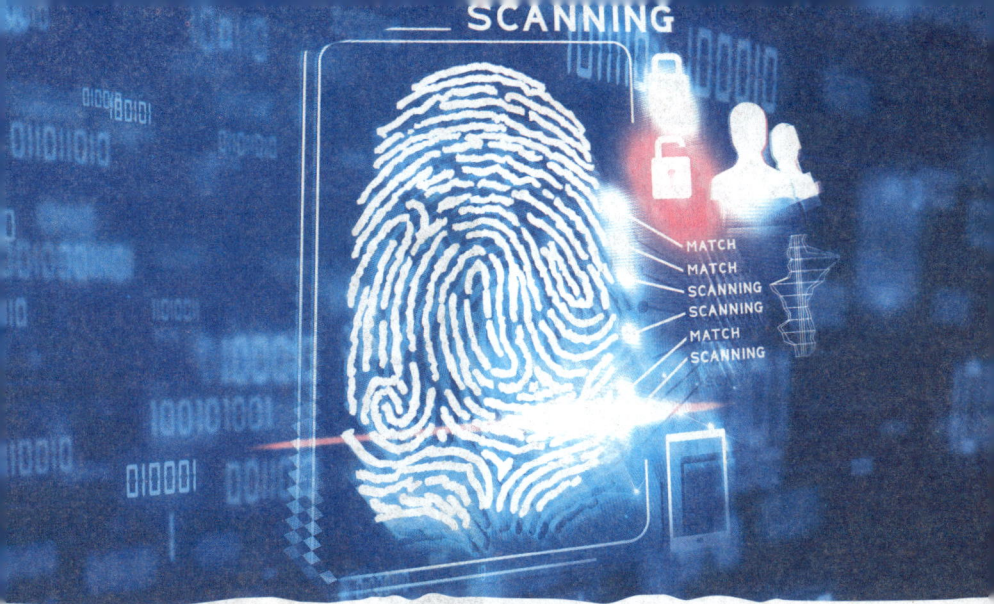

　　一些科学家指出，导致无指纹的疾病是纳尔格利综合征，患这种疾病的人比患网状色素皮病的人多，世界上大部分无指纹的人都是因患纳尔格利综合征引起的。

　　以色列技术工程学院的研究人员经过研究发现，人体的角蛋白 14 发生缺陷，会导致无指纹的两种综合征——纳尔格利综合征和网状色素皮病的产生。这种缺陷导致身体给皮肤外层细胞标上了死亡的记号。结果，患有这种疾病的人就没有指纹了，而且他们也无法正常排汗，还会出现其他症状。

## 基因变异说

　　也有人根据上述两种综合征的病理，对无指纹现象提出了第二种解释。他们认为，一般手指、脚趾的纹路在胎儿第 11 周时开始形成，由于皮肤发展过程中柔软的真皮层长得比坚硬的表皮层快，因此不断上顶表皮层，使表皮层弯曲变皱，形成纹路。而无指纹属于显性遗传症状，可能是基因变异的一种。但是，这种网状色素皮病只在家族的女性中遗传，而案例中的男女却都无指纹。看来，该种观点并不能合理解释无指纹的原因。

因此，要想解开无指纹之谜，还有待于医学专家们的进一步研究。

### 小博士百事问

**指纹都有哪些作用？**

指纹可以在指尖构成粗糙的表面，在我们拿东西时增加摩擦力，使被拿的东西不易掉落；指纹还是构成皮肤的组织，有助于物体刺激神经末梢，使人的反应更加灵敏；指纹在许多地方还是识别身份的标志；另外，指纹还能起到排汗的作用。

# 不用睡觉的人

人的一生有三分之一的时间是在睡眠中度过的，睡眠能补充体力、恢复精神状态，对人的身体健康起着至关重要的作用。熬夜后我们总是感到疲惫不堪，没有精神，长期熬夜对身体的危害更大，因此人是不能不睡觉的。可如果说世界上真有一些人从不睡觉，你相信吗？

## 精力超常的老人

20世纪40年代，美国出现了一位著名的"不眠者"奥尔·赫津。这位居住在新泽西州的老人，家里从不置床，甚至连吊床都见不到。他一生中连小睡也没有过。许多医生轮班对他进行监视，竟发现缺乏正常睡眠的奥尔的精神状态及生理状态反而超过一般人。晚上体力不佳时，他就坐在一张旧摇椅上读点什么；当他感到体力恢复了，就又继续投入劳作。医生对奥尔的不眠现象无从解释。

## "醒着睡觉"的奇人

河南省中牟县有一个名叫李占英的妇女，据说她40多年来从没睡过觉。家人曾带她去医院做了各方面检查，但结果无一例外，都很正常。

后来，医生为她做了一次监测，记录24小时内李占英的大脑活动。测试结果显示，李占英的大脑曾经有大约100分钟的睡眠，可李占英在这段时间内却从未睡过觉。于是李占英的家人又带她去了另一家医院，进行了一次48小时的监测。这次的结果更令人震惊，尽管李占英确实未曾睡觉，但监测记录却显示她足足有过16.5个小时的睡眠。经过调查，医生们发现，虽然李占英没闭眼睛睡觉，但她在坐着和丈夫聊天时，大脑竟处于睡眠状态。

## 众说纷纭

面对形形色色的"不眠者"，医生们的见解大有分歧。有的认为大脑由于偶然的变故而激发了潜在的能力，所以造成了无法正常睡眠的情况。有的指出所谓不眠是相对的，只是作为"不眠者"及周围的人对骤然而至的短暂睡眠状态没有察觉罢了。更多的意见则认为，这是一种极端的失眠症，具有永久存在的病理基础。真正的原因尚待从大脑解剖学的新发现中寻找。

### 小博士百事问

**每天应该睡眠多长时间？**

正常人的睡眠时间是 6 至 8 小时，儿童的睡眠时间是 10 至 12 小时，老人的睡眠时间较少。每个人都应遵循正常睡眠时间的基本规律，若长期熬夜，将会发生睡眠障碍，导致身体功能紊乱。

# 淹不死的 "软木人"

按照以往的经验，如果把一个人扔到湖泊或大海中，那么这个人十有八九会沉下去。但是有这样一类人，他们被扔到湖面或海面上后，依然能够安安稳稳地浮在水面上，而且他们的这种能力与游泳无关，这类人被称为"软木人"。

## 不会游泳却能漂浮

在澳大利亚的阿德雷德城，有一个名叫毕格斯的神奇女人，她从没有学过游泳。有一次，她去游泳池玩，她一进到泳池中身体就浮了上来。她对此感到惊奇，于是特意把一些沉重的东西绑在身上，然后又跳进泳池，结果又从

水里浮了上来。为了弄清楚这种情况的形成原因，她特意去询问相关的医生，但医生对她进行检查后也找不出任何原因。

## 长时间自由漂浮

美国有一个名叫安吉罗·伏阿契克的"软木人"，他即使不运用游泳的技术也可以稳稳地漂浮在水面上。要知道，他可不是什么柔弱的女子，而是个身材魁梧的男人。尽管安吉罗又高又重，但他下水后仍能灵活地在水里运动，还能翻滚。为了试一下自己漂浮在水上的能力有多强，安吉罗有一次故意在身上挂了个沉重的铅球，没想到在这种情况下，他依然可以安安稳稳地漂浮在水面上。安吉罗不但能够漂浮得很稳，而且能够漂浮很长一段时间，即使身上挂了重物，他也可以在水面上漂浮 10 小时以上。有一次，在做好防护措施后，一群人把安吉罗放在麻袋里扔到水中，结果安吉罗竟然就这样在水面上漂浮了 8 小时。

## 有待继续研究

经过锻炼的人可以做到在水面上漂浮，水质特殊的死海也能让人浮在水面上，可是为什么没有学过游泳的"软木人"却可以自如地漂浮在水面上呢？尽管科学家们做了很多猜测，但仍没有一种猜测能得到证实，因此这个问题还有待人们进一步研究。

## 小博士百事问

**死海为什么能让人浮在水面上？**

死海位于巴勒斯坦和约旦的交界处，是世界上海拔最低的湖泊。死海中的盐分密度极高，是海水中盐分的 8.6 倍，因此大部分动植物都无法在死海中生存。不过正因为死海中水的密度大大超过人体的密度，所以人们才会被死海"托住"，不会下沉。

# 世界未解之谜

## Unsolved Mysteries of the World
## 大全集

# 自然之谜

张月 ◎ 主编

黑龙江科学技术出版社
HEILONGJIANG SCIENCE AND TECHNOLOGY PRESS

图书在版编目（CIP）数据

世界未解之谜大全集．自然之谜 ／ 张月主编．-- 哈
尔滨：黑龙江科学技术出版社，2023.8（2024.5 重印）
　　ISBN 978-7-5719-2100-2

　　Ⅰ．①世… Ⅱ．①张… Ⅲ．①科学知识－儿童读物②
自然科学－儿童读物 Ⅳ．① Z228.1 ② N49

中国国家版本馆 CIP 数据核字（2023）第 153633 号

## 世界未解之谜大全集　自然之谜
SHIJIE WEIJIE ZHI MI DAQUANJI ZIRAN ZHI MI

张月　主编

| | |
|---|---|
| 项目总监 | 薛方闻 |
| 策划编辑 | 沈福威　顾天歌 |
| 责仕编辑 | 刘　杨 |
| 插　画 | 文贤阁 |
| 排　版 | 文贤阁 |
| 出　版 | 黑龙江科学技术出版社 |
| | 地址：哈尔滨市南岗区公安街 70-2 号　邮编：150007 |
| | 电话：（0451）53642106　传真：（0451）53642143 |
| | 网址：www.lkcbs.cn |
| 发　行 | 新华书店 |
| 印　刷 | 三河市南阳印刷有限公司 |
| 开　本 | 880 mm×1230 mm 1/32 |
| 印　张 | 3 |
| 字　数 | 48 千字 |
| 版　次 | 2023 年 8 月第 1 版 |
| 印　次 | 2024 年 5 月第 2 次印刷 |
| 书　号 | ISBN 978-7-5719-2100-2 |
| 定　价 | 138.00 元（全 8 册） |

# PREFACE
## 前　言

　　我们生活的世界，表面上平静无波，实际上有着无数波诡云谲的谜团。由于人类科技水平的局限，或者眼下缺少关键性证据，很多成了不解之谜。

　　世界上的未解之谜不胜枚举，小读者想要获得探索谜团的乐趣，就请打开这套《世界未解之谜大全集》吧！我们精心选择了有关宇宙、地球、海洋、人类、自然、宝藏、UFO 与外星人、科学的种种未解之谜，包罗万象，乐趣无穷。举例来说，宇宙大爆炸假说是目前最接近"宇宙真相"的假说，但至今仍缺乏关键性证据来证实；地球上的生物千奇百怪，有天生就会"盖房"的昆虫，也有刀枪不入的树木，还有至今踪迹难寻的神秘生物；宇宙中有数不胜数的行星，UFO 和外星人是很有可能存在的，但是人类至今无法证实……探索这些谜团的过程真的是妙趣横生。

# CONTENTS
# 目　录

## 1 活跃的精灵
### ——动物迷踪

# 2

## 缄默的守护者
### ——植物奥秘

# 3

## 诡谲的身影
### ——神秘生物

# 4 离奇的怪象
## ——自然奇闻

# 活跃的精灵
## —— 动物迷踪

# 昆虫为何有**高超**的建筑本领

在《鲁滨孙漂流记》中，流落荒岛的鲁滨孙在雨林中建造了可以休息、种菜、保护自己的营地，这是人类智慧的产物。然而，在大自然中，看似没有智慧的昆虫竟然也能建造自己的庇护所，蛾子、蜜蜂、蚂蚁，它们都有着不同的建筑本领，是昆虫界的"建筑师"。

## 从小会盖房——蓑蛾

蓑蛾，也叫袋蛾、避债蛾，是大自然中有名的建筑天才，为了躲避天敌的袭击，它们在还是幼虫的时候就已经掌握了"盖房子"的技能。

蓑蛾幼虫非常勤快，它们会不断地吐丝，并用丝制成蓑囊，然后在蓑囊上粘上一些小树枝或者树叶，当作"盖房"的砖瓦。蓑蛾幼虫会不断地收集各种小树枝、树叶等"建筑材料"，等到"建筑材料"准备完毕，它们就要开始建造自己的小木屋了。蓑蛾幼虫会根据自己的身材确定小木屋的尺寸，蓑蛾再利用蓑囊的黏性将"建筑材料"整整齐齐地搭建起来。蓑蛾建成的小木屋十分牢固，并且蓑蛾幼虫还能驮着它缓慢移动，就像一辆移动房车。

## "精密建筑师" ——蜜蜂

蜜蜂是自然界中出了名的"精密建筑师"。我们都知道，蜜蜂是住在蜂巢里的，不知你有没有注意过蜂巢的样子，那是由一间间标准的六边形的小房子连接而成的"集体宿舍"。这些小房子的开口为正六边形，底部是由 3 个相同的菱形组成的封闭的六角锥。不仅如此，这些组成蜂巢底部的菱形的角度都是固定的，锐角为 70° 32'，钝角为 109° 28'。专家经过分析发现，采用了这样的设计结构的蜂巢，不仅容量最大，而且还最大限度地减少了建筑材料的使用。

## "盖楼专家"——白蚁

蚂蚁也是知名的"建筑师"，作为典型的群居动物，蚂蚁常常需要建造大规模的建筑以供蚁群生活。而白蚁则是蚂蚁家族中的"盖楼专家"。

在我国广西、云南两地以及澳大利亚等地的野外，常能看到许多用泥土糊成的"高塔"，那就是白蚁群建造的蚁塔。蚁塔一般高 2 ~ 3 米，主要由泥土以及少量的白蚁分泌物和排泄物建成。蚁塔非常结实，不怕风吹雨淋，能够保护白蚁群的安全。

这些脑结构非常简单的昆虫为何会具有如此高超的建筑本领？是天赋异禀还是进化所致？相信在不久的将来，科学家们能够揭开谜底。

### 小博士百事问

**蚁塔的内部结构是什么样的？**

蚁塔的内部结构十分复杂。包括 1 个主巢和 3 ~ 5 个副巢，每个巢内又分为许多互相隔开的小室。主巢的中部往往是蚁王和蚁后的"王室"，此外还有孵化室、羽化室、仓库等。蚁塔内还有一些用于通风换气的竖直管道，以及用于排水的沟渠和堤坝。

# 动物肢体再生之谜

动物界遵循着弱肉强食、适者生存的法则，动物世界中每天都在上演着激烈的竞争，因此弱小的动物不得不进化出各自的防御与求生本领。一些动物有着肢体再生的神奇能力，当面临危险的时候，它们会毫不犹豫地舍弃一部分肢体来掩护自己逃生。

## 陆地上的逃生专家

最有名的"断肢逃生专家"莫过于壁虎了。当壁虎遇到强大的敌人时，它们会在一瞬间折断自己的尾巴，而断

尾还会扭来扭去迷惑敌人，为壁虎赢得逃生的时间。不久之后，壁虎又会长出一条新尾巴。

我们熟知的兔子也具备独特的求生本领。当兔子被狐狸等天敌咬住肋部时，它们会主动将那里的皮脱落，以便让自己逃跑。兔子的皮就像纸一样薄，皮肤脱落的地方甚至都不会流血，过些日子就能长出新的皮毛。

### 海洋里的再生能手

章鱼的再生能力令人惊叹。章鱼平时喜欢用它的 8 只触手在深海中四处摸索，如果某只触手不幸被螃蟹或鱼类捉住时，章鱼就会上演"壮士断腕"的戏码，这只被捉住的触手会像刀切一样快速脱落，断掉的触手会继续蠕动，章鱼则趁此机会逃之夭夭。不过章鱼并不担心自己从此会残疾，因为它的伤口在第二天就能完全愈合，新的触手也会开始生长。

海星也会"分身逃生术"，当海星的腕足被敌人抓住时，它们就会弃"腕"逃生。更令人惊奇的是，海星的再生能力堪称一绝，即使海星被撕扯得粉碎，只要有适宜的环境，这些海星碎块都能再生成一个完整的新海星。

海绵的再生能力比海星更强，当环境对自身不利时，海绵会分成小碎片，这些小碎片不但不会死，还会再生成新的个体，甚至单个细胞就能长成一个个体，真是令人震惊。

这些动物的再生能力实在令我们羡慕，但我们不禁好奇，这些动物断肢求生的机制究竟是如何运作的？它们又是如何控制肢体快速脱落的？目前，很多科学家都在相关领域展开了研究，但动物的肢体再生之谜却并未得到解答。希望科学家们能尽快揭开动物再生的秘密，有朝一日用来造福人类。

## 小博士百事问

### 再生是什么意思？

简而言之，再生就是生物体的一部分在损坏或脱落后重新生成的过程。再生分为生理性再生和病理性再生。生物细胞的老化和新生属于生理性再生，而受伤之后的再生则属于病理性再生。再生能力在植物和低等动物中比较常见。

# 动物杀过行为之谜

弱肉强食是自然界的生存法则，捕食者为了填饱肚子会杀死并吃掉比自己弱小的动物。但是自然界有时候却会发生一些"杀过"行为，意思是一些动物在并不饥饿或没有发生搏斗的情况下就将其他动物置于死地，是一种无缘无故的杀戮行为，这显然不符合自然界的逻辑。

## 螳螂的杀过行为

众所周知，螳螂是蝗虫的天敌，螳螂为了进食经常捕杀蝗虫。但令人不解的是，螳螂在吃饱后依旧会捕杀蝗虫，只要遇到蝗虫，螳螂都"格杀勿论"。不过，考虑到蝗虫对农作物的危害，螳螂也算是做了件好事。

## 猫头鹰的杀过行为

猫头鹰是田鼠的天敌，有很
强的捕鼠能力。而处于繁殖期
的猫头鹰会莫名地表现出极
强的嗜杀性，此时的
猫头鹰会无差别地捕
杀大量田鼠。即使是饱餐以后的猫头鹰遇上田鼠仍然会全
力追捕。

## 赤狐的杀过行为

赤狐是分布非常广泛
的食肉动物，也是杀过行为
的代表动物之一。欧洲和拉
丁美洲村落的农民每到夜晚
都要将家禽棚舍关牢，这是
因为赤狐总会趁着夜色溜进
来，将棚舍内的鸡、鸭统统
咬死。不仅如此，在暴风雨

夜中，赤狐还常常闯入黑头鸥的栖息地，一次性咬死数十只黑头鸥，但既不吃，也不叼走。更令人疑惑的是，相关学者曾深入观察过黑头鸥的栖息地，发现黑头鸥一到夜间，尤其是在刮风下雨的夜晚，总是伏在地上一动不动，遇见危险也不逃跑。

## 原因猜想

针对杀过行为，一些动物学家认为这是本性嗜血的野兽在练习捕猎技巧或炫耀自己的力量。但这种行为毕竟不符合自然法则，因此有些人认为杀过行为只是偶然现象，是猎物惊慌失措的逃窜行为激发了捕食者的野性。两种说法都有一定道理，但又难以令人满意，或许杀过行为背后还有更复杂的原因在等待人们去发现。

小博士百事问

**动物的杀过行为有哪些利与弊？**

赤狐一类的食肉动物会杀死大量的家禽，这对农户来说自然是很大的损失；凶猛的狮、豹、狼有时会滥杀野生动物，对当地的野生动物资源会造成很大破坏，不利于维持生态平衡。这些杀过行为虽然违背了自然法则，但也并非毫无益处。比如猫头鹰大量捕杀田鼠，螳螂大量捕杀蝗虫，能够保护人类的经济作物不被鼠虫侵害。

# 大脑"换班"工作的海豚

在人们的心目中，海豚一直是一种非常聪明的动物，总是以温顺可亲的样子与人接近。不仅如此，海豚还经常见义勇为，拯救在茫茫大海中陷入危险的人，因此海豚获得了"海上救生员"的美名。但离奇的是，人们似乎从未发现过睡着了的海豚，难道这种聪明的动物不需要睡眠吗？

## 独特的睡觉方式

科学家为了查明海豚是否真的不需要睡眠，曾深入研究海豚的大脑。科学家利用微电极测定海豚脑电波的变化，同时详细分析了海豚脑内肌肉、眼睛和心脏的活动情况及呼吸频率的变化。长期的实验观察显示，海豚和其他哺乳动物一样也会睡眠。只是，海豚的睡眠方式与众不同，海豚会在睡眠时继续游动，而且这种游动并不是无意识的，而是主动地、清醒地在海面上漂流。

## "换班"工作的大脑

科学家们通过进一步研究发现，海豚在睡眠时，它的大脑左右两半球竟然处于两种截然不同的状态之中。不仅如此，海豚大脑的两个半球是轮流工作的：当一个大脑半球处于清醒状态时，另一个则在睡眠，并且两个大脑半球每隔十几分钟便要进行"换班"。

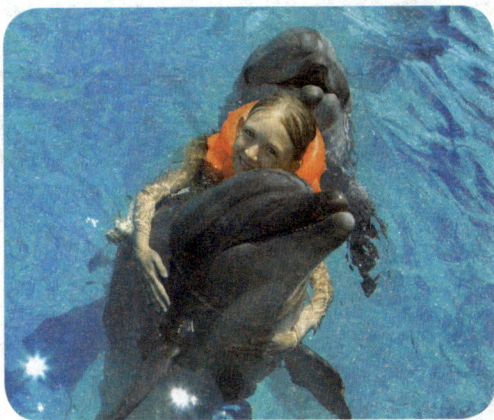

这一发现震惊了人们。可是，让科学家们不解的是，海豚的大脑为什么会有"换班"工作的能力？会不会在将来的某一天，人类也能具备这样的能力，大大延长我们学习和工作的时间？问题的答案，只有等待科学家们继续研究才能揭晓了。

## 小博士百事问

**海豚为什么那么聪明？**

因为海豚有着十分发达的大脑。通常来说，一种生物大脑重量占体重的比例越大，这种生物就越聪明。成年人类的脑重约为 1.5 千克，占体重的 2%~3%；而成年海豚的脑重约为 1.6 千克，约占体重的 1.2%，在动物界已经是名列前茅的了。

# 动物冬眠的真相

每到寒冷的冬季，大自然中就会有许多动物进入冬眠，好让自己顺利地度过这段最难熬的时光。比如，青蛙和蛇类会钻进泥土里闷头大睡，躲避严寒；蝙蝠会用双脚钩住物体，倒挂起来，再用翅膀紧紧裹住身体；小松鼠会提前在树洞里铺满干草，冬眠时会抱着自己毛茸茸的长尾巴取暖……

## 冬眠时的变化

动物冬眠时身体会发生许多变化，其中最典型的就是体温变化：温血动物在进入冬眠之前会自己将身体调节到

"节能模式"，在维持生存的基础上尽可能降低体温，使体温下降到2℃以下；当它们苏醒后，身体又会快速产生热量，使体温恢复。而冷血动物会尽可能躲进温暖的地方，它们不会自动调节体温，它们的体温会随着环境的变化而变化。

冬眠中的动物呼吸频率、心率都会显著减慢，而且体内的白细胞数量也会明显减少，将身体的代谢降低到极限。

## 外界刺激说

到底是什么原因导致了动物的冬眠呢？主流的说法认为，导致动物冬眠的原因是外界的刺激，主要是温度下降和食物减少。科学家在一次以蜜蜂为研究对象的实验中发现，气温降低时，蜜蜂会逐渐减少活动；当温度低到一定

程度时，蜜蜂会完全进入休眠状态。而在一个以两只有冬眠习惯的榛睡鼠为研究对象的实验中，科学家发现，食物充足的榛睡鼠不会进入冬眠状态，食物不充足的榛睡鼠则进入了冬眠状态。这两个实验，似乎可以让外界刺激说成为定论。

## 内部因素说

但是，很快就有人提出了反对意见。有些科学家认为动物冬眠的真正原因应该在它们的体内寻找。

1983 年，科学家们进行了一场著名的实验。他们首先用人工手段让黄鼠冬眠，接着将冬眠黄鼠的血液注射到活蹦乱跳的黄鼠体内，后者竟然立刻开始进行冬眠。由此可见，动物体内存在诱发冬眠的物质的可能性很高。

目前，人们仍然没有发现动物冬眠的真正原因，但科学家在相关的研究上已经取得了一些进展，所以我们有理由相信，人类很快就能揭示动物冬眠的真相。

## 小博士百事问

**动物冬眠时会吃喝拉撒吗？**

动物在冬眠时，通常是活动状态与麻痹状态交替进行的。有少数动物会在活动状态时进食或排泄，也就是吃了睡、睡了吃，但大多数动物都不会进食。它们之所以能够在长达上百天的时间里不吃不喝，是因为它们提前进行了充足的能量储备，代谢则降到最低水平。

19

# 大象墓地是真的吗?

传说,有些大象在预感到自己的死期临近时,会独自离开象群,跑到一处秘密的"墓地"中迎接死亡。一直以来,只要有大象的地方几乎都流传着大象墓地的说法,那么大象墓地的传说是真的吗?

## 梦想暴富的偷猎者

如果大象墓地是真实存在的,那么其中一定有许多象牙和象骨。由于象牙在许多地方都是价值连城的工艺品原料，因此许多投机取巧的人便梦想着找到大象墓地从而发一笔横财。

苏联探险家布加莱夫斯基兄弟曾经前往非洲的肯尼亚寻觅象牙。有一天，他们发现某座山上散布着无数白色的动物尸骨，而一头步履蹒跚的大象走到尸骨堆旁便瘫倒在地。兄弟俩断定那就是大象墓地，兴奋地朝那里奔去。不幸的是，他们在半路上遇到了猛兽的袭击，接着陷入了深不可测的沼泽地，好不容易摆脱困境，却又迷失方向，最终毫无收获。

## 众说纷纭

关于大象墓地，可谓众说纷纭。许多学者认为大象墓地一说纯属捏造。因为捕杀大象攫取象牙是违犯法律并要受到制裁的，所以这种传说更像是偷猎者的掩饰之词。例如："我们偶然发现了大象的'墓地'，才拾到这么多的象牙。"

但无法否认的是，人们很少在野外见到自然死亡的大象尸体。一些大象在临死时往往要离开象群，独自面对死亡。虽然人们偶尔也可以看到大象尸体，但这些尸体的数量与大象死亡的总数却相差甚远。那么剩下那些死亡的大象究竟葬身何处？它们会集中在某一块地方结束生命吗？是否因为热带气候炎热，大象的尸体很快被风化分解，或被其他食肉动物当成了美味佳肴？

大象墓地或许只是一个"纯属虚构"的故事，要不然怎么迄今为止人们仍未发现确切证据呢？但庞大的大象尸体为何又十分罕见？种种疑团，还有待科学家们考证。

### 小博士百事问

#### 象牙是名贵的宝物吗？

历史上，象牙制品在许多国家一直是非常名贵的艺术品，象牙制品往往是皇室和贵族偏爱的收藏品。然而我们必须知道，狩猎大象是非法行为，而且近些年来，野生大象的数量越来越少，很多国家已经开始呼吁减少象牙的贸易出口。自2018年起，中国已经全面禁止象牙的加工和销售。

# 缄默的守护者
## ——植物奥秘

# 植物传递情报之谜

　　我们人类有多种多样的方式可以传递信息，因此，在获得信息时可以第一时间相互分享。可是，你听说过沉默不语的植物之间也能相互交流，遇到危险的时候也能相互传递情报进行自卫吗？如果真是这样，那它们又是如何传递情报的呢？

## 羚羊集体中毒事件

　　1986年，南非的克鲁格森林公园中发生了一件怪事：这年冬天，公园里的捻角羚突然一只接着一只地离奇死去，可是，生活在同一区域的长颈鹿却没有任何异样。南非著名动物学家范·霍文对此进行了深入调查，他发现所有离奇死亡的捻角羚的胃中都有枞树的树叶，并且这些枞树叶里的单宁酸含量比一般的枞树叶高出数倍，其浓度高达15%，从而产生剧毒，导致了捻角羚的死亡。而专家又发现，同一区域内的长颈鹿也会吃枞树叶，但由于长颈鹿吃入的食物种类较多，摄入的单宁酸不足以产生剧毒。

看来，高浓度的单宁酸正是害死捻角羚的真凶，可是新的问题又出现了：为什么捻角羚胃中的枞树叶的单宁酸浓度会那么高呢？

## 植物间的情报网

一些植物学家认为，提高单宁酸浓度是枞树自身为了不被捻角羚吃光而产生的一种防御手段。当一株枞树被捻角羚大面积啃食后，它会迅速将情报传递给周围的枞树，而接到情报的枞树就会集体提高树叶中的单宁酸浓度，以此来对抗捻角羚。

实际上，植物王国中还有许多类似的传递情报的现象，比如常见的柳树在遇到毛毛虫的侵袭后，也会将情报传递给周围的柳树，这些柳树会将自己的叶子变得又涩又苦，防止毛毛虫啃食。

研究发现，植物间的确有着强大的情报网，能够快速、准确地传递消息。可是，植物是如何传递消息的呢？有科学家认为，植物是利用分泌到土壤中的植物激素来传递情报的，但植物激素的传递很慢，实际上一些植物在受到侵害后，附近的同类几乎是在同一时间就能获得情报，激素传递的说法也就不攻自破了。

那么，植物究竟是如何传递情报的？同类植物又是如何接收情报的？这些谜题还有待科学家们研究。

### 小博士百事问

**人类能利用植物的自卫能力来保护农作物吗？**

在农业生产中，人们常常利用植物特有的"化学武器"来防治病虫害、消灭田间的杂草，这对农业增产、减少使用农药、避免环境污染具有重要的意义。比如，菜粉蝶害怕莴苣发出的气味而喜欢吃甘蓝，因此将莴苣与甘蓝种在一起，就能保护甘蓝不受菜粉蝶的侵害。

# 植物也会"发烧"吗?

科学家发现,植物像人类一样也会"发烧"。通常来说,植物"发烧"也表明它生病了。不过,还有一些会在寒冷的环境中主动"发烧"的植物,它们散发出的热量甚至能融化冰雪!

## 生病"发烧"的植物

是什么原因引起植物"发烧"的呢?科学家仔细观察后发现,植物的病害往往先损害根部,根部受损影响了根对营养的吸收,营养不足就会导致植物"发烧"。要是植物因缺水而"渴"得厉害的话,也会"发烧"。实验表明,有病害的植物叶子比正常的植物叶子温度要高 3 ~ 5℃。

比利时科学家发现，植物在受病毒感染时，叶子等部位的温度会上升，出现"发烧"症状。这一现象与人在流感等疾病发作时体温异常升高相类似。*Nature Biotechnology* 杂志的一篇文章中介绍，科学家用红外摄影仪对感染烟草花叶病毒的烟草进行了研究，结果发现，在烟草表现出任何可分辨的外在感染症状前（至少8小时），烟草叶子上已有局部"热点"出现，这些局部"热点"的温度上升幅度为 0.3 ~ 0.4℃。科学家认为，植物"发烧"很可能与其叶子表面气孔的关闭有关。植物受病毒感染后，其体内水杨酸积聚量会增多，水杨酸会导致植物叶子表面的气孔关闭，由于气孔对植物来说相当于人体的汗腺，它们关闭后植物的水分散发量会减少，结果就是引起植物"发烧"。

## 主动"发烧"的植物

同样是"发烧"，换一种植物，换一种生存环境，情况就大不一样了。

比如生长在北极地区的臭菘花，它是一种不怕冷的花，能在冰雪中盛开。臭菘花开花时，温度可达20℃以上。令人们不解的是，臭菘花为什么能在那么冷的地方开放？

为了解开这个谜团，三位瑞典科学家亲赴北极，终于找到了答案。经过观察，他们发现臭菘花盛开的原因就在于它有本事让自己"发烧"。具体来说，就是以臭菘花为代表的极地花朵能够将脂肪转化成碳水化合物并释放出热量。喜林芋是个异类，它"发烧"靠的是发热细胞。至于极地花朵"发烧"的目的，有些科学家认为是为了加速花香的散发，从而更好地招蜂引蝶，助其传粉。试想一下，在寒气刺骨的北极，臭菘花不亚于一座暖房，对昆虫具有很强的诱惑力。也有些科学家认为，极地花朵"发烧"不仅是为了招引昆虫，还有其他目的。

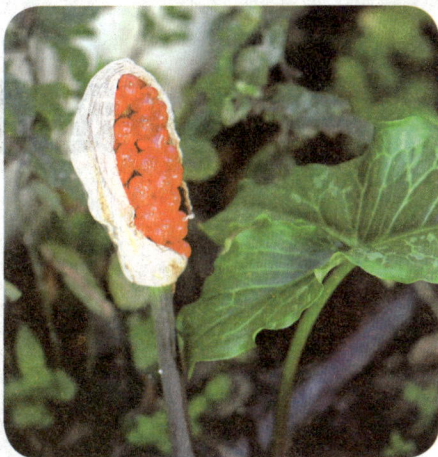

但关于植物究竟为什么"发烧"，至今尚无定论。

## 小博士百事问

**会发热的植物在科学上叫什么？**

科学家将臭菘花、喜林芋这些能够发热、具备调节"体温"能力的植物叫作"温血植物"，不论外界环境如何，这些植物花朵的温度总能保持恒定，就像温血动物一样。天南星科植物及苏铁科植物是比较常见的温血植物。

# 卷柏走路之谜

一般情况下，植物总是安安静静地待在原地。常识也告诉我们，植物离开土壤往往会死亡。可是，在南美洲却有这样一种植物，它会主动离开土壤，在地面上移动，它就是卷柏。

## 植物旅行家

卷柏和绝大多数植物一样，也要将根扎进土壤中吸收养分才能存活。但卷柏与众不同的是，它并非终生"站"

在原地不动，而是可以根据环境的变化，选择适合自己
的"新家"。当卷柏"家"的环境变得恶劣的时候，它
会把自己的根拔出地面，把叶子卷缩起来，变得又轻又
圆，就可以在地面上"走动"了。当卷柏找到适合生存的
环境后，会重新把根扎进土壤里，把叶子伸展开，再次
"定居"。

## 寻找水源说

　　卷柏为什么要走路呢？
许多植物学家认为，卷柏四处
走路的目的是寻找水源。因为

卷柏生存的南美洲十分干燥，土壤中缺少水分，卷柏为了生存不得不进化出走路的本事。同样的，卷柏将叶子卷缩起来也是为了减少水分的蒸发。科学家们还推测，卷柏正是依靠这些能力才能在南美洲恶劣的环境中生存下来。

## 全新发现

为了验证卷柏的行走行为和土壤中的水分含量的关系，科学家进行了一场巧妙的实验，科学家先用挡板将生活在水分充足的土壤中的卷柏围起来，可尽管环境适宜，卷柏却依然拔出了根，开始走动。但是由于被挡板挡住，无路可走的卷柏竟然又回到自己原本的"家"，重新扎根"住"了下来。这个实验似乎表明了卷柏的行走行为并不完全是为了寻找水源。

对于这次实验，一些科学家认为，卷柏的行走行为是卷柏经过长期进化产生的一种本能，不论水分是否充足，

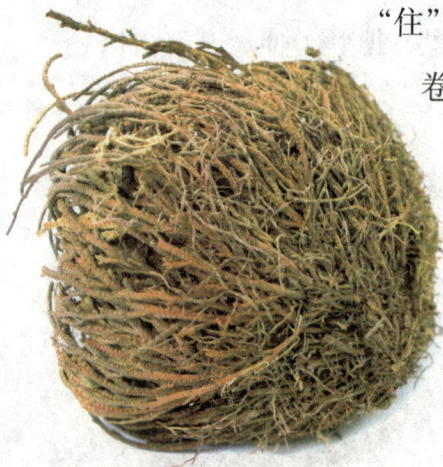

卷柏总会试图"外出"寻找水分更多的地方。

卷柏走路的真正原因是什么呢？除了寻找水源，还有其他目的吗？为何其他植物没有进化出"走路"的本领呢？看来，想要解开这些谜团，科学家们还要进行更多研究。

### 小博士百事问

**会动的植物有哪些？**

会动的植物有很多，比如向日葵的花盘会跟着太阳转动；含羞草的叶片在被碰到时会缩起来；捕蝇草在猎物落入"陷阱"后会合上叶片。还有一种风流草，会随着音乐跳舞。如果你播放优雅的音乐，风流草会缓缓摆动；当你发出噪声，它就会一动不动，非常神奇。

# 植物 预测能力 之谜

人类一般借助人造卫星来预测天气的变化。干旱、大雨、阴天、晴天等都能被人类预测到。然而，人们发现一些植物也能准确预测天气，不仅如此，有的植物甚至能预测地震等灾难的来临。可是，植物为什么会有预测能力呢？

## 会预报天气的植物

广西壮族自治区忻城县马泗乡有一棵树龄 150 年左右的青冈树，人们可以根据它叶子颜色的变化来获知天气情况：在晴天，树叶呈深绿色；将要下雨时，树叶变成红色；雨后转晴，树叶又变成深绿色。

还有人观察到，如果玉米根长得结实、南瓜藤长得特别多、榧树叶长得特别茂盛，那么这一年很可能有台风。

## 能预测地震的植物

　　植物还有一个特殊的本领，那就是预测地震。研究发现，在地震前夕，很多植物都会表现出异常的花开、花谢或枯死等现象。

　　1972 年，长江口外东海海面发生了一次地震。震前，上海郊区田野里的芋藤突然开花，十分罕见。

　　1975 年，辽宁海城发生了一次强烈的地震，地震前的两个月，那里有许多杏树都提前开了花。

　　1976 年，河北省唐山市发生了 7.8 级大地震。在地震来临之前，天津市蓟州区穿芳峪镇一个地方的柳树突然出现枝枯叶黄的现象。人们发现，如果树木出现重花（两次开花）、重果（结两次果）或者突然枯萎死亡等异常现象，那么很可能就是地震发生的前兆。

## 预测能力从何而来?

植物为什么在地震前会有如此强烈的反应，它们预测地震的奥秘何在呢?

有些学者认为，植物之所以有如此强大的预测能力，是因为植物体内有神经传感器。植物的敏感度有时强于动物，它们不仅有神经，而且其神经与动物的神经没有本质上的差别。

但也有人认为，植物是没有神经系统的，它们根本就

没有神经细胞，更谈不上神经纤维和神经中枢，故不能用动物的生存模式来解释植物。

对于植物的预测能力，科学界众说纷纭，没有定论，但是科学家们的观点和假设为人类探索自然之谜拓宽了思路。

小博士百事问

**含羞草的叶片在地震发生前会有哪些变化？**

科学家们经过研究发现，在正常情况下，含羞草的叶子是白天张开、夜晚闭合的。但如果该地即将发生地震，那么含羞草的叶片就会出现白天闭合、夜晚张开的异常现象。

39

# "巨菜谷" 之谜

蔬菜是我们日常饮食中必不可少的部分，农民伯伯每年都要辛苦地耕种、收获许多蔬菜以满足人们的需求。有人不禁会问：能不能改良出体型巨大的蔬菜、提高蔬菜种植效率呢？实际上，"巨菜"是存在的，但必须在"巨菜谷"中才能种出来。

## 探秘"巨菜谷"

美国阿拉斯加州的麦坦纳加山谷是个神秘的"巨菜谷"，那里的土豆大如篮球，一棵大白菜有 40 千克，一个白萝卜有 20 千克……

为了弄清楚"巨菜谷"中蔬菜巨大的原因，人们进行了各种研究。一些人把谷中的蔬菜种子运送到其他地区进行培植。令人疑惑的是，那些巨大蔬菜的种子在其他地区繁衍几代后长出的蔬菜就是正常大小了。同时，一些人将其他地区的蔬菜种子拿到"巨菜谷"种植，结果发现那些正常蔬菜的种子在"巨菜谷"中长出的蔬菜一代比一代大。从这些事实中可以发现，"巨菜谷"中的蔬菜品种并没有什么特别的。

## 光照成因说

后来，一些学者尝试从光照的角度来解答关于"巨菜谷"的谜团。众所周知，光照强度对蔬菜生长的影响是巨大的，那么"巨菜谷"中的蔬菜如此巨大是不是因为此地的光照比较充足呢？结果是否定的，如果光照情况是谷中巨菜的成因，那么这种现象应该在与"巨菜谷"同纬度的

其他地区广泛出现，而实际上同纬度地区中并没有类似的情况。

既然"巨菜谷"中的奇特现象难以用光照及纬度因素来解释，那么其成因会不会在土壤方面呢？遗憾的是，经过相关学者的研究，"巨菜谷"的土壤并没有什么特殊之处。

## 寄生虫影响说

近年来，有些学者发现，有一种寄生虫可以分泌出促进植物生长的物质。这一发现使一些研究"巨菜谷"的学者获得了灵感。一些学者前往"巨菜谷"寻找类似的促进植物生长的物质，但遗憾的是，他们并没有找到对应的物质。也就是说，"巨菜谷"中奇特现象的出现可能并不是因为谷中有某种促进植物生长的物质。这也意味着，想要解开"巨菜谷"之谜，人们需要在其他方面寻找答案。

尽管"巨菜谷"的谜团到今天还没有得到解答，但人们希望随着科学技术的不断进步，科学家终有一天会解开"巨菜谷"之谜，然后将研究成果运用到农业生产中，从而造福人类。

## 小博士百事问

**影响农作物生长的自然因素有哪些？**

影响农作物生长的自然因素主要有光照、热量、降水量和昼夜温差。其中，光照对农作物的光合作用有影响；热量影响农作物的生长期；适量的降水能促进农作物生长，过多或过少的降水都不利于农作物生长；昼夜温差的大小则决定了农作物积累营养物质的多少。

43

# 刀枪不入的神木

我们知道，世界上有许多种树木，生活中到处都
有木材的身影。可在自然界中有一些树木居然比钢铁
还硬，这听起来十分荒唐，可事实的确如此。

## 坚硬如铁的铁刀木

植物界有很多令人惊叹的植物，如以"刀枪不入"闻
名的铁刀木。这种树因为铁制刀斧都难以对其造成伤害而
得名。铁刀木主要分布在印度、泰国、马来西亚和中国南

方等地，因为其终年常绿、叶茂花美，所以常被当作园林树木、行道树及防护林树种。

## 硬度不输钢铁的格木

我国南方地区还生长着一种格木，格木是一种珍贵的硬材树种，其硬度不逊于钢铁，因此有"铁木"之称。说起格木，就不得不提真武阁。

真武阁坐落于广西壮族自治区容县内，建于1573年。这座楼在建筑时没用一钉一铆，几乎完全由格木建造而成。1857年，当地发生了大地震，周围墙倒屋塌，真武阁却安然无恙。1894年，一场强大的台风袭击了广西壮族自治区，真武阁旁的一些大榕树都被强劲的台风连根拔起，不少建筑被破坏，而真武阁却依然稳如泰山。

因为格木出色的硬度和极耐腐蚀、不易变形的特性，所以人们喜欢将其用于制造家具、船只、桥梁等。此外，格木也是优良的观赏树种。

为什么植物界会出现这些材质极硬的树呢？目前我们还没能找出确切的答案，但相信随着科学技术的不断发展，我们一定可以解开这个谜团。

## 小博士百事问

### 铁刀木有哪些使用价值？

铁刀木在我国有很久的种植历史，这种树不仅材质坚硬，而且纹理美观、耐潮湿、不怕虫蛀，因此是制作家具及乐器的优质木材。铁刀木还具有生长快、耐热、耐旱、生命力顽强的特点。我国南方一些地区对木材的需求量大，铁刀木凭借这些特点，较好地满足了当地人民对木材的需求。

# 诡谲的身影
## ——神秘生物

# 寻找深海美人鱼

　　美人鱼是许多神话故事和影视作品中常见的身影。传说，美人鱼人身鱼尾，美若天仙，许多人都梦想一睹传说中的美人鱼的真容。可是，美人鱼真的存在吗？如果存在，那它又长什么样子呢？

## 美丽的传说

　　17世纪时，英国曾出版过一本《赫特生航海日记》，书中所记载的美人鱼的上半身与一般人没有区别，皮肤很白，留着一头长长的黑发。它潜入水中的时候，人们发现它长着和海豚一样的尾巴，尾巴上还长着许多斑点。

　　不仅是国外，中国也有美人鱼的传说，古人记录的"鲛人""陵鱼"，就有可能是美人鱼。并且一些史书上也有对美人鱼的详细记载。比如宋代的《徂异志》中写道：宋太宗时，一名叫查道的人出使高丽（今朝鲜），他曾看到一个"妇人"出现在海面上，"红裳双袒，髻发纷乱，肘后微有红鬣……查曰：'此人鱼也……'"。

### 目击美人鱼

　　1962年，一艘苏联运输船在古巴外海意外沉没。由于船上载有核导弹，苏联派出探测舰前去搜寻沉船，试图捞回核导弹。探测舰来到沉船海域，利用水下摄影机巡回扫描海底。突然，一个奇异的怪物闯入镜头：它像是一条鱼，又像是一个在水底潜泳的小孩，头部有鳃，周身裹着密密的鳞片。它还用乌黑淘气的小眼睛好奇地望向摄影机。这一画面将探测舰上的科学家和军事专家们惊得目瞪口呆。

这次事件令那些美人鱼爱好者激动不已，也给热衷于寻找美人鱼的人们增强了信心，许多人就此断定美人鱼确实存在，且很有可能是人类尚未发现的新物种。

## 不同意见

中国一些生物学家认为，美人鱼的"真实身份"可能是一种名叫"儒艮"的海洋哺乳动物。儒艮用肺呼吸，所以经常需要浮出水面换气。它背上长有一些长毛，很像女性的长发。因此科学家认为人们是将儒艮错看成了美人鱼。但是这种说法似乎难以服众。

那么，海洋中究竟有没有美人鱼？美人鱼到底是儒艮，还是尚待发现的新物种？看来，若想解开这个谜题，人们还需要去茫茫大海中进行更多的探索。

### 小博士百事问

**儒艮是人们常说的海牛吗？**

儒艮与海牛是两种不同的动物。儒艮是哺乳纲海牛目儒艮科的生物，主要分布在亚洲热带海洋中，是国家一级保护动物。海牛属于哺乳纲海牛目海牛科。由于二者长相相似，因此它们常被人们搞混。

# 来去无踪的天蛾人

天蛾人是一种神秘诡异的生物，据说天蛾人是长有巨大翅膀的人形生物，有着巨大的双眼，身材高大，十分骇人。过去曾有多次天蛾人目击事件，最早的一次发生在 1926 年的中国，美国在 1966 年至 1967 年曾有多次目击报告。世界其他地方也有不少人声称见过天蛾人，但人们却从未能证实天蛾人的存在。

## 离奇的事件

1966 年 11 月 12 日，美国西弗吉尼亚州附近的一处公墓中，5 名工人看见一个身影出现在一棵树上，并且迅速从他们的头顶飞过。5 名工人十分震惊，因为那个身影虽然外形似人，但长有一双翅膀。然而，在这次事件后的几天内，又有人目击到了类似的生物。

## 后续发展

1966 年 11 月 14 日晚，美国马萨诸塞州塞勒姆镇的一名商人正在屋内看电视时，突然听到一阵哀鸣，也像是发电机的声响，此时他的爱犬也突然开始狂吠。商人拿起手电筒走到屋外一看，发现自己的狗仍向仓库狂吠不止，随后商人看到前方有一双像汽车灯一样大的眼睛。第二天，商人的爱犬竟离奇失踪了，这很有可能与那长着大眼睛的生物有关。

后来，一对年轻夫妇声称他们在同年 11 月 15 日傍晚偶然看见了一个外形像人、长着巨大双眼的生物，这个生物有 1.5 ~ 2.1 米高，还长着一双巨大的翅膀。这对年轻夫妇一见到那生物便因为害怕而跑开了。没想到不久后，这对年轻夫妇正开着车在山坡附近的马路上行驶时，再次遭遇了那个生物，并且那个生物展开翅膀飞到空中，一直跟着他们的车子，很久才离开。他们把这件事报告给当地的治安官后得知，原来当晚还有其他人也目击到类似的可怕生物。

不仅如此，1967 年，西弗吉尼亚州附近的一座大桥"银桥"发生断裂，造成了惨烈的伤亡事故，有目击者说这次事故的操纵者也是天蛾人，事后甚至有人为天蛾人修建了雕像。

## 难解的谜题

　　人们看到的神秘身影真的是天蛾人吗？如果不是，难道会是什么巨大的蛾子或蝙蝠吗？如果是，那这类生物的存在必定会给科学界带来巨大的震动。希望有朝一日，人们能揭开天蛾人的真面目。

## 小博士百事问

**天蛾人会是巨大的飞蛾吗？**

　　飞蛾是一种常见的昆虫，我们熟知的毛毛虫就是飞蛾的幼虫。飞蛾的种类很多，足迹遍布全世界，可实际上，即使是最大的蛾类——乌柏大蚕蛾，它的翅展也不过20多厘米，是不可能长到天蛾人那么大的，因此天蛾人绝不是巨大的飞蛾。

# 追踪高原雪人

长久以来，世界各地的高原地区都流传着雪人的传说。在传说中，雪人的身高通常在2米以上，体型庞大，有巨大的脚掌，浑身长着灰白色的长毛，而且力大无穷、健步如飞。雪人是世界上最有名的神秘生物之一，许多人都想找到神秘的雪人，破解这个流传许久的谜团。

## 帕米尔奇遇

1957年，列宁格勒国立大学（现圣彼得堡国立大学）与乌兹别克科学院联合成立的水文考察队正在帕米尔高原进行科学考察。突然，队长普罗宁看见了一个高大的人形生物，那个生物通体长着白毛，双脚站立着，正在四处张望。普罗宁认为那就是传说中的雪人，于是他赶紧呼叫同伴，可一转眼那个雪人就大步流星地跑开，消失在雪山中。

　　普罗宁的遭遇引发了轰动，为此，苏联还专门成立了一支考察队，再次前往帕米尔高原寻找雪人。但经过长达9个月的考察，结果却一无所获。

在我国流传最广的目击雪人的事件是八一电影制片厂的摄影师白辛的遭遇。1958年，白辛在帕米尔高原上工作时看到了两个人形生物，但遗憾的是，他并没能追上这两个人形生物一探究竟。后来，白辛将自己的所见写成一篇文章，名为《我所知道的雪人》，此文后来被刊登在1958年1月29日的《北京日报》上。

## 学术争论

据2002年英国《泰晤士报》的报道，牛津大学的科学家们在喜马拉雅山西麓的不丹国内进行科学考察时，在一棵树上发现了一团毛发，他们对这团毛发进行了 DNA 检测，结果发现这团毛发的主人不属于世界上任何一种已知物种。这次的发现似乎确定了有未知生物的存在，但它真的是雪人吗？

　　一些人站在生物学立场认为，高原的环境十分严酷，不适合动物生存，因此雪人是不存在的。另一些人指出，世界上有太多地方发现了雪人的足迹、毛发、排泄物等证据，而且全世界有那么多关于雪人的目击报告，我们不能认定这些目击者都在说谎。

　　时至今日，尽管世界上有这么多关于雪人的目击报告，但没有令人信服的照片或录像能证明高原雪人真的存在，而仅凭毛发、足迹等证据也无法确定高原雪人的存在。高原雪人难道真的只是传说中的生物吗？

## 小博士百事问

### 高原为什么不适合动物生存？

　　高原是指海拔在 500 米以上，顶面比较平缓的高地。世界上著名的高原有青藏高原、巴西高原、哥伦比亚高原等。高原地区不仅海拔高，而且气温低、氧气稀薄，连植物都十分稀少，难以满足动物的生存需要，因此不适合动物生存。

# 喀纳斯湖中的巨大怪鱼

提起巨大的鱼类，人们往往会想到大海中的蓝鲸、鲨鱼，这些海洋动物长到 10 米长并不罕见。在我们的印象中，淡水中似乎从来没有如此巨大的鱼类，然而曾经有人在新疆喀纳斯湖中见到了 10 米长的大鱼！

## 谜一样的巨鱼

在我国新疆维吾尔自治区的喀纳斯自然保护区中，有一个喀纳斯湖，传说湖中有一种巨大的怪鱼，很多人都见过。据当地人说，有人曾在湖里捕到过一条巨鱼，但巨鱼太大了，十几匹马都拉不走。当地还传说巨鱼常吞食湖边的牛、马。

在新疆曾有人试图捕捞巨鱼，为此他还专门打造了 2 个比手臂还粗的巨大鱼钩，用羊腿做诱饵，用树干做鱼漂，用加粗的尼龙绳做钓线，可最终一无所获。不过他却看到了一条巨鱼从鱼漂旁游过，身体长度达到了树干鱼漂的 3 倍！

1985 年 7 月，新疆大学生物学系向礼陔副教授带队在喀纳斯保护区进行考察，他们也在湖中发现了巨鱼，他们声称巨鱼的头几乎和一辆小汽车一样大！同月 24 日，新疆环境保护科学研究院的一支考察队更是目睹了一大群巨鱼在湖中游动，据说，这群鱼大约有 100 条。考察队队员用望远镜仔细观察，还清晰地看到了这些巨鱼的眼睛、嘴巴，并且估计最大的巨鱼，鱼头宽达 1 米，而体长则达到 10 米。

## 巨鱼是哲罗鱼吗？

人们不禁心生疑问：究竟是哪种鱼能长到这么大呢？相关学者认为，喀纳斯湖面积巨大，湖中物种多样，饵料丰富，具有孕育巨鱼的条件。并且根据目击报告中的描述，巨鱼的外形与哲罗鱼十分接近。

哲罗鱼是一种常见的经济鱼类，生性凶猛，体长数米，喜欢生活在深水中，似乎符合巨鱼的特征。但一些鱼类及动物学家却对此提出了异议，他们认为，人们从未抓到过巨鱼，从特征推断它像哲罗鱼也只是猜测而已。并且根据现有记录，大型哲罗鱼的体长一般在 1 米左右，体重约 50

千克，这与新疆考察队所见的巨鱼相差实在太多了。

由此分析，巨鱼是哲罗鱼这一说法的确站不住脚，那么喀纳斯湖中的巨鱼究竟是什么鱼？它又为何能长那么大？看来，想要揭开喀纳斯湖巨鱼之谜，人们还要付出很多努力。

### 小博士百事问

**世界上最大的鱼是什么？**

世界现存最大的鱼是鲸鲨，鲸鲨身体长达 20 米，是位于海洋生态系统中食物链顶端的生物。虽然鲸鲨属于鲨鱼，但它却并非凶猛的猎食者，而是以浮游动物为食的温顺动物。鲸鲨的体表长有很多淡斑点，就像夜空中的繁星，因此被称为"背部拥有星星的鱼"。

# 古老而神秘的巨人族

提起"巨人",我们会想到《格列佛游记》中充满幻想与神奇色彩的"小人国"和"大人国"。实际上,巨人不只是出现在神话中,世界各地流传着不少有关"巨人族"踪迹的传说。

## 巨人族身在何方?

20世纪60年代,印度生物学家在德里附近发现了一组与人类骨骼十分相似的骨头,肋骨竟然长达1米。据推算,这组骨头的主人身高达到了4米!专家对这些骨头进行了科学鉴定后指出,这是一组大型猿人的骨骼,其大概生活在距今一百万年前至数千年前时期。难道这就是传说中的巨人族吗？

中国也有类似的报道。1921年沈阳《盛京时报》上刊登了一条有关"巨人"的报道，轰动一时。据报道，当时北京西城因修公路而开凿暗渠，挖路工人在一栋民居的墙根下挖出了8具巨人的骸骨。每具骸骨的长度都在2.5米以上，头大如斗。按最保守的推算，死者生前的身高也在3米左右。有人推断，这一地区曾生活着一支体型巨大的"巨人族"。

## 古代巨猿说

科学家认为，在印度尼西亚、蒙古、中国南部、印度，以及非洲的东部和南部等地区发现的大量巨人遗骨，属于100多万年以前广泛分布于世界各地的"巨人族"。不过这些巨人并不是人类的直系祖先，而是属于类人猿中的巨猿。

## 后天疾病说

另一种说法认为，巨人并非一个种族，而是后天原因造就的。最有可能的原因是基因，这些巨人都是正常人，但他们的基因格外强大，因此他们长得很高；另一种可能是病理原因，比如我们常见的肢端肥大症，得了这种病的人，体内的生长激素分泌过多，生长速度会变得异常快。所谓的巨人族，很有可能是极少数有着强大基因，或者得了某些罕见疾病的原始人，因此巨人的数量十分稀少。

世界上真的存在"巨人族"吗？他们后来又迁居到哪里去了呢？他们最后是消亡了，还是仍然生活在某个不为人知的角落呢？对于这些问题，人们现在仍然存有很多疑问。只有找到更多的证据，才能揭开谜底。

## 小博士百事问

### 巨人症是无法治愈的疾病吗？

巨人症是一种因未成年人体内生长激素分泌过多而导致的疾病，患者在年少时会身高异常增高，同时会带来骨骼、内脏等方面的疾病。类似的疾病还有肢端肥大症，一般是成年人因体内生长激素分泌过多而导致的疾病，这种疾病会导致患者的手脚等部位变得十分粗大。这两种疾病都可以通过手术和内、外放射治疗等方式治愈。

# 踪迹难寻的尼斯湖水怪

尼斯湖是英国第三大淡水湖，湖水深不见底，水下又黑又冷，传说湖底一直生活着神秘的水怪。长久以来，目击尼斯湖水怪的记录不断增加，相关的传闻也在不断流传，尼斯湖水怪因此成为世界上最著名也是最吸引人的未知生物之一。

## 闻名遐迩的水怪

据说最早有关尼斯湖水怪的记录出现在 6 世纪，当时一名爱尔兰传教士正和他的仆人在尼斯湖中游泳，突然有一只水怪朝他们扑来，二人拼尽全力才逃出生天。后来的 1000 多年里，尼斯湖水怪的传闻从未间断。

1933 年，一对夫妻在尼斯湖畔看见一只怪物从岸边跃入湖中。随后，尼斯湖水怪的名字便登上了报纸并广为流传。

## 蛇颈龙之说

目前，关于尼斯湖水怪的目击报告不计其数，根据人们对水怪的描述，水怪的外形可以大致概括为：身长约 15 米，有着细长的脖子、三角形的脑袋、隆起的背部、灰黑色的皮肤。人们发现，这些描述与侏罗纪的蛇颈龙十分接近，可是蛇颈龙早在 6600 万年以前就灭绝了。并且，蛇颈龙是海洋动物，而尼斯湖是淡水湖，难道有蛇颈龙躲过了"恐龙大灭绝"，用了什么不为人知的方式来到了尼斯湖，并且适应了这里的淡水环境吗？这种说法简直是天方夜谭！

迄今为止，世界上有许多人为了揭开尼斯湖水怪的真面目而亲自到访尼斯湖，甚至动用各种高端设备进行搜索，但都没有任何发现，因此人们渐渐认为尼斯湖水怪只是传说。

## 光影错觉说

于是，新的说法"浮出水面"，认为先前人们发现的水怪，都是由特殊的光影条件产生的错觉。比如水面漂浮的圆木、树桩、马的尸体等，在适当的距离及视角等情况下，被观察者错看成了水怪。比如，小船从水面漂过，划出一道道波浪，看起来就像水怪游过。可是，即便存在光影错觉的可能性，那为什么这么多人偏偏会在尼斯湖产生错觉呢？因此这个说法遭到了很多人的否定。

尼斯湖水怪到底存不存在？如果存在，为何人们一直以来都没能找到它呢？如果不存在，那这么多目击报告难道都是人们的错觉吗？是真是假，在抓到它之前，人们的争论还将持续。

### 小博士百事问

#### 恐龙已经灭绝了吗？

恐龙是生活在远古时期的爬行动物，包括蜥龙类和鸟龙类等，种类繁多，体型各异。恐龙曾经统治地球约1.6亿年，而在约6500万年前的重大生物灭绝事件中，恐龙完全灭绝了。不过，许多专家认为鸟类是由恐龙的一支进化而来的，如此说来，恐龙并没有彻底灭绝。

# 离奇的怪象
## ——自然奇闻

# 中国的 "百慕大三角"

在我国江西省北部的鄱阳湖北湖区有一处令当地渔民闻之色变的水域——老爷庙水域。数百年来，这片水域"吞噬"了许多过往的船只，即便是上千吨的货船也曾在此离奇消失，因为此水域地处北纬30°附近，所以被人们称为"中国的'百慕大三角'"。

## 船只消失事件

1945年4月16日，侵华日军派出一艘2000吨级的运输船将从我国疯狂掠夺来的大量珍宝运往海外，船上还载有200多名日本兵。就在船行至鄱阳湖，经过老爷庙水域时，原本正常行驶的船只突然莫名抛锚，并开始渐渐沉没，船上的日本兵也随之沉入湖底。

类似的离奇事件还有很多。20世纪60年代初，一条渔船从松门山出发行经老爷庙水域时突然沉入湖底；1985年3月15日，一艘货轮也离奇沉没在老爷庙水域偏南的地方；1988 年间更是有数十条船只陆陆续续在这片水域沉没……

## 不平静的水域

为了解开老爷庙水域神秘的沉船之谜，江西省气象科研人员在 1985 年初组成了专门的科研小组，在老爷庙附近设立了三座气象观测站，对该水域的气象进行了为期一年的观测研究。

从搜集到的 20 多万个原始气象数据看，老爷庙水域是鄱阳湖的一个少有的大风区。老爷庙水域的地理环境十分特殊，处在多座山峰之间，每当刮起北风时，这些山峰会将气流压缩，吹入山间的风便会突然加速，风速会在老爷庙水域附近达到最大值。这就如同我们在空旷的地带没有感觉，而经过狭窄的小巷顿感风阵阵吹来一样。据调查，船舶沉没大多是风浪作用的结果。

难道，老爷庙水域沉船全都是大风造成的吗？那这些船如今都"躺"在湖底吗？可是，鄱阳湖的水深只有约18米，偶尔的枯水期更是会导致水位大幅度下降，但人们为何从未找到那些沉船？当初消失在湖中的宝藏如今又在哪里？这一切还有待今后继续探究。

## 小博士百事问

### 鄱阳湖是中国最大的淡水湖吗？

鄱阳湖是中国第一大淡水湖，也是中国第二大湖，仅次于青海湖。鄱阳湖水域辽阔，蓄水量大，有重要的灌溉、航运作用，被称为"江西的母亲湖"。鄱阳湖盛产多种鱼类，是我国淡水渔业主要基地之一。鄱阳湖还有着面积广大的湿地，栖息着数以万计的珍稀候鸟，有着"候鸟乐园""珍禽王国"的美誉。

# 大地发光之谜

地光，是一种发生在地震前后的自然现象。在我国多次大地震前后，都曾有人目睹过地光的出现，基于这个原因，许多人将它视为地震来临的前兆，也有人认为并非如此。那么地光究竟是如何产生的呢？

## 神秘的地光

1983 年，在辽宁铁岭鸡冠山乡一带出现一道强烈的绿

光，自西向东跃动，许多人看得很真切。人们很是不解，纷纷猜测，有的说是地震前兆，有的说是"神兆"。

新闻单位请气象部门对这一现象做出解释。气象工作者根据铁岭所处的地理位置和当时的天气状况分析，认定这种绿光属于地光。地光是一种低层大气发光现象，其形式多种多样，有带状光、条状光、片状光、球状光、火状光和柱状光等。

那么，地光到底是怎样形成的呢？这一直是个未解之谜。

## 地震波引发说

因为地光往往是在地震发生前后出现，所以有人认为地光与地壳的形成和变动有直接关系。地震是一种能量的积累和释放过程。由于地球的转动和地球内部物质的运动，在地球内部就会产生一种使地壳变形的力。岩层也会产生一种反抗变形的地应力。当地应力积累到一定强度时，岩石就会突然发生破裂和错动，于是出现巨大的能量释放现象，其能量以地震波的形式向四周传播。其中，高频地震波和低频地震波均可能引起地光。

## 多种猜测

有科学工作者认为，在地壳中的岩石具有较高电阻率的情况下，1～10赫兹的低频地震波能使岩石产生很强的高压电场，从而使空气受刺激发光。

有人从地震前日光灯会自动闪亮这一现象得到启示，认为地光可能由超声波激发空气而产生。

有人指出，深层地下水的流动也可能导致大地电流的产生从而诱发地光。还有人从大气静电场强度的变化和空气中带电离子浓度的变化探索地光产生的原因。也有人指出，地光的形式多种多样，因此它的成因也绝不会是单一的。例如，有的地光是沿着裂缝出现的，可能是坚硬的岩石在强烈地震时断裂或摩擦产生的。有的地光是地下浅层天然气和石油因地震活动而喷射出来导致的。

总之，要想完全弄清楚地光产生的原因，还需要做许多工作。目前，地光的成因还是个谜。

小博士百事问

**地光都有哪些颜色？**

地光的颜色、形态各异。常见的地光有的蓝里带白；有的形似彩虹，五颜六色；有的犹如一条光带，划破长空；有的犹如一团火球，或沿地翻滚，或腾空而起。其中，绿色地光并不多见。

# 纳斯卡巨画之谜

在秘鲁南部的纳斯卡小镇附近，有一片广袤的荒原，荒原本身并没有什么独特的景致，但每年却有大量游人专程来此，他们的目标便是这里的一处巨大奇观——纳斯卡巨画。

## 神奇的巨型画作

纳斯卡巨画也叫纳斯卡线条，这些巨画基本都是由简单的线条组成的"简笔画"，这些画作大小不等，小的只有数米见方，最大的面积达到了5平方千米。巨画的类型多样，有几何图形，也有动物、人类的轮廓，还有一些不明所以的奇怪图案。迄今人们发现的图案有螺旋线条、猴子、蜘蛛、仙人掌、鱼，还有人类等，而且令人称奇的是，这些图形仿佛是用某些巨大的精密仪器画出来的，横平竖直、角度精准，还具备很多细节。更让人难以置信的是，一些同类型的动植物巨画图案几乎一模一样！

## 巨画的作者是谁？

自 1939 年第一幅巨画被一个名叫保罗·科索克的科学家发现以来，至今人们发现的巨画数量已达到了 300 多个。毫无疑问，这些神秘的巨画是经过严密的布局和精确的计算才绘制而成的，可究竟是谁画出了这么多巨画呢？

经过实地勘察，人们在形成纳斯卡巨画的沟壑中发现了许多用于作画的木桩，而且沟壑中还填满了小石块，目的是防止沟壑及巨画的形状发生变化。基本可以确定，这些巨画绝非自然形成，而是人为制造的。后来，考古学家经过测定发现，这些巨画创作于 2000 多年前，可当时尚处于原始社会的纳斯卡居民怎么可

能在没有飞行技术，无法看到全貌的情况下创作出如此精准的巨画呢？

## 外星人来过纳斯卡吗？

有人天马行空地认为，纳斯卡巨画是过去的外星文明留下的。因为数千年前的原始人没有能力创作巨画，而乘坐飞行器的外星人却能够做到。而纳斯卡当地还流传着古时候曾出现过鸟一样的"空中飞人"的传说。难道真有外星人到访过纳斯卡并留下了这些巨画吗？如果有，那他们的目的又是什么呢？如果没有，那又是谁创作了这些画作呢？看来，人们还要继续为纳斯卡巨画之谜所困扰。

### 小博士百事问

**纳斯卡巨画还有哪些神奇之处？**

除种类多样、作画精准外，纳斯卡巨画的另一大神奇之处便是会"消失"。不过并非真的消失不见，而是随着光线的变化，暂时无法被看到。每天清晨，太阳升起的时候，人们站在高处就能清楚地看到巨画；但在太阳升高后，即使人们站在高处也无法看到了。一些专家分析后认为这是巨画的创作者在作画时运用了复杂的光学原理，并经过精密的计算做到的。

# 大自然的音乐胜地

你听说过会发出牛叫声的巨石吗？你见过自带背景音乐的洞穴吗？有时候，大自然的神奇超乎我们的想象，看似平静的石头、山洞有时竟能发出声音。实际上，世界各地有许多诸如音石、乐泉、语洞等的"音乐胜地"，人们一直想要探明其发声的奥秘。

## 发出牛叫声的巨石

在广西壮族自治区靖西市，有个叫"牛鸣坳"的山坳，那里横卧着两块巨岩，中间留"一线天"让人通行。左边那块三角形的巨岩有汽车那么大，远远看去犹如卧在地上的一头大灰牛。岩石表面光滑，内有许多交错的孔洞。游人贴洞吹气，便出现一阵阵雄浑的牛叫声，吹气越大，声音越响，有时甚至群山共鸣，势如群牛呼应。牛鸣石是浅灰色的石灰岩，被雨水溶蚀出许多孔洞，蚂蚁、蛇、鼠和鸟类穿行其中，把毛糙的洞壁打磨光滑了。人往一个洞口吹气，互相贯通的孔洞受空气摩擦，便产生铜管乐器的效果，发出动听的牛鸣声。

## 演奏音乐的洞穴

地处南美洲的秘鲁，有个自带背景音乐的洞穴。清晨，会有阵阵"琴声"从洞里传出，声音十分美妙。到了中午，那声音就成了欢快的"锣鼓之声"。夜幕将要降临时，洞里会传出曲调悠扬的"笛声"。倘若是阴雨蒙蒙的天气，里面就会传出"女声独唱"，声音婉转动听。

## 会"唱歌"的巨石

在美国加利福尼亚州的沙漠地带，有一块巨石，足有几间屋子那么大。居住在附近的印第安人常常在明月高悬的夜晚来到这里，点起一堆堆篝火，当滚滚浓烟笼罩巨石

时，巨石就会发出阵阵迷人的乐音，忽而婉转动听，犹如抒情小夜曲，忽而又成哀怨低沉的悲歌。当地印第安人把这块巨石尊崇为"神石"，对它顶礼膜拜。

## 原因猜想

为什么石头在某些特定的地带就能发出乐音？有人分析这些特定的地带是地磁异常带，存在着某种干扰场源，岩石在辐射波的作用下，敲击时会受到谐振，于是发出乐音来。然而这仅仅是一种推测，还没有得到证实。

## 小博士百事问

### 地磁是什么？

地磁又称"地球磁场"或"地磁场"，是指地球周围空间分布的磁场。科学家通常把地球磁场分为两个部分，即来源于地球内部的"基本磁场"和来源于地球外部的"变化磁场"。

# 六月飞雪之谜

很多人都听说过"窦娥冤"的故事：无辜的窦娥被人陷害惨遭斩首，她死后出现了六月飞雪的奇景。我们一般都将六月飞雪视作不可能发生的事情，可实际上，世界上许多地方都发生过六月飞雪的怪事。

## 屡见不鲜的六月飞雪

1981年6月1日，山西省管涔山林区突然发生大面积降雪，雪深达25厘米，这一新闻震惊了全国。6月的山西省已经变得比较炎热，虽然偶尔会有降雨，但下雪却令所有人感到意外。

1987年6月5日，河北张家口地区突然下起大雪，最低气温骤降到-7℃，原本穿着夏季单衣的人们不得不赶紧换上棉衣。同年8月18日，上海市区也突然飘起了雪花，当时已经过了立秋时节，但气温还远远没有低到可以下雪的程度。据当时的新闻记载，那天下午正下着小雨，突然，人们发现有白色絮状的雪花掺杂在雨中飘落下来，持续了大约 1 分钟。

2007 年 7 月 30 日，已经过了大暑时节的北京突然阴云密布，人们都以为一场大雨即将到来，但是天空却突然飘起雪花。飘雪持续了大约 5 分钟就转变为雨夹雪，然后很快就变成了瓢泼大雨，这次奇特的降水过程引起了不少人的关注。不仅如此，在国外许多地方也曾有六月飞雪的现象。

## 六月飞雪从何而来？

我们不禁疑惑，一般只有冬季才会降雪，夏季为什么会产生雪花呢？我们先了解一下雪花是怎么形成的。雪花一般从混合云中开始形成，当冬天气温很低时，空中的小冰晶和过冷却水滴会共同组成混合云。混合云中的冰晶与过冷却水滴相互吸附，体积逐渐增大而形成了雪花。

可是6月时空中的气温并不低，难以形成冰晶，因此也就不具备形成降雪的条件。那么不可思议的六月飞雪又是从何而来呢？气象学家认为，六月飞雪的成因很有可能是夏季高空发生了剧烈的冷暖气流交锋，从而产生降雨，而此时积雨云中恰好有冰晶或雪花被雨水带到地面，就会产生六月飞雪的奇景。但出现这种情况的概率确实太低，因此这种说法难以服众。也有一些专家认为，一些特殊的太阳活动、洋流变化甚至是火山爆发等可导致气候异常的因素也有可能引起六月飞雪。目前，关于六月飞雪的真相，学术界仍然没有一个明确的定论。

## 小博士百事问

### 真的没有两片相同的雪花吗？

大自然是找不出两片完全相同的雪花的，就像地球上找不出两条完全相同的河流一样。科学家们用显微镜观测过成千上万朵雪花，这些研究最后表明，形状、大小完全一样且各部分完全对称的雪花是不存在的。但是，无论雪花怎样形态万千，其结晶体均为有规律的六角形，所以古人有"草木之花多五出，独雪花六出"的说法。

# 天降火雨之谜

在我们的印象里，雨能给大地带来水分，滋润万物。可是，有一种"干雨"不仅不能滋润大地，还会引起火灾，因此也被称为火雨。在气象学中，干雨是一种罕见的"高空下雨，低空无雨"的现象，人们虽然早已注意到火雨现象，却对它知之甚少。

## 可怕的灾难

1984 年 4 月 9 日夜晚，一架日本客机正从太平洋上空飞过。机组人员突然发现飞机下方的海域出现了一团直径数百千米的云雾，机组人员以为那是核爆炸产生的蘑菇云，于是立刻向地面求助并紧急降落。事后检查发现，飞机没有受到任何核污染，当时也并未发生核爆炸。

三天后，机组人员得知，就在飞机发现巨大云雾而紧急降落时，那片海域下起了一场红色的怪雨。海水都被染红，海洋生物大量死亡。后来，气象专家指出，当时下的怪雨其实是火雨。火雨还造成过更可怕的灾难。1889年，在非洲的萨凡纳，火雨突然来袭，顷刻间使那里成了一堆废墟；大约100年前，火雨曾空降亚速尔群岛地区，毁灭了那里的一支舰队；火雨还曾引起得克萨斯州草原的特大火灾……

## 火雨是如何形成的?

目前，人们已经注意到多场火雨导致的灾难，但是人们却仍然不清楚火雨是如何形成的。我们只能确定火雨会造成一种瀑布式倾热，极易引发火灾，并且由此产生的火灾难以被扑灭。

关于火雨现象的成因，一些人认为是彗星经过地球时，散落到地球上的一些物质引发了火雨。而且，一些天体物理学家还提出彗星散落的现象会越来越多。因此这些人认为，在未来，火雨现象可能会更加频繁地出现。

还有一些人对此持反对意见，他们认为，既然火雨是彗星散落到地球上的产物，那么人们应该可以在火雨或其造成的破坏遗迹中发现彗星的化学成分。可至今并没有相关的研究成果，也就是说火雨并不是彗星散落的物质引发的。

甚至有人认为，火雨是外星人对地球的破坏行为。可是不管哪种看法，都没有人能证明其正确性。看来，想要揭开火雨之谜，人们还需进行更多研究。

## 小博士百事问

### 火雨引发的火灾为何难以扑灭？

在一般情况下，降雨能够扑灭大范围的火灾，但是火雨不仅能引发火灾，还能够带来温度极高的雨热，使灭火难度大大增加。因此，在扑救火雨引发的火灾时，必须使用粉质灭火剂来隔绝可燃物周围的空气，才能达到灭火的目的。

# 世界未解之谜

Unsolved Mysteries of the World 大全集

# 宝藏之谜

张月◎主编

黑龙江科学技术出版社

HEILONGJIANG SCIENCE AND TECHNOLOGY PRESS

图书在版编目（CIP）数据

世界未解之谜大全集．宝藏之谜 ／ 张月主编． -- 哈
尔滨：黑龙江科学技术出版社，2023.8（2024.5 重印）
ISBN 978-7-5719-2100-2

Ⅰ．①世… Ⅱ．①张… Ⅲ．①科学知识－儿童读物
Ⅳ．① Z228.1

中国国家版本馆 CIP 数据核字（2023）第 153630 号

# 世界未解之谜大全集　宝藏之谜
SHIJIE WEIJIE ZHI MI DAQUANJI　BAOZANG ZHI MI

张月　主编

| | |
|---|---|
| 项目总监 | 薛方闻 |
| 策划编辑 | 沈福威　顾天歌 |
| 责任编辑 | 回　博 |
| 插　　画 | 文贤阁 |
| 排　　版 | 文贤阁 |
| 出　　版 | 黑龙江科学技术出版社 |
| | 地址：哈尔滨市南岗区公安街 70-2 号　邮编：150007 |
| | 电话：（0451）53642106　传真：（0451）53642143 |
| | 网址：www.lkcbs.cn |
| 发　　行 | 新华书店 |
| 印　　刷 | 三河市南阳印刷有限公司 |
| 开　　本 | 880 mm×1230 mm 1/32 |
| 印　　张 | 3 |
| 字　　数 | 48 千字 |
| 版　　次 | 2023 年 8 月第 1 版 |
| 印　　次 | 2024 年 5 月第 2 次印刷 |
| 书　　号 | ISBN 978-7-5719-2100-2 |
| 定　　价 | 138.00 元（全 8 册） |

# PREFACE
## 前　言

　　我们生活的世界，表面上平静无波，实际上有着无数波诡云谲的谜团。由于人类科技水平的局限，或者眼下缺少关键性证据，很多成了不解之谜。

　　世界上的未解之谜不胜枚举，小读者想要获得探索谜团的乐趣，就请打开这套《世界未解之谜大全集》吧！我们精心选择了有关宇宙、地球、海洋、人类、自然、宝藏、UFO 与外星人、科学的种种未解之谜，包罗万象，乐趣无穷。举例来说，宇宙大爆炸假说是目前最接近"宇宙真相"的假说，但至今仍缺乏关键性证据来证实；地球上的生物千奇百怪，有天生就会"盖房"的昆虫，也有刀枪不入的树木，还有至今踪迹难寻的神秘生物；宇宙中有数不胜数的行星，UFO 和外星人是很有可能存在的，但是人类至今无法证实……探索这些谜团的过程真的是妙趣横生。

# CONTENTS
# 目　录

## 1 皇室的辉煌
### ——皇室宝藏

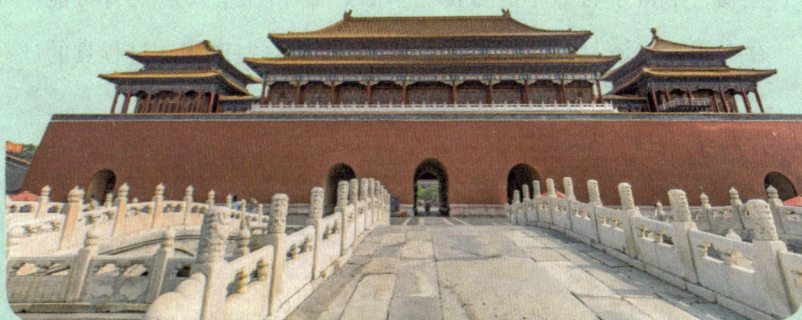

# 2 战争的产物
## ——战争宝藏

# 3 神秘的古墓
## ——陵墓宝藏

# 4 海洋的秘密
## ——海底宝藏

# 皇室的辉煌
## ——皇室宝藏

# 南越王陵墓宝藏之谜

关于南越王赵佗的陵墓以及他的宝藏的神秘传说在岭南地区流传了千年。自汉朝时期，人们就已经开始探寻它们，但是至今无果。

## 神秘的坟墓

公元前 196 年，汉高祖刘邦在位的时候，封赵佗为南越王。汉高祖死后，吕后掌权，开始与南越国交恶，赵佗便自称南越武帝，宣布脱离汉朝。汉朝越来越强大，赵佗

害怕有一天汉王朝会向南越发起进攻，自己死后也会被人盗掘陵墓甚至暴尸荒野，于是倾尽全力安置自己的后事，他将自己的坟墓建在非常隐蔽的地方，几乎无人知晓。三国时，孙权曾派吕瑜跨越千山万水前往广州挖掘南越王墓，但只挖到了第三代南越王赵婴齐（南越国世传五代南越王）的陵墓。

## 漫长的寻找之路

历代以来，人们一直在寻找南越王赵佗的神秘宝藏，无数次的探寻无果使得南越王陵墓的珍宝更显神秘诱人。但赵佗的陵墓到底在哪里，至今无人能给出确切答案。

1983年6月,考古学家在广东省象岗山发现了一座陵墓,当时被认为很可能是南越王赵佗的陵墓。但是,经过考古学家的求证,这座陵墓被认定是赵佗的孙子,即第二代南越王赵眜的,而非南越王赵佗的。由此看来,要想找到赵佗的陵墓并不是一件容易的事情。

### 小博士百事问

**谁是王中第一长寿者?**

秦朝灭亡后,赵佗在南越百姓的拥戴下割据岭南,创建南越国,自称南越武帝。赵佗统治岭南长达60多年,公元前137年去世,享年百岁,被称为中国历史上王中第一长寿者。

# 赫图阿拉宝藏之谜

赫图阿拉是中国后金政权的都城，也是清王朝的发祥地，清太祖努尔哈赤就出生在此地。几百年来，赫图阿拉有宝藏库的说法一直在皇宫大内、清廷内室以及民间流传，但到底有没有宝藏库，至今仍是一个谜。

## 宝藏的埋藏地

有史料记载，努尔哈赤统一女真各部时，从女真各部落劫掠了无数黄金、白银以及大量珍宝。他将这些财宝悄悄运往后金国都——赫图阿拉，并将这些财宝埋藏在城内的一口古井中。这口古井叫作汗王井，因努尔哈赤在此城立都称汗而得名，它是赫图阿拉城内唯一的水井。

## 寻找宝藏的线索

据说，努尔哈赤离世后，这笔宝藏就落在了他的宠妃阿巴亥手中，阿巴亥即多尔衮的母亲。之后，八子皇太极夺得汗位，处心积虑地想要将这笔宝藏据为己有，于是他威逼阿巴亥，让她交出全部宝藏，否则就让她给努尔哈赤殉葬。让皇太极始料未及的是，阿巴亥不惧威胁，毅然决然地选择给努尔哈赤陪葬。阿巴亥离世后，皇太极依旧对宝藏一事耿耿于怀，他费尽心力对相关官员逐一逼问，只要不说就予以酷刑。最终，一些官员忍受不住酷刑折磨才说出宝藏是从暗道运至汗王井的，但是究竟藏在哪里，他们也无从知晓。

## 莫名消失的寻宝人

得知宝藏的线索后，皇太极迅速派人从汗王井与暗道两个入口处仔细搜寻。但是，被派去井下寻找宝藏的人都再也没有回来。就连用来传递信息的绳子也不知被什么动物咬断了。皇太极不肯罢休，又连续派人下去，结果跟之前一样，下去的人都音信全无。寻宝之路接连受挫让皇太极怒火中烧，于是他命人掘地三尺，无论如何都要将宝藏挖出来。

## 宝藏埋藏地消失了

当士兵们拿起镐锹准备挖掘时，本来晴朗的天空，突然乌云密布，接着阿巴亥站在汗王井口责骂皇太极见财忘义、不求上进，还说汗王井中的宝藏可以保佑大清国运昌盛，福祚绵长，如果皇太极还不知悔改，大清就会断送在他手里。皇太极害怕极了，并发誓不再寻找宝物。随后阿巴亥便消失了。自此，无人可以说清赫图阿拉宝藏的具体位置。

### 小博士百事问

**"赫图阿拉"是什么意思？**

"赫图阿拉"是古地名，史称"兴京"，汉语的意思是"横岗"，即建于平顶山岗上的城池。赫图阿拉故城被群山环绕，分为内外两城，内城中部地势低，城内唯一的饮水井被称作"汗王井"。

# 印加宝藏之谜

自哥伦布发现新大陆以来，人们逐渐揭开了南美洲的神秘面纱。南美洲盛产黄金，所以人们在这里修建宫殿或挑选首饰时，黄金就成了宠儿。坐落在这里、被称为"金子王国"的印加帝国，就成了无数贪婪者的掠夺对象。

## 财宝不翼而飞

西班牙人弗朗西斯科·皮萨罗带着他的上百名士兵跋山涉水来到了卡沙马尔卡，这是位于印加帝国北部非常有名的黄金产地。这些西班牙人准备在这里发一笔横财。

皮萨罗骁勇善战，他很快就带领军队把印加帝国的军队打得溃败而逃，他还俘虏了阿塔瓦尔帕国王。在交战之前，单纯的印加人还以为这些皮肤白皙的西班牙人是上天派来的，但很快他们就发现事实并非如此。印加人战败后，这些西班牙人开始了他们的疯狂掠夺，他们不仅拿走了印加军营中价值不菲的黄金，还将国王当作人质，向印加帝国索要了大量的黄金和白银。

残暴的皮萨罗在达到目的后竟残忍地杀害了国王，国王在遇难前对这些残暴之徒下了诅咒。最后，这些残暴之人因为贪婪成性、分赃不均引起纷争，得到了应有的惩罚，但他们掠夺的大量财宝也不翼而飞。

## 黄金湖里的财宝

印加王国的一处藏宝地——"黄金湖"吸引了人们的

注意。据说，印加国王就是在这里举行的加冕仪式。加冕时，代表着太阳之子的新国王会全身涂满金粉，然后到湖中洗去，最后臣民们匍匐在国王的脚前献上自己最贵重的宝物。国王为了感谢太阳神，会将这些宝物都投进湖中作为供品。经过几世几代，湖中的金银珠宝数不胜数，于是人们便把这个湖叫作"黄金湖"。

自16世纪以来，人们对"黄金湖"的寻找就没有间断过，最后认定现在的哥伦比亚瓜达维达湖就是人们所说的"黄金湖"。西班牙探险队在湖中打捞起了几百件黄金制品，人们更加确信瓜达维达湖就是"黄金湖"，因此，无数的寻宝者蜂拥而至。一家来自英国的公司耗费了大量的人力、物力，企图将湖水抽干而获得里面的财宝。为了不使宝物流落他国，哥伦比亚政府宣布禁令——禁止任何人在湖中打捞物品，接着又指派军队进行保护。这样，"黄金湖"就变得更加神秘了。

## 探险黄金城

比"黄金湖"更让人向往的藏宝地是"黄金城"。西班牙人皮萨罗在得到"黄金城"的消息后，便使用各种手段让一些印加贵族说出关于"黄金城"的来龙去脉。由于经受不住皮萨罗的严刑逼供，一名贵族将"黄金城"的位置吐露出来，说"黄金城"的大概位置在亚马孙密林中的玛诺阿国，至于更加详细的位置便不得而知了。于是，西班牙人在没摸清具体路线与方位的情况下，组建了一支探险队伍，向茂密的亚马孙原始森林进发。可想而知，他们在这种条件下进入森林，肯定是死路一条。所以，尽管他们派出了一支又一支探险队，结果却都以失败告终。

直到 17 世纪，一些关于"黄金城"的蛛丝马迹才浮出水面。这次组建的队伍，经过几年的寻找，无意间发现一座金碧辉煌的古城遗址和一片十分宽阔的草原，一座石像竖立在古城的正中间。回来的几名幸存者将探险的经历整理成了文字报告，而这份报告就摆放在巴西里约热内卢的一家图书馆中。据说，后来有人根据这份报告找到了遗址，还带回了小部分宝藏。

## 无法被发现的印加宝藏

关于印加宝藏的传说有很多，有人计算过，印加地区的黄金数量巨大，然而在如此诱人的黄金面前，人们只能表示遗憾，因为想要搜寻到它们真的太难了。还有人说，这些黄金上附着去世的印加国王的灵魂，并且被藏在密林最深处，世人是无法发现它们的。

## 小博士百事问

### 印加帝国是怎样建立起来的？

约 1.1 万年前，印加人的祖先越过白令海峡抵达美洲大陆。自此之后的几十个世纪中，欧亚大陆上的人很少接触到印加人。经历了漫长的岁月，印第安人在南美洲创造了他们独有的文明，创建了印加帝国，其疆域空前辽阔。

# 路易十六财宝之谜

自法国建国以来，几乎每个世纪都会给世人留下一笔财富，但有些财富从未出现在人们眼前。路易十六在位期间压迫人民，搜刮了很多财宝。然而，路易十六死后，世人始终找不到他留下的财宝。这些财宝究竟在哪儿呢？至今仍是未解之谜。

## 路易十六被处死

1774年，路易十六上台时，法国已经处于风雨飘摇之际，因为封建制度束缚了资本主义生产关系的发展，新兴资产阶级对法国的封建制度极为不满，因此冲突不断。虽然国内政局动荡不安，社会矛盾日益凸显，但路易十六对国家的危机全然不顾，依旧肆意敛财，生活极度奢靡。为了获取更多的钱财，路易十六召开了等级议会，宣布要增加资产阶级和平民的赋税，这一举动导致法国资产阶级革命爆发。路易十六表面上接受立宪政体，实则力图绞杀革命。

1791 年 6 月 20 日，路易十六偕同王室逃至法奥边境瓦伦，两天后被群众押回巴黎。9 月被迫签署宪法，但仍阴谋复辟。1792 年 9 月，路易十六被正式废黜，次年 1 月被处死在巴黎革命广场（即今协和广场）。

## 路易十六财宝的下落

关于路易十六的财宝，大家各执一词，没有定论，有的说藏宝地不止一处，有的说他的财宝被运往了国外。也有人说，路易十六的行宫卢浮宫里曾藏有包括金币、银币、文物等价值超过 20 亿法郎的财宝。

不过，最广为人知的还是路易十六隐藏在"泰莱马克"号船上的巨额财宝。据说，这艘船上的财宝包括：王后玛丽的一条价格不菲的钻石项链；路易十六的巨额法国古法黄金；金银制品；五名修道院院长和流亡大贵族的私财；一定金额的路易法郎……

　　"泰莱马克"号是一艘大型的双桅横帆船，船长是阿德里安·凯曼。这艘载有大量金银财宝的"泰莱马克"号帆船从法国里昂驶往英国伦敦，途经基尔伯夫河下游一带，因被汹涌的潮水冲断了缆绳而沉没。

## 难以打捞的"泰莱马克"号

　　路易十六确实有无数珍宝，这已得到路易十六的心腹和朱米埃热修道院一名修道士的证实。一些历史文献和路易十六家仆的后人也认为，路易十六当年确实把这笔珍宝藏在船上，企图转移出国。

　　据说，"泰莱马克"号沉没在基尔伯夫河下游瓦尔市

灯塔前 17 米深的河底淤泥里。人们曾企图打捞这艘沉船。但是，在打捞作业中，缆绳都断了，结果沉船重新沉没到水底。

1939 年，一些寻宝者声称他们已找到了"泰莱马克"号沉船的残骸，但没有确切证据表明他们找到的就是"泰莱马克"号，看来要找到路易十六的财宝绝不是一件轻而易举的事。

### 小博士百事问

**欧洲历史上被处死的国王还有谁？**

欧洲历史上一共有三位国王被处死，除了法国国王路易十六，还有英国国王查理一世（1649 年在英国内战后被处死）和俄国沙皇尼古拉二世（1918 年被苏俄政府枪决）。

# 俄国沙皇的黄金之谜

俄国"十月革命"取得胜利后，沙皇海军上将带领一支部队向东行进。他们的任务是护送一列装载着沙皇数百吨黄金的装甲列车。他们要把这批黄金从鄂木斯克运往中国东北边境。这批黄金是从何而来的呢？是沙皇从老百姓那里掠夺过来的。

## 黄金的去向

为了将这批黄金运送到目的地，护送人马跋山涉水，终于来到了贝加尔湖湖畔，因为衣衫单薄，食物不足，很多人不是饿死就是冻死了。哥萨克将军发现这里的铁路已经遭到严重破坏，无法继续前进，只好改用雪橇装载黄金。因为天气寒冷，贝加尔湖湖面上结了一层厚厚的冰，冰面上覆盖着厚厚的雪。在寒冷刺骨的大雪之中，这批巨额黄金全部被装在了雪橇上，武装人员负责押送，雪橇在无比宽阔的湖面上缓慢地前进。但是在某一天，冰面上突然裂开了一条巨大的裂缝，有人说，哥萨克的全部武装部队连同黄金一起沉入了深深的湖底。

### 唯一一个知道黄金下落的人

十多年过去了，沙皇军官斯拉夫·贝克达诺夫宣称："沙皇的这批黄金并没有沉入贝加尔湖的湖底，而是在大部队到达目的地之前就已经被人转移了，并被秘密地藏在了某个地方。因为当时的局势严峻，大部队无法撤回，从多方面考虑，先把这批黄金藏在一个安全的地方才是上策。当时和我一起执行埋藏黄金行动的那个军官叫德兰柯维奇。我和他带着45名士兵，将黄金悄悄地转移出来，将它们埋藏在一个已经废弃的教堂的地下室里。这件事情完成后，我们便把知道秘密的士兵处决了。在回来的路上，我突然发现德兰柯维奇想加害于我，于是我果断用手枪先把他击毙了。这 46 个人的死根本不会引人注意，因为当时每天都有 100 多人失踪。就这样，我成为唯一一个知道沙皇黄金埋藏地的人。"

### 多了两个知情人

贝克达诺夫曾经在一次大赦中回到苏联，而且在马格尼托哥尔斯克遇到了一位在美国结识的美国工程师。这个工程师自始至终都没有跟贝克达诺夫说明他的真实身份，贝克达诺夫只知道他的假名叫约翰·史密斯。

史密斯在了解了贝克达诺夫的大致情况后，就提议和他一起去当年埋藏沙皇黄金的地方寻宝。接着他们便出发了，陪同他们的还有一个叫作达妮姬的姑娘。他们很快就在距离西伯利亚大铁路几千米处的原教堂地下室里发现了保存完好的沙皇黄金。

### 黄金埋藏地再次成谜

最后他们拿着一部分黄金离开了，但是当他们开着吉

普车，在格鲁吉亚穿过边境时，忽然遭遇袭击，子弹像雨点般落下来，贝克达诺夫不幸中枪身亡，而达妮姬和史密斯则丢下黄金与吉普车，惊恐地逃离了苏联。如果贝克达诺夫的话是真的，这批黄金并没有沉入贝加尔湖的湖底，那么这批黄金如今在哪里呢？恐怕只有找到史密斯或达妮姬才能揭晓谜底。

## 小博士百事问

### 十月革命说的是什么事情呢？

十月革命是俄国无产阶级社会主义革命，是工人阶级在布尔什维克党的领导下联合贫农所完成的革命，因发生在俄历1917年10月而得名，是1917年俄国革命中第二个也是最后的重要阶段。

# 龙王庙行宫宝藏之谜

清朝末年，国家的封建纲纪土崩瓦解，大清王朝已经走向了灭亡。北京紫禁城内的太监、宫女经常偷拿文物出去变卖，许多故宫文物因此流落于民间。与此同时，江苏省宿迁市皂河镇的龙王庙行宫中，许多僧人也开始偷盗行宫中的文物去变卖。据说当时行宫附近经常有古董商人徘徊，行宫中收藏的文物也是从那时开始遗失和毁坏的。

## 龙王庙行宫的文物

大型古建筑群"龙王庙行宫"坐落于江苏省宿迁市皂河镇，始建于清代顺治年间，因其气势宏伟，吸引了许多游人前去参观。但是，天灾人祸使这座本应满目繁华、堆金砌玉的皇家禁苑中的无数宝藏流失，让人不胜唏嘘。清代的皇帝多次亲临龙王庙行宫祭祀，庙中原有的碑刻、匾额、书画上的文字大多出于清帝之手，各大殿中供奉神祇的用具都遵循皇家礼制，豆、觚、爵、樽，三设六供，样样俱全。一切铜器、银器、玉器、瓷器都是朝廷御赐的，其他的木器、石刻、雕像等，数不胜数，个个具有艺术价值，不是一般民间庙宇中的器物所能比拟的。

由于清朝皇帝的多次到来，再加上岁时的祭祀封赏，龙王庙行宫的珍宝逐渐增多，有些在今天看来无比珍贵的宝贝，在过去的龙王庙行宫中随处可见。另外，像康熙帝、雍正帝所题的楹联、赞语、匾额，乾隆帝多次题诗的真迹，加上历年的圣旨、御赐藏经等，全部由方丈进行珍藏。

土地改革后，龙王庙行宫的庙产湖田全都分给了农民，僧人们失去了经济来源，便打起了变卖行宫中古董的主意。当时庙里一把硬木太师椅售价还不足1元钱，一件红木条儿只卖2~3元钱。龙王庙四周的农户中有人依然保留着当年购得的木制家具。

## 龙床和大禹神像的命运

最让人惋惜的是，乾隆帝的龙床也被烧毁了。在即将被逐出龙王庙的那个冬季，戒明方丈带着几个小和尚四处寻找，都找不到烧火的木柴，于是戒明只能忍痛用斧头将龙床劈开，当木柴烧了。戒明每当回忆起这件事情，都悔恨不已。听说那个龙床非常耐烧，烧了近十天的饭才燃尽。后来龙王庙行宫受损严重，石雕被砸碎，泥塑被推倒，用木头雕刻的大禹神像也被推倒，它像木柴一样被斧头劈开，堆到了街东村部，村部在冬天开会的时候，感觉寒冷了便拿一块被劈开的神像来烧火。听说神像燃烧后会发出一种沁人心脾的香气，而且很耐烧，烧了整整一个冬季才烧完。

## 难以找寻的文物埋藏地

一个老人（他曾是龙王庙行宫中的僧人）讲述了这样一个故事：在宿迁第二次解放前夕，当时还是小和尚的他奉命和几个师兄弟将庙内方丈珍藏的几代皇帝的御笔真迹，一些圣旨和许多那时候觉得不值钱的账本、字画等收纳到一个箱子里，然后埋入地下。埋好后他们将埋藏的地点记在心里：后大殿内的楼梯转弯处的正下方，挨着墙边向里数第九块罗底砖下。后来大殿变得面目全非，原来的大殿为重楼结构，但二楼早已被拆掉，已经没有楼梯了，因此楼梯转弯处就无从找起，除此之外，地面上也都打上了厚厚的水泥，很难找到第九块罗底砖了。

## 遗失的文化遗产

后来，皂河龙王庙行宫后大殿重修，挖掘工作进行到一半时，工地上传出令人振奋的好消息：工人在东墙根处挖到了一块地基残缺的石碑。文博人员在仔细检查现场后，并没有发现其他的物品，便让工人小心谨慎地将石碑抬了出来。

经过研究发现，这块石碑记载着龙王庙行宫当时庙产土地的情况。这块石碑的出土对研究龙王庙行宫的起源、发展状况、经济供给等都具有重要意义。工人们又耗费了两个月的时间，向地下深挖了近 3 米，却什么也没有挖到。

但是，在这样一个占地面积如此大的皇家庙宇中，那么多珍藏的财物绝不可能仅由一个人搬运、埋藏于一个地方，而应该是由许多人、多个小组分头埋藏的。如今人们对埋藏地点的说法并不统一，而且不明确，只能凭借老人回忆中仅有的线索来搜寻埋藏的宝藏。

如今，当我们站在这些宏伟壮观的殿阁楼台前，景色还是过去的样子，只是昔日的繁华已不再，那些发生的曲折离奇或真或假的故事，大都遗失在历史的洪流中。

### 小博士百事问

**龙王庙行宫名称是怎么来的呢?**

龙王庙行宫是祭祀建筑，是清代帝王用来祈求"龙王""安澜息波，消除水患"的场所，所以叫作"敕建安澜龙王庙"。因乾隆皇帝六次下江南，五次驻跸于此，所以此地又被称为"乾隆行宫"。

# 战争的产物
## ——战争宝藏

# 特洛伊古城的宝藏之谜

19世纪中叶，德国富商海因里希·施利曼为了实现儿时的理想，放弃了经商生涯，选择成为一名考古学家。经过不懈的努力，他终于在安纳托利亚西北部、达达尼尔海峡入海口附近的希萨尔利克山上发现了传说中的特洛伊古城。

## 特洛伊古城真的存在吗?

海因里希·施利曼在特洛伊古城遗址中发掘出一个赤铜容器，里面装着许多珍宝，包括金戒指、金发夹、金酒杯、金花瓶等。在这些出土的文物中，最令人惊奇的是一件纯金头饰。它是用金箔将上万个小金板缀连而成的，做工精致，外形奇巧。这个重大发现震惊了世界，使得许多学者对特洛伊古城是否真的存在这个问题争论不休。

"荷马史诗"在世界文学史上占有重要地位，对欧洲文明的影响巨大。这部史诗通过讲述长达10余年的特洛伊战争，对古希腊人的精神风貌进行了赞美，给人留下深刻的印象。每当人们品味古希腊人的英雄事迹时，都不禁为特洛伊古城的毁灭感到痛惜。长期以来，特洛伊战争都是作为神话传说而存在的，没有确凿的证据能够证明它是历史上真实发生过的，特洛伊古城的具体位置也无人知晓。这吸引着无数学者孜孜不倦地探寻特洛伊古城的秘密。

根据史料记载，古希腊人在特洛伊战争结束五百多年后，于特洛伊城原址上新建了伊利昂这座城市。波斯国王曾经在这里举行百牲大祭来祭祀女神雅典娜，祈求女神保佑波斯帝国战胜希腊人。亚历山大大帝也曾在这里祭拜女神雅典娜，希望自己能带领军队征服波斯帝国。

然而，罗马执政官尤利乌斯·恺撒来到这里凭吊罗马人的祖先时才发现，这里早已不复昔日的繁荣，取而代之的是一片荒芜。直到罗马帝国时代，人们才在这里建设了一座繁华的城市，但是几百年后，地震又把它摧毁了。自此，人们对特洛伊城的印象日益模糊，甚至有人怀疑世界上是否真的存在特洛伊城。

## 挖掘特洛伊古城

施利曼的考古发现并未立刻得到学界的广泛认同。经过考古工作者的不懈发掘，特洛伊古城的面貌终于展现在世人面前。考古工作者在地下挖掘出了分属9个历史时期的特洛伊古城遗址，这表明特洛伊文化不仅真实存在，而且有着悠久的历史。其中一处古城遗址的年代经考证属于罗马帝国时代。虽然年代久远，但是人们依然可以从中领略到当年雅典娜神庙的宏伟气象。

科学研究表明，一场人为的大火毁灭了特洛伊古城，这无疑是对"荷马史诗"真实性的有力证明。考古工作者在这里挖出了破败的石墙，以及许多绘有简单图案的彩陶和其他生活用品，这些文物造型朴素，反映出当时特洛伊人的审美情趣。

## 未解的特洛伊古城宝藏之谜

数百年来，特洛伊古城宝藏之谜一直未被解开。尽管施利曼挖掘出的上万件黄金制品证明宝藏是真实存在的，但是新的疑问随之产生：施利曼发现的财宝是不是传说中的特洛伊宝藏，或者说这里是否还埋藏着其他宝藏呢？与施利曼挖掘的遗址相比，考古工作者挖掘的"荷马史诗"时代的特洛伊古城遗址距离地面更近。这表明"荷马史诗"时代的特洛伊古城的建立时间比施利曼发现珠宝的小城的建立时间还要晚几个世纪，由此推断，那些珠宝不属于"荷马史诗"时代的特洛伊人。

施利曼挖到了遗址的最深

处，阴差阳错地与"荷

马史诗"时代的特洛伊

城擦肩而过。

这里还出土了大量

不同形式的古代文献，如

果它们得到破解，人们将从中

了解到更多古代文明的秘密。遗憾的是，学者尚未破译特

洛伊文字，因此，特洛伊古城宝藏之谜仍然没有确切的

答案。

## 小博士百事问

**谁是最后一个特洛伊国王？**

在特洛伊战争还未发生前，有名的"大力士"海格力斯
侵占了特洛伊城，并杀掉了拉俄墨冬及他的儿子，只有其幼
子普里阿摩斯活了下来，后来普里阿摩斯成了最后一任特洛
伊王。

# 圣城宝藏之谜

耶路撒冷是基督教、犹太教、伊斯兰教三大宗教的圣城。传说，城中有犹太人藏匿的宝藏，这批宝藏金额巨大，可能比历史上犹太人的任何一处宝藏都要大。但宝藏的位置一直是个谜，历代考古学家、哲学家对此有着浓厚的兴趣。

## 遭到洗劫的宝藏

公元70年前后，古罗马大军围攻耶路撒冷，大肆杀戮，城中的犹太教圣殿遭到了严重损毁，里面的宝库也惨遭洗劫，宝库中无数黄金、白银及其他珍贵物品都被古罗马大军带走，这就是人们口中的圣城宝藏。圣城宝藏

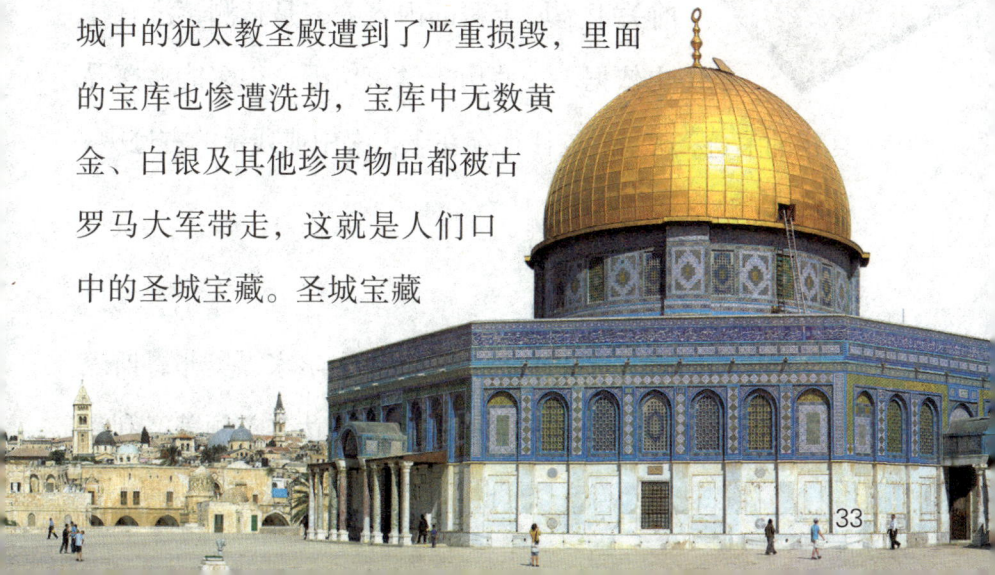

之谜流传至今，人们对宝藏的埋藏地各执一词，但大部分人都认为这批宝藏很可能藏在了梵蒂冈拱顶之中。

## 关于宝藏的猜测

1909—1911 年，芬兰哲学家怀特·朱维乐掘开了耶路撒冷神庙的岩石圆顶，并宣称在伊斯坦布尔的图书馆里发现的《以西结书》（《圣经》旧约的一卷书）中的密码可以证明这里拥有宝藏。另外，也有人说圣城宝藏曾在 19 世纪中期被发现于法国南部的西云修道院，这种说法也来自一本隐藏着密码的书卷。不过，后来证实这个说法只是纳粹的猜想。之前关于圣城宝藏的内容大多是猜测，没有什么历史依据。一些历史学家留下了很多能够探寻真相的痕迹，这些痕迹往往存在于古书中或残留的古迹中。

## 宝藏去了哪里？

公元 455 年，罗马再度沦陷。历史学家提奥非恩斯表示，罗马的教堂和神庙的黄金屋顶被汪达尔首领盖塞利克刨开，里面的金银财宝被盖塞利克据为己有。公元533年，出于对经济利益的考虑，拜占庭皇帝查士丁尼派军队进攻汪达尔。第二年，汪达尔被攻占，汪达尔国王盖塞利克亲眼看着那些宝藏被运离自己的国家。然而，查士丁尼考虑到这些宝藏来自耶路撒冷，担心其有某种神秘的力量，便将它们送回了耶路撒冷。

公元614年，这些宝藏被一名僧侣从耶路撒冷转移到了别的地方。没过多久，这名僧侣升任为耶路撒冷的宗教领袖。但是，在公元630年，这名僧侣突然中毒而亡，宝藏的下落也随他进了坟墓，从此成了永久的秘密。历史资料与考古发现都表明宝藏下落的信息集中在耶路撒冷。

在那名僧侣将宝藏转移后，耶路撒冷到底发生了什么，至今仍是一个谜。在几个世纪中，圣城宝藏之所以被几经转移还能够保存流传，是因为它属于宗教。在世人看来，它有着令人不可捉摸的神秘力量，每个妄想将这些宝藏据为己有的人，都希望能得到其庇护。

假如这些宝藏有一天被发现，它将向我们展示关于那个时代的故事，传达珍贵的历史信息。当然，目前我们对当地古老的宗教文化还不够了解，而这些宝藏重见天日以后，将会使我们感受到文化的冲击与历史的厚重。

### 小博士百事问

**耶路撒冷这个名字是怎么来的呢？**

耶路撒冷这个名字是如何来的，目前还没有定论。在希伯来语中，Yelushalaim 可以看作是由 yelusha（遗产）和 shalom（和平）两个词合成的。在《圣经》中，这是两个城市的名字：耶布斯（Jebus）和撒冷（Salem），《创世纪》第 14 章出现过撒冷这个地名，是大祭司麦基洗德住的地方。耶路有"城市"或"基石"之意，撒冷有"和平"之意，因此，人们又称耶路撒冷为"和平之城"。

# "圣殿骑士团"宝藏之谜

12世纪初期，为了保护前往耶路撒冷朝圣的人，圣殿骑士团成立了。圣殿骑士团曾经权倾一时，是基督教王国里财富最多、势力最强的机构。1307年，法国国王腓力四世下令逮捕所有在法国的圣殿骑士团成员，想通过打击圣殿骑士团，没收其财富，以补充日趋窘困的财政开支。但是，圣殿骑士团却巧妙地把大量财富隐藏了起来，那么，这批财宝究竟被藏在哪儿了呢？

## 大祭司最后的嘱托

据说，被抓到的圣殿骑士团成员被问斩之前，圣殿骑士团大祭司莫莱急忙与自己的侄儿博热伯爵见了一面。他对侄儿说，圣殿骑士团积蓄的巨额财宝就藏于前任大祭司墓地入口的祭坛上的柱子里面。除此之外，墓地里还储藏着圣殿骑士团的宝贵资料。查阅这些资料是找出耶路撒冷历代国王的王冠、所罗门的烛台和金福音书等众多珍宝圣物的主要途径。

莫莱大祭司被处死以后，博热伯爵奏请国王批准他将莫莱的尸首葬在其他地方。国王批准了他的奏请。接着，博热伯爵借此机会在墓穴内得到了众多的黄金、白银及宝石。他还把这些宝贝搬运到了自认为稳妥的地方。圣殿骑士团长期热衷于秘术，有一套自己独特的神秘符号体系。据说，他们就是用这种符号体系和秘密宗教仪式来隐藏和重新取出他们的珍宝的。

## 圣殿骑士团隐藏的财宝

有人根据当地的传说和发现的圣殿骑士团的神秘符号，认为财宝现仍在法国罗纳省博热伯爵封地附近的阿尔日尼城堡里。据称，那里不仅埋藏着圣殿骑士团的金银珠宝，还有大量的圣物和极其罕见的档案。

法国"寻宝俱乐部"认为，圣殿骑士团的财宝可能隐藏在法国夏朗德省巴伯齐埃尔城堡，因为那里也发现了许许多多令人无法辨认的圣殿骑士团的符号。

据说，圣殿骑士团还有另外一些财宝可能隐藏在法国的巴扎斯、阿让，以及安德尔－卢瓦尔的拉科尔小村庄附近。在法国瓦尔市的瓦尔克奥兹城堡的墙上也刻着圣殿骑士团的神秘符号，而且也有关于圣殿骑士团把财宝隐藏在那里的传说。法国历史学家让·马塞洛认为，在法国都兰的马尔什也可能会找到圣殿骑士团的宝藏，那里曾是圣殿骑士团"金缸窖和银缸窖"的所在地。圣殿骑士团的心腹成员知道在需要时如何从中取出钱财，并会按接到的命令把新的钱财重新隐藏起来。

总之，人们认为，圣殿骑士团确实把一大批财宝隐藏起来了。但是财宝究竟藏在什么地方，其谜底也许就像刻在石头上的神秘符号一样令人难以捉摸。

因此，关于圣殿骑士团巨额财宝的下落至今仍然众说纷纭，成为一个难解的历史之谜。

**小博士百事问**

**什么是骑士呢？**

具有骑士才能、品格及骑士特点的人叫作"骑士"，如马骑士、龙骑士等。欧洲中世纪时接受过正统军事训练的骑兵和欧洲封建时代服侍国王或其他官员的武士也叫作骑士，后来"骑士"慢慢演变为一种光荣称谓，用来指代一种社会阶级。

# 太平天国宝藏之谜

　　清朝晚期，一个由农民起义军建立的政权——太平天国横空出世。首领洪秀全把太平天国的都城定在天京，也就是今天的南京。后来，由于清政府和外国侵略者的联合绞杀，加上太平天国内部腐朽的统治，太平天国逐渐败落……

## "天朝圣库"真的只是传说吗?

　　湘军攻陷天京后，同治皇帝喜不自胜，原因是多年以来，世人传言太平天国"金银如海，百货充盈"。清政府盼望着拿太平天国的财宝来填补空虚的国库。但是，湘军首领曾国藩后来的呈报令同治皇帝失望至极。曾国藩说，湘军在攻破天京之后，对城内进行了连续三天的搜寻，并没有发现传说中的天朝圣库藏金，找到的仅仅是"伪玉玺"和"金印"。不久，曾国藩接到了朝廷的指示：既然确实找不到太平天国的宝藏，就不必将其上缴了。

那么，太平天国的财宝只是传说吗？

太平天国推行的是"圣库"制度，意思是民众不可以私藏财物，全部交到"天朝圣库"，再由"天朝圣库"一齐分配给臣民。太平天国从建立到毁灭经历了十几年，"天朝圣库"是全城居民和军队的供给大本营，可以想象库藏应该不计其数。

在定都天京后，洪秀全发动了上万军民，将原先的两江总督衙署加以改造，建成了华丽的天王府。完工后的天王府占地广阔，气势恢宏，分为内外两重，外面为太阳城，

里面为金龙城，城内雕梁画栋，金碧辉煌，奢华无比。依照传说，洪秀全用的筷子、碗，以及夜壶、马桶等均是由黄金打造的，一时间使得"天朝圣库"黄金匮乏。那时候，天京城里人人都说，天王府里的金银财宝堆积如山。

依此看来，太平天国的财富之丰厚绝不是传说。可是，那些财宝究竟藏在哪里，目前仍无人知晓。难道太平天国政权积攒的庞大财富真的人间蒸发了？

## 宝藏去向的民间传说

民间传说曾国藩和曾国荃兄弟暗中私藏了天国圣库的财宝，许多学者也对这种看法表示认同。相传，湘军占领天京之后，曾国荃最早进入城中。为了独吞藏金，曾氏兄弟焚毁天王府，以这种方式消灭证据。根据清朝笔记的记载，在洪秀全的众多财宝中，有一块翡翠西瓜，上面裂开一道缝，红质如瓤，黑斑如子，朗润鲜明，巧夺天工。后来，这块翡翠西瓜落入曾国荃之手。还有记载说，护送曾国藩夫人回湖南老家的船只居然多达两百余艘。这样大规模的船队自然令人疑心曾氏兄弟是借机暗中将掠夺的财宝运往老家。

## 仍是未解之谜

湘军曾对天王府进行过地毯式的搜查，为什么他们没能发现大量藏金呢？

实际上，湘军并没有完全烧尽天王府。当年天王府的主要建筑"金龙殿"仍旧保留于世。一百多年间，还没有人探查过"金龙殿"的地下。"金龙殿"的地下或者天王府的其他地方究竟有没有财宝？如今仍然是一个未解之谜。

### 小博士百事问

**湘军主要由哪些人组成？**

湘军是清末重要的武装政治集团，在与晚清各地农民起义军的作战中迅速发展壮大。湘军将领及其幕僚成为当时中国军事政治舞台的主角。除了我们熟知的曾国藩，还有左宗棠、李鸿章、曾国荃、刘坤一、罗泽南等。他们是晚清历史中的重要人物。后来一些湘军领导人还发起了洋务运动。

# "马来之虎" 宝藏之谜

第二次世界大战期间，有着"马来之虎"之称的日本东南亚战区司令山下奉文，带领日军占领了新加坡、菲律宾、马来西亚、泰国。为了博取天皇的欢心，他在攻占东南亚期间使出浑身解数，掠夺东南亚百姓的财宝，进献给天皇，剩下的一部分由自己储存起来。

## "马来之虎" 宝藏地点

1944 年，太平洋战争的战况发生了转变，日本的海空军主力受到致命打击。麦克阿瑟将军统领美军攻打占领菲律宾的日军不久，日军就已经走投无路了。于是，山下奉文命

令菲律宾人把日军搜刮来的金银财宝掩埋起来，为了防止有人泄密，他在掩埋活动结束后处决了所有的埋宝人。随后，山下奉文派亲信把藏宝图暗中带到了日本。在战争中，山下奉文的军队一败涂地，手下的将士几乎无一生还，就连他自己也没有逃脱被审判后处决的命运。山下奉文被处决以后，"马来之虎"宝藏的地点就成了一大谜团。

## 寻找"马来之虎"宝藏

几十年来，菲律宾人都说前总统马科斯已经寻得"马来之虎"埋藏的宝物。对于这个传闻，马科斯一会儿承认，一会儿否认，使得大家半信半疑，不能确定传闻的真实性。由此，这个传闻变得越发神秘。

太平洋战争刚刚爆发时，马科斯担任美菲联军的少尉，是驻守菲律宾的美国远东军的情报官。因为战争的关系，马科斯与日本军官有所接触，有机会在战争结束后探寻"马来之虎"宝藏。他在当上菲律宾的总统后，马上派人秘密挖掘宝藏。

1970年，菲律宾寻宝协会主席洛塞斯单独寻觅宝物。挖掘几个月以后，在一座山里，他先后发现了许多骸骨和一座金佛。他猜测，骸骨为被山下奉文杀死的埋宝人。他

将金佛头部旋转打开，发现其腹部中空，腹中藏有大量的珠宝。洛塞斯把金佛带到家里，邀请亲友到他家去参观宝物。他断定，这些宝物只是"马来之虎"宝藏的冰山一角，其余的财宝还在那座山中。

## 马科斯藏金地点成谜

马尼拉各家报社都报道了这件事情，记者们不肯放过任何一个细节，猜测金佛的市场价达到几千万美元，至于金佛腹中储藏的珠宝的价格就无法估量了。得知这个消息后，马科斯就让自己担任法官的叔叔扣留了金佛和珠宝，将洛塞斯告上了法庭，指控他非法私藏国宝。

由此，马科斯顺理成章地得到了金佛。

1986年，菲律宾民选总统科拉松·阿基诺夫人按照人民的意愿，打算审理马科斯的罪状，马科斯全家提前逃到了美国的夏威夷。他们到了海关的时候，带在身上的百万美钞、若干金条和无数珠宝都被海关人员扣下了。马科斯逃跑时太匆忙，在总统府遗留下许多录音带，录音带里面详细说明了马科斯所藏的黄金的情况，称这些黄金分别被安置在美国、瑞士、英国伦敦、新加坡和中国香港，随时可以售卖。假如录音的内容真实可靠，就能判断马科斯已经挖出了"马来之虎"的大半宝藏，并将其暗中运走了。

马科斯预感自己大限将近，就派自己的儿子和亲戚去澳大利亚和英国售卖黄金。传闻所有黄金的价值高达310亿澳元，买方能通过银行担保分期进行支付。人们展开了多方面的调查，得知这部分巨额黄金出自马科斯夫妇之手。马科斯在临终之际，口头吩咐朋友把私自收藏的价值40多亿美元的黄金捐献给菲律宾的民众。然而遗憾的是，他刚把话说到一半，尚未言明藏金的位置，就撒手人寰了。他死后，人们就更不知道藏金地点了。

## 合作挖宝工程

菲律宾政府尝试与美国商人合作去圣地亚哥要塞挖掘黄金珠宝。19世纪时，西班牙人修建了圣地亚哥要塞，它位于菲律宾首都马尼拉西北部，是菲律宾众多名胜古迹之一。第二次世界大战时，日本宪兵宿舍位于圣地亚哥要塞，所以人们将它看作最有可能埋藏"马来之虎"宝藏的地点。菲律宾政府和美国商人暗中开展挖宝工作。

刚刚完工的巷道忽然坍塌，这场灾祸还导致2名工人死亡，挖宝工程因此被世人知晓。菲律宾政府和美国国际贵金属公司商议后决定，按三七分来分配挖得的财物，小部分属于美国国际贵金属公司，大部分属于菲律宾政府。菲律宾政府的这一举动遭到了议会的反对，议会要求美国国际贵金属公司即刻暂停寻找宝藏的活动。

菲律宾人觉得，倘若与外国人合作可以找到"马来之虎"宝藏，进而促进菲律宾经济的发展，也不是不可以的。然而，问题的关键不在于是否允许外国人挖宝，而在于宝物是否存在以及宝物的数量究竟是多少。

## 关于财宝的传言

关于"马来之虎"宝藏的传闻在战后几十年间时有时无，一会儿被推到风口浪尖，仿佛跟真的一样；一会儿又沉寂于世，好像是虚构的。至于财宝的多少，有传言说是1000亿美元，还有传言说要翻一番。

20世纪50年代，一个美籍日本人询问了上百名与"马来之虎"宝藏相关的日本人，还专门前往菲律宾勘察情况。在他看来，宝物的价值最多不超过1亿美元。甚至有人称根本没有"马来之虎"宝藏。

### 小博士百事问

**太平洋战争的具体情况是怎样的？**

太平洋战争发生在第二次世界大战期间，主战场是太平洋和周边国家，交战的是日本和美国等。引发这场战争的是1941年日本偷袭美国海军太平洋基地珍珠港，史称珍珠港事件。美国对日本宣战后，紧接着意大利和德国也对美国宣战，欧亚两大战场合二为一。这场战争以1945年日本宣布无条件投降结束。

# 神秘的古墓
## ——陵墓宝藏

# 塞提一世陵墓宝藏之谜

提到古埃及历史上众多伟大的法老，就不得不论及古埃及第十九王朝的法老塞提一世，他统治埃及期间，立下了仅逊于其子拉美西斯二世的不朽功勋，关于他的传说也有很多。

## 法老的陵墓

由于古埃及人对神十分崇拜，每一位法老即位后都会修建一座方锥形的庞大建筑作为自己的陵墓，因其形似汉字"金"，故中国人称其为金字塔。金字塔是古埃及人用巨大的石头建造而成的，堪称他们勤劳与智慧的结晶。按照王室的规矩，塞提一世接替法老之位后就启动了建造自己陵墓的巨大工程。但是他另辟蹊径，选择在悬崖峭壁底下为自己开凿墓室。直到他去世，他的墓地才修建好。

## 塞提一世的财宝

后人经过研究发现，塞提一世和拉美西斯二世父子俩在位期间是古埃及史上最富足、最灿烂的一段时期。塞提一世在位期间为国家积攒了丰富的财宝，他建造了众多王宫、神庙和圣所等，阿蒙神庙在这些建筑中最为著名，它也是最为特别的一座埃及神庙，横跨两代人才完工，堪称古埃及建筑史上的不朽神话。同时，塞提一世斥资扩张军队规模，极力完善军用设备，一举收复了被巴勒斯坦、叙

利亚攻占的领土。凡是埃及军队经过之地，当地的金银财宝和周围各国王室、宫殿里的财宝都被掠夺一空。塞提一世利用十几年的时间便将众多的珍宝积攒到自己手中。

古埃及人相信转世轮回，认为人在死后，灵魂会回归人世，依附于身体上，所以一定要使死者的肉身不腐，为此，法老死后会被制成木乃伊。这一点和中国封建王朝的丧葬制度非常相似，他们都认为身死神未灭，即便离开尘世，他们依旧是另一个世界的统治者。多少帝王为了满足一己之私，用大量的珍贵财宝作为自己的殉葬品。塞提一世也是一样的。历史学家们发现，塞提一世去世后，许多奴隶被迫为他陪葬，他的帝王谷峭壁墓室中也存放着诸多珍宝。

## 塞提一世的墓穴

意大利人贝尔佐尼抵达开罗南部尼罗河西岸的峡谷，

这里遍布石灰岩，人迹罕至。令人惊叹的是，这个意大利人凭借资深的寻宝经验，竟然发掘出塞提一世的陵墓，但此地显然已经被盗墓者"光顾"过了。法老的石棺已经空空如也，这令贝尔佐尼倍感失望，他只得把法老的空棺材送往欧洲。贝尔佐尼其实只差一点儿就能找到宝藏了。古人的智慧不容小觑，他们想出了一些办法防止盗墓贼"光顾"。贝尔佐尼所发现的只是古人特意为塞提一世建造的假墓穴。

几十年后，人们还是发现了塞提一世的木乃伊。这具木乃伊被阿拉伯人穆罕默德兄弟盗取，后来穆罕默德兄弟被抓，他们盗取的木乃伊也尽数被埃及国家博物馆找回。后来，阿里·穆罕默德（穆罕默德的重孙）在收集曾祖父留下的笔记时找到了一条关键信息：塞提一世的宝藏并未被盗，因为存放宝藏的密室地处通道的另一端，而且被大石头死死地堵住了。

埃及相关部门接到阿里·穆罕默德的秘密报告，在报告中，阿里·穆罕默德提议由政府开展挖掘塞提一世墓穴的工程。埃及政府对此申请表示准许，挖掘工程在考古学家哈菲兹的主持下开展得非常顺利。可是在挖通几百米长的隧道之后，一块巨石拦路令挖掘工程难以为继。隧道狭窄，人们没有办法将巨石撬开，也不能利用大功率钻头和炸药，因为此举会导致现有隧道被炸坏，甚至可能引起山体塌陷，导致墓室被覆盖在山下，工作人员也会有生命危险。

## 宝藏秘密被尘封

由于埃及政府对这项工程的预算不足，挖掘工程暂时告一段落，探宝人员失望而返。考古工作者针对巨石展开了种种猜测：藏有塞提一世宝物的密室真的在巨石背后吗？用巨石封死墓室是不是工匠们特意设计的呢？那些宝藏被埋葬了几千年是否依然璀璨？塞提一世的宝藏真的存在于世吗？总而言之，随着埃及政府终止此番考古工作，全部的谜底再次被尘封。

### 小博士百事问

**什么是木乃伊？**

木乃伊即干尸。古埃及在很早的时候，受文化因素的影响，把国王和大臣的尸体制成干尸，也就是木乃伊，以便保存。世界上许多地区都有用防腐香料处理尸体的做法，尸体年久干瘪，最后形成木乃伊。

# 长沙楚墓的**帛画**之谜

《人物龙凤图》也叫《龙凤仕女图》，是目前保留下来的最早的中国帛画。虽然这幅画已有上千年的历史，画面也因岁月的洗礼变得模糊难认，但还是有很多满怀热忱的学者夜以继日地对它进行研究和讨论。

## 帛画的寓意是什么？

《龙凤仕女图》出土于湖南长沙陈家大山楚墓，该帛画一经出土，上面的图案就引起了专家们的注意。帛画的左上方画着一个怪兽，至于是恶兽还是神龙，人们各执一词。一部分人认为左上方的一兽一禽分别是夔和凤，呈现出互相争斗状。夔为恶兽，是邪恶与死亡的象征，在斗争中渐渐败退；凤为神鸟，是善良与和平的象征，在斗争中居高临下，占优势地位。

画中有一妇人站在一个弯月状的物体上，双手相合，站在凤的一旁，似乎在祈求正义的一方能够获得胜利。有人对此提出不同观点，认为帛画的布局分为上、中、下三层。上层为天空，右上方为凤，左上方是龙。龙和凤在我国古代神话传说中是协助死者魂魄升天的神兽神禽。妇人右下角有一月状物代表大地，意思是妇人站立于大地之上。妇人表情严肃，面向龙、凤合掌祈求，期盼飞腾的神龙神凤将她的魂魄引入天上。帛画的寓意到底是什么？现在仍无确切答案。

## 帛画中的妇人是谁？

至于帛画中的妇人究竟是何人，概括起来有三种说法。

一是帛画中的妇人代表墓主人。帛画是葬仪中用来引导死者灵魂的铭旌，是战国时期在楚人中流行的一种丧葬习俗，有墓主人死后由神灵引导升天的寓意。

二是帛画中的妇人是当时"巫祝"的形象。画中描述的其实是巫女为死者祈福的画面。

三是帛画中的妇人为女神宓妃。从墓葬出土的形式来看，帛画是统治者寄托其无法达到的信念的迷信工具，并非用来观赏的美术品，这种形式是战国时期楚人的一种迷信习俗。

那么这幅帛画中的妇人究竟是谁？这个问题还有待科学家们进一步探索。

**什么是帛画？**

帛画，顾名思义，就是画在帛上的图画，是中国古代的画种。帛是一种白色的丝织品，战国时期就有人在其上用色彩和笔墨描绘神灵、异兽、人物、走兽、飞鸟等形象，西汉时帛画发展到高峰。

# 汉墓宝物金缕玉衣之谜

　　20世纪中期，解放军某部在河北省满城县进行国防工程时无意间找到了一座稀有的汉代陵墓，挖掘出了惊艳的金缕玉衣，这件事震惊了全世界，这样一件金缕玉衣为何会引起全世界的关注呢？

## 发现金缕玉衣

　　通过查证，专家们肯定陵墓的主人就是西汉时期的中山靖王刘胜。令人惊喜的是，在清理南侧室时，考古学家们在层层堆叠的枯木灰中找到一件状似铠甲的东西。人们还是第一次找到这种用金丝串联起玉片的殉葬品，在场众人暂时不能断定这件物品是什么，有什么作用。当时担任中国科学院院长的郭沫若先生接到他们的报告，经过仔细的研究和周密的探讨，觉得这件金缕玉衣是当前人们找到的最完好的一件。

## 金缕玉衣的珍贵之处

史书把汉朝天子、诸侯王和高级贵族去世后的殓服称作"玉柙"或是"玉匣"，即今"金缕玉衣"。汉朝人认为，玉可以吸收天地精气，能令人精气长存、肉身不坏。所以，不管是天子还是诸侯王，都有在去世后用玉衣入殓埋葬的传统。

　　古人用金丝、银丝或铜丝将一片片四角钻有小孔的玉片编连起来制成玉衣，依据丝线的种类，将它们分为"金缕玉衣""银缕玉衣"和"铜缕玉衣"。这种只出现于史料记载中的高级殓服，竟然在满城汉墓里被找到了，这实在令人意想不到。

## 刘胜之妻的陵墓

　　不久，专家们在距离刘胜墓不远的山上，再次找到了一座新墓。通过查证，人们确定墓主就是刘胜之妻窦绾，在她的墓里还藏有一件金缕玉衣。专家们认真查看了这两件玉衣，发现刘胜的玉衣由 2400 多块玉片构成，有 180

多厘米长，所有的金丝一共有 1100 克重；窦绾的玉衣由
2100 多块玉片构成，有 170 多厘米长，金丝重 700 克。这
两件玉衣都由头部、衣、手套、裤筒与鞋子五个部分构成，
每部分都可作为独立的个体拆卸下来。

## 金缕玉衣的制作

  制作玉衣是一件很烦琐的事情，需要经过很多道
工序。人们甚至难以想象制作一件玉衣需要的精细度。
专家们根据研究得出结论，汉朝一名玉工需要耗费十几
年的心血才能制成一件玉衣。这样精致的玉衣到底是谁

设计的？是通过怎样的方法制作的？迄今为止仍是未解之谜。

## 小博士百事问

### 金缕玉衣是中国独有的吗？

金缕玉衣一经出土就被认为是中国独有，但是，也有媒体报道过埃及曾经出土过一些身穿黄金的木乃伊。不过，经专家鉴定，那些身穿黄金的木乃伊不过是镀了一层金，并没有玉的成分，所以不是真正意义上的"金缕玉衣"。由此看来，金缕玉衣确实是中国独有的。

# 地下陵寝黄金之谜

公元 11 世纪，南美洲出现了一个庞大的帝国——印加帝国。据说印加帝国首都的地下陵寝里藏有非常多的宝藏。

## 进入地下陵寝

传说，西班牙商人古特尼茨来到古印加奇姻王国的首都探险，印第安部落的首领对他很信任，将他带进一座国王陵寝。首领对他说，只要他协助完成当地的公共工程，便将这里的巨额黄金给他作为报酬。古特尼茨高兴地答应了。至于他到底获得了多少黄金，后人不得而知。

## 地下陵寝有黄金吗?

自从西班牙商人带着巨额黄金满载而归之日起,很多人便怀揣着黄金梦来到这里。据说,有一处宝藏就藏在帝国首都陵寝的废墟下面。这个说法真假难辨,但自此以后,地下陵寝的传闻就变得更加神秘。近几年,秘鲁政府加大了对古印加奇姻王国的地下陵墓的保护力度,不让外人随意进出,只派了本国两位有丰富考古经验的专家在此处进行研究和挖掘。那么,陵寝下面到底有没有宝藏呢?假如传闻不实,秘鲁政府为什么派人挖掘呢?这些都成了未解之谜。

### 小博士百事问

#### 印加帝国是怎样灭亡的?

公元 1492 年,哥伦布抵达加勒比海诸岛。自此以后,"旧大陆"与美洲"新大陆"开始联通。大量欧洲殖民者怀揣着探寻宝藏的梦想来到了美洲。之后发生了一件非常有意思的事,一名叫皮萨罗的西班牙殖民者仅带领一百多名士兵就征服了庞大的印加帝国。

# 慈禧、乾隆陵墓**宝藏**去向之谜

*1928 年夏季的某一天，大清王朝的帝王陵墓不断传来震耳欲聋的炸裂声。可是没有人来查看到底发生了什么，因为在那时，清政府早已不复存在。实际上，这令众人担惊受怕的声音出自一场盗墓事件。*

## 慈禧的陪葬品

从清朝晚期开始，关于清东陵的失窃事件就层出不穷。这次盗窃的始作俑者是当时担任国民革命军第十二军军长的孙殿英。孙殿英的早期经历使他形成了流寇的性格。孙殿英的军队缺乏军饷，因此，他打算掘墓盗宝，于是，他将目光聚焦到慈禧陵上。

我国历史上著名的奢侈太后当属慈禧。她痴迷金银器皿、宝石玉器、珍珠玛瑙等财宝，在她死后有数不胜数的财宝陪葬。在《爱月轩笔记》中，李莲英和其侄儿详尽地记述了慈禧的陪葬品：慈禧棺内底部铺的是金丝织宝珠锦褥，上面镶嵌着 12000 多颗大大小小的珍珠、80 多块宝石、200 多块白玉。一层绣满莲花的丝褥铺在锦褥上，丝褥上镶嵌着 2400 多颗珍珠。慈禧的尸身上盖着一条用明黄缎捻金织成的、镶嵌着 800 多颗珍珠的织金陀罗经被。

慈禧入殓时，头上戴着镶有宝石和珍珠的凤冠，嘴里含着一颗夜明珠，颈项上戴着三串朝珠，一串为红宝石，两串为珍珠；身着金丝礼服、绣花串珠褂外罩，手执一枝玉莲花，双足套着朝靴。在慈禧身侧，还有金、玉佛像，以及各种珊瑚、宝石等陪葬品。据说，送葬的人在殓葬完后看到棺中还有空隙，便将珍珠、红宝石、蓝宝石、祖母绿等珠宝倒入其中。这些填补缝隙的珠宝价值连城。

## 孙殿英派兵盗墓

　　孙殿英分派两个旅的士兵，死守通往清东陵的全部道路，准备在完成盗墓后以换岗为借口离开清东陵，将盗墓一事转嫁给土匪。一开始，士兵们并不知晓地宫的入口位置，只能漫无目的地到处挖掘，连挖两个昼夜都没有发现地宫的入口。孙殿英很着急，让士兵把护陵大臣苏必脱林捉来，威逼他说出慈禧陵的地宫入口。原来，在巍然屹立的明楼背后，有一处小苑，地宫的入口就在苑内北部的琉璃影壁的下面。接着，一些士兵抡起镐、锹等工具，按照苏必脱林所说的地点开挖。最终，他们找到了地宫入口。走进地宫后，他们不费吹灰之力便发现了慈禧的棺椁与陪葬的宝物。慈禧陵的石墓完全由汉白玉铺砌而成，一座汉白玉石台设置在石室正中，一具巨大的棺椁就安放在石台之上，记录慈禧谥号的香宝、香册放在两边的两座石墩上。

急不可耐的士兵为了打开慈禧的内棺，竟然用刀斧将光彩夺目的金漆外棺砍得支离破碎。零碎的木块被搬开后，一具红漆内棺露出了全貌。因为担心刀斧伤及棺中财宝，士兵用刀撬开内棺的时候倍加小心。很多年以后，亲身参与那次盗墓的人这样说："那时，我们揭开棺盖，发现棺内溢出漫天霞光，在场的所有人都目瞪口呆。向棺内看，慈禧的面容恍若生前，手指长着一寸多长的白毛。棺中堆积着不可估量的珠宝，大的被长官拿走，小的被一众士兵中饱私囊。接着，长官命令手下剥去慈禧的礼服，搜集其贴身佩戴的珠宝。"

### 乾隆裕陵被盗

这边慈禧的定东陵失守，那边乾隆的裕陵也遭到了盗窃。孙殿英手下的一个营长炸开了乾隆的裕陵。但是令他们意想不到的是，由于年代久远，通往乾隆棺椁的道路蓄满了很深的积水，奇滑无比，因此，在没有防备的情况下，很多争先进入地道的士兵都因滑倒在积水中而溺毙了。

相比于慈禧陵，乾隆与五位后妃的陵墓更加凄惨。清室后人得知裕陵失窃，走进裕陵地宫去善后，却看到四处散落的白骨。清室后人无奈之下只能将全部的残骸齐葬在一具棺椁中。

## 财宝不知所踪

媒体报道了盗陵案之后，全世界都非常震怒，各界人士接连批判盗墓贼，要求将孙殿英绳之以法，追回被盗财宝。孙殿英手忙脚乱，立刻用盗陵获得的财宝贿赂当权显贵：乾隆朝珠中最大的两颗被他赠予了戴笠，慈禧口中含着的那颗夜明珠被他送给了宋美龄……经过几番周章的贿赂后，查办孙殿英之事被遗忘，人们也没能追回那批被盗取的宝物。

　　现在，后人已经不清楚孙殿英通过那次盗墓获得了多少财宝，也不知道那批被盗的宝物流落何处。后人看到的清东陵，仅是一座被洗劫一空的、到处都是残垣断壁的墓室罢了。

## 小博士百事问

### "老佛爷"的称呼是慈禧专用的吗？

　　我们常在一些电视剧、电影和戏曲中，听到慈禧太后被称作"老佛爷"，人们由此误以为"老佛爷"是慈禧太后的专称。"老佛爷"的意思是"吉祥"，这个称呼并非慈禧专用的，而是清代每一代皇帝的专称。慈禧太后为巩固自己的势力，让大臣赞成自己垂帘听政，便使用各种手段，让大臣和宫里的人称呼自己为"老佛爷"，意思是自己说的话如同皇帝说的话一样。

# 海洋的秘密
## —— 海底宝藏

# 加勒比海盗的宝藏之谜

加勒比海坐落在北大西洋的西边，是著名的旅游胜地。加勒比海的四周环绕着巴哈马群岛和大、小安的列斯群岛。这里过去常有海盗出没。现在，很多人都从好莱坞大片中知道了加勒比海盗，那么加勒比海盗中谁最有名呢？那就是臭名昭著的大海盗"黑胡子"。

## "黑胡子"的宝藏

在 300 多年前，"黑胡子"乘坐着"安妮女王复仇"号海盗船与英国皇家海军展开了一场激战，最后"安妮女王复仇"号被英国皇家海军击沉

在现在的北卡罗来纳州海岸的沙洲上。从此，人们便千方百计地搜寻"黑胡子"的宝藏。

事实上，寻找"黑胡子"宝藏的行动从"安妮女王复仇"号被击沉后就开始了。当时，"安妮女王复仇"号被击沉后，英国皇家海军就搜遍了船上所有可能隐藏财宝的地方。然而，他们费尽全力只搜寻到了一些棉花、蓝靛、葡萄酒和可可豆，除此之外，他们并没有找到任何东西。

## 宝藏去哪里了呢?

众所周知，从"黑胡子"当上海盗船长再到被杀，有一年多的时间，在此期间，他在海上抢掠的船只数不胜数，抢来的财宝不计其数，仅在抢劫南卡罗来纳州首府时，他就得到了上百万英镑的赎金和一大批烟草、棉花等物品。但是，他究竟把这些财宝藏在哪里了呢？

寻宝者们翻遍了"黑胡子"的住所，以及"黑胡子"可能去过的所有地方，但依旧毫无所获。多年后，人们不得不承认，"黑胡子"太狡猾了。他没有留下任何关于宝藏的线索。就像"黑胡子"说过的那样，只有他自己才知道宝藏所藏之处。

## 小博士百事问

**"黑胡子"的人物形象是什么样的呢？**

黑胡子，可以想到，他有着一把浓密的、富有特色的络腮胡，样子十分招摇，有时用带子把胡子扎成许多细而长的辫子。战斗时，他会将四根导火索插在帽下。他宽宽的肩头上一直披着弹药带，上边有六把插进手枪套的枪以及满是子弹的弹夹。

# "黄金船队" 沉宝之谜

15世纪末，哥伦布首次发现美洲，自此之后，浩瀚的大西洋上的船只便繁多且忙碌了起来。对新世界财富的欲望促使来自葡萄牙、西班牙的探险家在新旧大陆之间来回穿梭。由于各种意外和内部斗争，很多船只未到达目的地就葬身大海，由此形成了寻宝史上的一件件悬案。

## 黄金船队诞生

1702年，西班牙政府财政日益紧张，当时南美洲有一些地区是西班牙的殖民地，于是国王腓力五世命令南美洲西班牙殖民当局把上缴和进贡的金银财宝用船火速送往西班牙塞维利亚。当时西班牙和英国正处在交战之中，在这种情况下，这批载有价值百亿法郎财宝的船队必然会引起众人的目光，但西班牙国王为解决财政问题，无暇顾及这些问题。这批载满金银珠宝的大帆船于同年6月12日离开了哈瓦那，朝西班牙领海出发了。由于这批船队载满了金银财宝，因此，历史上称其为"黄金船队"。

## 黄金船队遇险

"黄金船队"即将驶过最后也是最危险的海域时，亚速尔群岛的海面上，突然出现了一支庞大的英荷联合舰队。面对由150艘战舰组成的英荷舰队，"黄金船队"决定驶向维哥湾暂时躲避一下。

当时最简单的做法是立即把金银财宝从"黄金船队"上卸下来，改从陆路运往马德里。可是当时西班牙王室规定，凡是从南美洲运来的货物必须先到塞维利亚接受验收，因此，"黄金船队"无法卸下物品。不过在玛丽·德萨瓦皇后的特别命令下，国王和皇后的那部分金银珠宝卸了下来，从陆路运往马德里。不幸的是，这批由陆路运往马德里的财宝，有一部分在途中被强盗抢走。这部分被抢走的约1500辆马车的黄金，据说至今仍被埋藏在西班牙庞特维德拉山区的一个鲜为人知的地方。

"黄金船队"在维哥湾平静地待了一个多月。1702年10月21日，150艘英荷联合舰队在鲁克海军上将的指挥下，突然对维哥湾发起了攻击。3万名英荷士兵在3115门大炮的掩护下，很快就消灭了港湾沿岸的守军，摧毁了炮台和障碍栅。据说，面对眼前的金银珠宝，英荷联军的战斗力骤然增强了。不到几小时，西班牙军队就全线崩溃。"黄金船队"总司令贝拉斯科做出了一个令人绝望的决定，下令烧毁运载金银珠宝的大帆船。被焚烧的大帆船和其他被击中的战舰把维哥湾烧成一片火海。已经控制战场的英荷联军想尽办法救火。最终，他们救出并拖走了几艘大帆船，但是绝大部分帆船都已葬身大海。

第三天早上，英国潜水员冒险潜入海底，捞回了一些战利品。但是，在西班牙地面突击队的炮火下，英荷联军不得不放弃打捞工作。

## 财宝不知所踪

　　最近的 3 个世纪，众多的寻宝者陆续探寻着这笔富饶的沉宝，不见天日的大西洋海底时不时出现冒险家们忙碌的身影。有人竹篮打水一场空，还有人极其幸运，打捞上来很多诸如紫水晶、绿宝石、翡翠等罕见珠宝。当然，他们收获的只是众多宝藏中的一小部分，大多数宝藏还是被埋没在深海之中。随着光阴的流逝，这批宝藏受洋流和风浪的影响，表面被厚厚的泥沙掩盖住，所在的位置也发生了很大的变化，不便于人们寻找。虽然潜水打捞技术已经有了显著提升，但是这批宝藏仍然被重重迷雾笼罩着，令人们毫无头绪。海底世界瞬息万变，这些财宝

究竟藏身何处呢？什么时候可以重见天日，对世人展现其
夺目的光彩呢？也许只有大西洋汹涌的波浪和起落的潮水
才能解答这些谜团。

小博士百事问

**哥伦布的航海发现对世界有着怎样的影响呢？**

哥伦布的航海发现是欧洲与美洲的第一次接触，对西方
世界的历史发展有着举足轻重的影响。自此之后，欧洲探险
和海外殖民扩张迎来了高潮。

# 锡利群岛海底宝藏之谜

自14世纪起，锡利群岛成为海盗们对往来船只进行抢劫的绝佳狩猎区。那时，这片海域是从北海和波罗的海驶出的商船前往欧洲南部和西部的必经之路……

## 锡利群岛上海盗肆虐

从地中海沿岸出发的航船，想平安经过锡利群岛十分不易，因为它们时常会被海盗攻击。为了抗击海盗，英国人以一些港口城市为单位成立自卫同盟，终于使英国南部海港脱离了海盗的掌控。之后，一些悬挂英联邦旗帜的海盗船只经由英国国

王允许，可以抢劫除英联邦之外的通过海峡的他国船只。如此一来，锡利群岛一带出现了一种怪象：岛民与海盗狼狈为奸，点燃火把或在牛脖子上挂灯笼，进而让迷失在黑夜或风暴中的船只受到误导而偏离航线，触上暗礁，然后他们借机肆意抢夺船上的财宝。

## "联合"号船只遇劫

18世纪初，"联合"号不幸遇到这种劫难，船上巨大的财富消失得无影无踪。1707年10月，克劳迪斯雷·肖伟尔将军带领由"联合"号、"长生鸟"号和"罗姆尼"号等军舰构成的英国舰队由直布罗陀返回英国。途中，肖伟尔将军总是惴惴不安，直到在全体军官会议上证实了舰队航线的正确性后才安心。夜晚入睡前，一个水手指出舰队偏离航线，即将撞上锡利群岛周围的大暗礁。犹豫再三，船长认为水手是在扰乱军心，就将其绞死在桅杆上。随后天空中出现了暴风雨即将到来的征兆。与此同时，船上的大副看到前方有灯光信号，于是肖伟尔将军下令变更航向，驶向灯光。然而，礁石突然从翻涌的海面上冒出，巨大的撞击声紧随其后，不多时，海水一下子灌入"联合"号船舱，船头及后甲板被完全摧毁。水手们接连被浩大的浪涛卷入海底。转眼间，"燃木"号等其他军舰也遭此厄运。

事发地点离英国本土只有 45 千米，始作俑者便是锡利群岛附近的海盗，他们用错误的灯光信号误导舰队偏离了航线。舰队触礁后，船上 2000 余人无一生还。除了一部分葬身大海的人，剩下的竭力游到岸边的水手也都被岛民残忍地杀害了，肖伟尔将军也不例外。海盗和当地人为什么要对求生者赶尽杀绝呢？主要是因为当时大不列颠有一条法律：假如海难中还有幸存者，那么搁浅船只或发现船只残骸的人能够获得运载货物的 1/3；假如无人生还，那么发现者可以获得船只上的全部财产。

海盗们对"战利品"进行了瓜分，但舰队的钱箱在舰队遇难时便沉没大海。专家分析，至少有 1000 多艘来自欧洲大陆不同国家的船只在锡利群岛周围触礁搁浅，因此，这个区域有着"欧洲最大的船只公墓"之称。

## "联合"号船上的宝物

20世纪60年代,在现代技术的帮助下,人们对"联合"号的搜寻工作取得了飞跃性的进展。在基尔斯通礁石中央,英国海军潜水员发现了"联合"号的残骸,但没能找到钱箱。英国人罗兰·莫里斯做了一番"攻略"后,与同伴们到达锡利群岛。经过长时间的努力,莫里斯等人在周边的岩石裂缝中发现了1400块银币。莫里斯还找到了一个印着克劳迪斯雷·肖伟尔爵士的徽章的大银盘,这是舰船上最宝贵的一件银餐具。

20世纪60年代末,莫里斯将在锡利群岛周边海域发现的古董拿到伦敦的索斯比拍卖行进行拍卖。他与同伴们从国防部得到一笔奖金。1970年，第二次拍卖会上，莫里斯再次成为"联合"号银盘的主人。之后，很多英国潜水员在"联合"号的舰腹中发现大约7000块银币。1974年，在锡利群岛，莫里斯及其同伴找到了断裂的英国战舰"巨人"号。这艘战舰归18世纪的霍雷肖·纳尔逊舰队所有，1798年，它因触碰到锡利群岛的花岗岩而沉没。在这艘战舰上，莫里斯的潜水员们找到了一个250年前的花瓶碎片。后来，大英博物馆的工作人员将这些花瓶碎片复原。

"联合"号舰队触礁近300年间，许多冒险家来到锡利群岛寻找财富。这座欧洲最大的海上公墓竟然成为众多潜水者寻宝的乐园。可是，"联合"号舰队的钱箱一直杳无音信。谁会最终成为它的发现者呢？至今仍是一个谜团。

## 小博士百事问

### 什么是海盗？

海盗指的是在海上及沿海地区劫掠商船和居民的强盗，与活跃在陆地上的土匪具有相同的性质。海盗这个行当十分古老，自船只航行以来便已存在。尤其是在航海业发达的16世纪以后，凡是商业繁荣的沿海地区都会有海盗出现。凭借行当的神秘性和特殊性，海盗被人们赋予了传奇甚至魔幻的色彩。

# "阿波丸"号沉宝之谜

传闻中让世上一切打捞者日思夜想的"阿波丸"号是一座40吨重的"金山"。在战争史上，它的沉没一直是一个未解的谜团。

## "阿波丸"号被击沉

1945年4月的一个午夜，在我国福建省牛山岛以东海域，日军的"阿波丸"号遭到美军潜水舰"皇后鱼"号的

攻击而沉没。"皇后鱼"号艇长将此消息报告给上级。日本政府抗议美军无端攻击"阿波丸"号，对这种行径进行谴责，还让美国承担全部责任。但美国政府宣称艇长已交给军事法庭，对日本的抗议采取拒绝的态度，并对"阿波丸"号的合理性提出质疑，批评日本在其中装载军政要员。尽管日本政府再次抗争，也有口难辩。4年之后，日本主动放弃了索要赔偿的要求。

## "北京人"头盖骨化石失踪

"阿波丸"号被击沉时，其上2000多名乘客和不计其数的金银珠宝尽数葬身海底，只有三等厨师下田勘太郎一人幸存。据美国人掌握的资料显示，"阿波丸"号上也许还有"北京人"头盖骨化石。

1941年，日本侵略者在中华大地上横行无忌。鉴于此，学者魏敦要求将"北京人"头盖骨化石暗中送往纽约自然历史博物馆。1941年12月，美国海军陆战队专列从北平驶向秦皇岛，其中美军专用的标准化绿色皮箱中藏匿着两箱化石。不久，太平洋战争爆发，日军火速侵占了美国在华的全部机构，"北京人"头盖骨化石也因此而失踪。但是，日本官方一直拒绝承认"北京人"头盖骨化石在他们手中。

## 🔍 真相到底是什么？

1977 年 1 月，我国对"阿波丸"号开展了大规模潜水打捞工作，工程代号为"7713"。在长达 3 年的努力下，"阿波丸"号沉船重见天日，捞获的物品包括数千吨橡胶等货物，其中最有价值的是总计 2472 吨的价值 5000 余万美元的锡锭。可是，这次打捞未发现"北京人"头盖骨化石的踪迹，也未找到黄金。事已至此，只有"阿波丸"号被全部打捞上来，我们才能了解事件的真相。

### 🎓 小博士百事问

#### 北京猿人指的是什么？

北京猿人是原始人类时期的典型代表。白天，北京猿人研制工具，采食果实，抓捕野兽，夜晚就回到龙骨山的洞穴中，一边烤火歇息，一边用简单的手势和言语相互聊天。

# 世界未解之谜

Unsolved Mysteries of the World 大全集

# UFO与外星人之谜

张月 主编

黑龙江科学技术出版社

HEILONGJIANG SCIENCE AND TECHNOLOGY PRESS

图书在版编目（CIP）数据

世界未解之谜大全集．UFO 与外星人之谜 / 张月主编
．-- 哈尔滨：黑龙江科学技术出版社，2023.8（2024.5 重印）
ISBN 978-7-5719-2100-2

Ⅰ．①世… Ⅱ．①张… Ⅲ．①科学知识－儿童读物②
地外生命－儿童读物 Ⅳ．① Z228.1 ② Q693-49

中国国家版本馆 CIP 数据核字（2023）第 153627 号

# 世界未解之谜大全集　UFO 与外星人之谜
## SHIJIE WEIJIE ZHI MI DAQUANJI UFO YU WAIXINGREN ZHI MI

张月　主编

| 项目总监 | 薛方闻 |
| --- | --- |
| 策划编辑 | 沈福威　顾天歌 |
| 责任编辑 | 回　博 |
| 插　画 | 文贤阁 |
| 排　版 | 文贤阁 |
| 出　版 | 黑龙江科学技术出版社 |
| | 地址：哈尔滨市南岗区公安街 70-2 号　邮编：150007 |
| | 电话：（0451）53642106　传真：（0451）53642143 |
| | 网址：www.lkcbs.cn |
| 发　行 | 新华书店 |
| 印　刷 | 三河市南阳印刷有限公司 |
| 开　本 | 880 mm×1230 mm 1/32 |
| 印　张 | 3 |
| 字　数 | 48 千字 |
| 版　次 | 2023 年 8 月第 1 版 |
| 印　次 | 2024 年 5 月第 2 次印刷 |
| 书　号 | ISBN 978-7-5719-2100-2 |
| 定　价 | 138.00 元（全 8 册） |

# PREFACE
## 前　言

　　我们生活的世界，表面上平静无波，实际上有着无数波诡云谲的谜团。由于人类科技水平的局限，或者眼下缺少关键性证据，很多成了不解之谜。

　　世界上的未解之谜不胜枚举，小读者想要获得探索谜团的乐趣，就请打开这套《世界未解之谜大全集》吧！我们精心选择了有关宇宙、地球、海洋、人类、自然、宝藏、UFO与外星人、科学的种种未解之谜，包罗万象，乐趣无穷。举例来说，宇宙大爆炸假说是目前最接近"宇宙真相"的假说，但至今仍缺乏关键性证据来证实；地球上的生物千奇百怪，有天生就会"盖房"的昆虫，也有刀枪不入的树木，还有至今踪迹难寻的神秘生物；宇宙中有数不胜数的行星，UFO和外星人是很有可能存在的，但是人类至今无法证实……探索这些谜团的过程真的是妙趣横生。

# CONTENTS
# 目　录

## 1  疑云重重
### ——地外文明猜想

# 2 云中魅影
## ——UFO 档案

# 3 天外来客
## ——外星人迷踪

# 疑云重重
## ——地外文明猜想

# 人类是唯一的**智慧**生物吗？

地球与太阳的距离远近适中，使地球成为生命的乐园。但是，在银河系中，像太阳系这样的天体系统有上千亿个；而浩瀚的宇宙中，至少包括上千亿个像银河系这样的星系。要说只有地球的位置最为特殊、只有地球才能孕育生命，是不是太过武断了？

## 德雷克公式

1961年，美国天体物理学家德雷克通过定量分析，提出了一个估算银河系中有能力与人类进行无线电通信的地外文明数量的公式，这就是大名鼎鼎的"德雷克公式"。人们探讨地外文明时总会提到这个公式，但是根据该公式进行估算所得出的结果依然存在争议。有人认为银河系中与人类文明相仿的地外文明可能有几亿个，也有人认为有几百个，最悲观的结果则是只有人类文明这一个。

## 三型文明

很多科学家认为，假如宇宙中的其他行星也存在文明，那么这些文明很可能已经发展了亿万年，其文明程度是地球人无法想象的。当然，这些想象中的行星上的生命也可能正处于原始阶段，根本没有形成文明，或者文明程度不及地球上的人类，又或者文明程度与人类相仿。

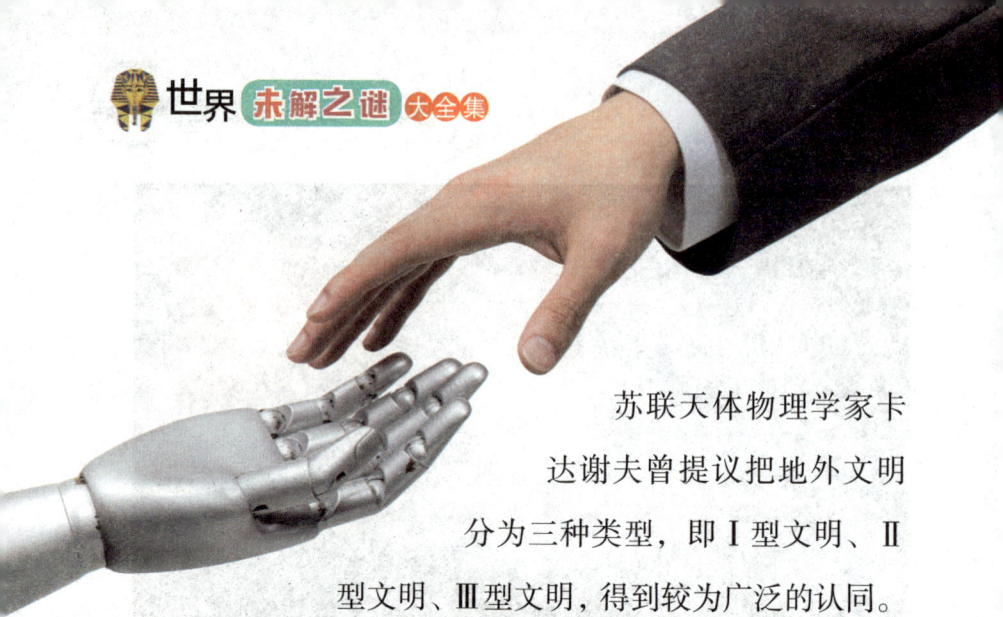

苏联天体物理学家卡达谢夫曾提议把地外文明分为三种类型，即Ⅰ型文明、Ⅱ型文明、Ⅲ型文明，得到较为广泛的认同。

Ⅰ型文明是指自给自足的低级文明，能掌握本行星的全部资源。

Ⅱ型文明是指行星系内的中级文明，能够掌握自己的中央恒星和行星系统中的全部资源。

Ⅲ型文明是指高级的星系文明，能够掌握自己的恒星系统中的一切资源。

可以看出，刚刚步入信息化时代的人类文明，目前还没有实现Ⅰ型文明，而要达到Ⅱ型文明、Ⅲ型文明，更是遥遥无期。

正因为人类科技水平有限，目前无法确定宇宙中是否存在其他智慧生物。这个谜团揭开时，人类的命运或许将迎来重大改变。

## 小博士百事问

### 人类文明是什么时候诞生的？

有关文明的定义，争论无休无止。最乐观的估计是，人类文明的历史接近 10000 年；有人认为应该从"国家"这一组织形式的出现算起，那么人类文明只有 5000 余年的历史；也有人认为应该从文字的诞生算起，那么人类文明也不过 5000 年。

# 为何还没找到地外文明？

人类对地外文明的探索由来已久，特别是20世纪中叶以后，人类开始运用各种工具探索地外文明的踪迹，但至今没有找到其存在的任何有力证据。

## "隐身"论

持该观点的人认为，地外文明拥有人类无法匹敌的科技水平。这些拥有超高智慧的生物，可以轻松收集到人类发来的信息，但出于某种考虑不愿意让人类发现自己的存在。于是，这些生物就让自己"隐身"了，无论是人类的电子信号还是探测器，都被对方屏蔽掉了。因此，就算是"近在咫尺"的银河系内的文明，人类也无法发现，更别说银河系外的文明了。

## 毁灭论

人类文明虽然不算高度发达，却已经面临核战争、环境污染、资源枯竭等种种问题的威胁。发展程度更高的文明，遭受毁灭性打击的可能性更大，因为推动其进步的力量很强，这种力量摧毁该文明的能力也很强。因此有人假设，人类目前能够探测到的范围内的发达文明都已经毁灭了。

## "早产儿"论

还有人认为，人类之所以没有发现地外文明，是因为人类文明是一个"早产儿"。

　　人类的祖先——古哺乳动物，在恐龙主宰地球的漫长时间中，始终遭受压制，与今天的人类和动物同比例相比，大多数不过老鼠大小。恐龙虽然主宰地球一亿多年，但始终没能演化出拥有智慧的种类（也有人认为，恐龙的演化被白垩纪末期的生物大灭绝打断了）。大约在6500万年前，恐龙灭绝，哺乳动物开始兴盛起来。大约在700万年前，人类从猿类中演化出来了。

　　人类仅用了数百万年的时间就发展出了可以进行无线电通信的文明，而恐龙花费一亿多年也完全没有创造出文

明的迹象。因此有科学家认为，人类文明其实是"早产儿"，是远超生物进化速度的偶然情况。宇宙中有无数环境与地球类似的行星，而且其中很可能已经孕育出了生物，但这些行星上的生物还达不到与人类进行无线电通信的文明程度。

地外文明真的不存在，还是"隐身"了，抑或是尚未发展到与人类交流的程度，目前还是一个未解之谜。

### 小博士百事问

**如果没有遇到生物大灭绝，恐龙有可能进化出高智慧吗？**

在白垩纪末期，以伤齿龙为代表的小型肉食性恐龙已经拥有了可以与今天的鸟类相媲美的智商。因此有科学家假设，如果没有遇到生物大灭绝，那么伤齿龙等可能会进化为"恐龙人"，成为继续统治地球的智慧生物。

# 麦田怪圈之谜

所谓的麦田怪圈，是指在长满麦子的田地里，有些麦子一夜之间弯曲伏倒从而呈现出有规律的大型图案的现象。

## 多见于英国南部

麦田怪圈现象历史悠久，第一例对麦田怪圈的报道可以追溯到 1647 年的英国。此后，北美洲、大洋洲、欧洲、南美洲、亚洲等地都频频发现麦田怪圈，但大部分仍在英国。现在，全世界每年会出现数百个麦田怪圈，图案各有不同，并不局限于圆形、蜜蜂形、长方形等形状，三维立体图形也出现过。

## 形成原因猜想

关于麦田怪圈形成的原因，科学界众说纷纭。

磁场说。有专家认为，磁场中有一种神奇的移动力，可产生一股电流，使农作物"平躺"在地面上。他们认为，麦田接受灌溉后，底部的土壤释放出的离子会产生负电，与高压电线相连的变压器则产生正电，负电和正电碰撞后会产生电磁能，从而击倒小麦，形成麦田怪圈。

龙卷风说。从有关记载来看，麦田怪圈出现最多的季节是春季和夏季。有人认为，春季和夏季天气变化无常，龙卷风是造成麦田怪圈的主要原因。很多麦田怪圈出现在山边或离山六七千米的地方，这些地方很容易形成龙卷风。

人造说。这种说法流传得较为广泛。相当一部分人认为，麦田怪圈只是某些人的恶作剧而已。更有人认为，麦田怪圈很可能是某些人用以吸引游客前来观看的"人工景点"。每年麦收季节，频繁出现的神秘巨型怪圈都会为英国南部各郡带来巨额的旅游收入。

## 外星人制造说

关于麦田怪圈的成因，最引人瞩目的假说自然是外星人制造说。特别是那些一夜之间形成的麦田怪圈，规模宏大、图案精密，很难一蹴而就。因此，有人坚信这是外星人的杰作。

持该观点的人认为，麦田怪圈出现的地方，也是UFO

或外星人目击事件集中的地方。至于外星人为何要制造麦田怪圈，有人认为这是外星人发给地球人或外星同类的某种信息，只不过人类目前还无法破译这些信息。

虽然很多麦田怪圈都被证实是人为的，但依然有一部分无法确定是人为的。麦田怪圈在未来很长一段时间里，都会是人们在茶余饭后谈论的未解之谜。

小博士百事问

**除了麦田，种植其他农作物的田地里**
**也出现过怪圈吗？**

除了麦田怪圈，世界上还出现过草地怪圈、油菜田怪圈、大麦田怪圈、玉米田怪圈、土豆田怪圈、向日葵田怪圈等，甚至还出现过树圈。

# 亚特兰蒂斯之谜

亚特兰蒂斯又称大西国、大西洲，是传说中一个位于大西洋上的岛国（或大陆）。亚特兰蒂斯最早记载于古希腊哲学家柏拉图的《对话录》中，其文明程度超越了时代。公元前 10000 年左右，亚特兰蒂斯沉入大海。

## 古代超级文明

传说，亚特兰蒂斯处于大西洋北纬 30° 线附近。在柏拉图的记载中，亚特兰蒂斯是世界文明中心，那里海岸绵

长、平原辽阔、土地丰饶、气候宜人，
人们靠种地、开采金银和提炼香水生活，
庄稼一年可以收获两次。

亚特兰蒂斯到处都开满鲜花，中心
城市的建筑呈同心圆分布，一层层从低
到高向中心排列。这些建筑除了住宅外，
还包括天象馆、学校、寺庙、剧场、竞
技场、公共浴池等，都有镀金的圆顶，
看起来金碧辉煌。城市中熙熙攘攘、热
闹非凡，码头上船来船往，与许多国家
进行贸易。

亚特兰蒂斯人热爱音乐，有系统的文字。最令人惊
叹的是，他们已经能够使用太阳能了。他们的能源系统
是巨大的水晶石，能够吸收阳光并将其转变为能量。

## 一夜消失

根据柏拉图的记载，亚特兰蒂斯有着世界领先的文明，
因而也产生了征服世界的野心。但是，就在亚特兰蒂斯人
整顿好军队，准备四处征伐时，灾难突然降临了：一场滔

15

天洪水席卷了这个国度，除少数人乘船逃到别国外，绝大多数人都与城市一起葬身海底了。

## 外星人建立的国度

柏拉图信誓旦旦地声称有关亚特兰蒂斯的一切都不是自己虚构的，但多数人还是认为它只是一个神话中的国度。

不过，也有少数人认为亚特兰蒂斯真实存在过，于是到大西洋上寻找它，但是一无所获。

更有人认为，亚特兰蒂斯之所以有超越时代的文明和科技，是因为那里是外星人在地球上建造的一个基地！外星人用自己的智慧创造了这个超出人类发展水平的国度，但最终也是外星人自己让这个国度葬身海底。

　　亚特兰蒂斯是否存在过？它真的是外星人建立的国度吗？为了找到答案，还有人在大西洋上不遗余力地寻找着这个传说中的国度。如果真的发现其遗迹，人类文明史就将改写。

## 小博士百事问

### 北纬30°线有什么特殊之处？

　　北纬30°线充满神秘色彩，光辉灿烂的三星堆文化、神秘古国亚特兰蒂斯、传说有雪怪出没的喜马拉雅山脉、雄伟的金字塔、恐怖的百慕大三角等，都位于北纬30°线附近。同时，北纬30°线附近也是地震、火山等地质灾害多发的地带。

# 死丘之谜

摩亨佐·达罗位于巴基斯坦信德省，曾是印度河流域文明的代表性城市，如今则是一座有"死丘"之称的神秘遗址。在传说中，这座城市的神秘毁灭与地外文明有着某种关系。

## 繁华的大都会

摩亨佐·达罗大约兴建于公元前2600年，一般认为此时雅利安人还没有入侵古印度，这座城市是由原住民——达罗毗荼人所建。

　　这是一座像棋盘一样整齐划一的城市，主要分为高处的"城堡"与低处的住宅区。城市规划先进、完善，其供水和排污系统尤其受人称道。城中生活着超过4万人，商业、农业、加工业都很发达，还诞生了文字，这些文字刻在石头、象牙、铜等制成的印章上。可惜的是，现代人花了上百年的时间还是没能破译印章文字。

## 史前的"核爆炸"

　　摩亨佐·达罗在大约公元前1800年时突然毁灭了。对于其毁灭的原因，众说纷纭，例如，被洪水淹没，被异族入侵，被瘟疫毁灭等。但是，也有许多证据指向了未知的神秘力量。

　　摩亨佐·达罗被发现时是一片废墟，到处充满爆炸和燃烧的痕迹，很多地方还散落着人骨。这些人都是在居室内猝死的，有些人骨还有高温加热过的痕迹。因此，有些人提出了一个大胆的猜想：摩亨佐·达罗毁灭于一场史前的核爆炸。

　　巧合的是，在印度史诗《摩诃婆罗多》《罗摩衍那》中，都有类似核爆炸的描写，遭到疑似"核武器"攻击的城市是兰卡，正是当地人对摩亨佐·达罗的称呼。史诗中有"这种武器产生可怕而猛烈的火""动物被烧灼变形，河水沸腾""极为壮观的白炽火柱升起"等描写，与原子弹爆炸的场景不谋而合。

## 又是外星人惹的祸？

在4000多年前，谁使用了核武器呢？不出意外，人们又想到了来自外星的智慧生物。有些人猜测，外星人曾来过摩亨佐·达罗，并帮助当地人建造了这座史前的大都会。但是，外星人乘坐的飞行器发生了故障，其核动力燃料爆炸，摧毁了摩亨佐·达罗。当然，这只不过是一种天马行空的想象，真相或许还掩埋在死丘中，或者藏在那些印章文字中，等待人类去发现。

### 小博士百事问

**摩亨佐·达罗为何被称为"青铜时代的曼哈顿"？**

摩亨佐·达罗的城市设计严谨、先进，有一个水井网络为每个街区供水，还有一套完整的下水道系统，是当时世界上最先进的供水系统和排污系统之一。因此，有人将其与当今世界最繁华的城区——美国纽约曼哈顿相提并论。

# 51区之谜

要说世界上哪一个地区与 UFO、外星人的关系最为密切，那么非 51 区莫属。51 区是指美国内华达州境内的一个空军基地，它在军事地图上的分区编号为 51。世人相信这个用于秘密实验的区域与 UFO、外星人有关，甚至称其为"外星秘密基地"。

## 51 区的"主业"

51 区位于美国内华达州南部的林肯郡，最初是一片不毛之地。1950 年，这里被划入核武器试验地的一部分。不

过,51区通常还被用于研究飞行器和武器。大名鼎鼎的U-2侦察机就是在51区研发的,这款飞机征战全球,成为侦察机的典范之作。有人说,著名的B-2隐身战略轰炸机也是在51区研发成功的。

## 阴谋论爆发

51区建立之后,美国政府就对这里遮遮掩掩、避而不谈。作为军事基地,这里自然严禁外人随意出入。有人声称在51区上空看到了UFO(或许是美军研发的一种造型奇特的飞行器)。这样一来,各种阴谋论就随之出现了。再加上51区诞生的飞行器和武器太过超前,因此有人揣测:是不是有外星人在51区协助美国人搞研发呢?

随着阴谋论愈演愈烈,一些在51区工作过的人发现了"商机",他们宣称自己在51区研究过UFO,还有人说自己和外星人当过同事,甚至出示了"外星同事"的照片。这些言论将51区一次次推向风口浪尖,使其成为举世瞩目的"神秘禁区"。

## 争议继续

有关 51 区参考 UFO 研发
飞行器甚至雇佣外星人参与
研究的传闻有很多漏洞，
许多研究者对其不屑一顾。
但这不妨碍世界上无数 UFO
与外星人爱好者对 51 区趋之
若鹜，甚至有美国政治家宣称要
解密 51 区，但实际上是想拉选票，这从侧面显示出 51 区
强大的吸引力。至于 51 区到底与地外文明有没有关联，
短期内我们无法找到答案。

## 小博士百事问

为什么美国 UFO 与外星人的"目击案"特别多？

美国是世界上试飞各类飞行器最多的国家，民众目睹不
明飞行物的概率是其他国家望尘莫及的。再加上最早的 UFO
目击者是美国人，美国民众对 UFO 与外星人的兴趣格外浓厚，
因此"目击案"自然特别多。

# 火星运河之谜

在19世纪末到20世纪中期，"火星运河"一直是天文学界的一个热议话题。如果火星有运河，就说明火星上存在（或者存在过）智慧生命，难怪当时无数科学家都对这个话题感兴趣。

## 一个误会引发的长期争论

1877年，意大利天文学家斯基亚帕雷利使用望远镜观察火星时，发现火星表面上有一些模糊不清的暗线，于是他用意大利语将这些暗线称为"水道"。翻译者将斯基亚帕雷利的著作译成英语时，误将"水道"翻译成了"运河"。运河是人工开凿的河道，如果承认火星上有运河，就等于承认火星上有智慧生命存在，这引起了长达半个多世纪

的火星运河之争。

美国天文学家帕西瓦尔·罗威尔是火星运河说坚定的鼓吹者。罗威尔在美国亚利桑那州建立了一个天文台，经过多年的观测，他"证实"了斯基亚帕雷利的发现，并观测到几百条新的河道。他认为，火星运河可以将火星极冠上的水引向干旱的热带地区，用以灌溉那里的田地。

罗威尔的理论引起了人们极大的兴趣，并很快风靡世界。但另一位美国天文学家巴纳德认为，火星上的暗线很不规则，并且是断开的，不可能是运河。希腊天文学家安东尼亚第则直言，把火星上的暗线说成是运河，纯粹是想象力过于丰富的人的错觉。

**真相揭开**

直到 20 世纪六七十年代，美国的几个"水手"号探测器发回了在火星附近拍摄到的大量照片，火星运河之争才彻底平息下来：火星上没有任何运河的迹象。不过，"水手9"号有了意外的发现，那就是火星上有许多类似河床的地质构造。这样一来，火星运河之争有了新的"变体"——火星上可能存在过河流、湖泊，甚至海洋。那么，火星上存在过某种形式的生命的可能性就大大提升了。

也许很久以前，火星上真的存在生命，可能是一场我们不知道的变故使火星变成了现在这个样子。那么，火星上到底发生过什么？如果火星上有生命，这些生命现在又在哪里？希望我们可以早日揭开这些谜团。

## 小博士百事问

**著名的"火星人面石"是什么？**

人们曾在火星表面拍到一张"火星人面石"的照片。从照片上看，一块巨大的石头犹如五官俱全的人脸，仰望长空，透露出悲戚的神色。人们通常认为这块石头不过是自然形成的，但也有人坚信这是火星存在智慧生命的证据。

# 皮里·雷斯地图之谜

在世界航海史、地图史上，皮里·雷斯是一个比较有名的人物。有人坚称，皮里·雷斯留下的地图是外星人的杰作，至少是外星人指导皮里·雷斯绘制的。

## 传奇之作

皮里·雷斯活跃在 16 世纪，"雷斯"是封号，皮里晚年升任奥斯曼帝国海军上将后才得到这个封号。皮里·雷斯毕生从事航海事业，撰写了著名的《海事手册》。他还是一位绘图师，是世界上最早绘制世界地图的人之一。

18 世纪初，人们得到了一些皮里·雷斯留下来的地图。后来，有人把这些地图交给了美国绘图师马勒利，由他进行研

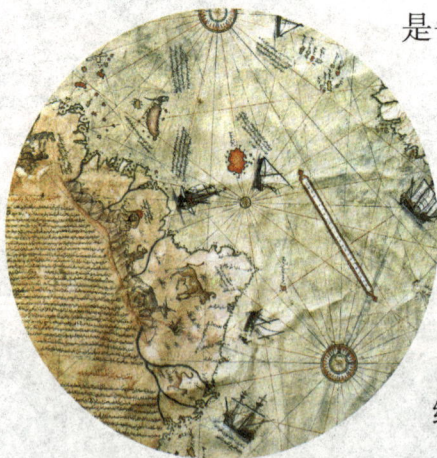

究。马勒利发现这些地图的数据很准确，但没有标在正确的地方。他又找到美国军方绘图师沃尔特斯，两人一起制作了一个坐标网，把皮里·雷斯地图转移到现代地球仪上。他们惊奇地发现，这些地图是非常准确的。最让他们感到震撼的是，地图上还标出南极洲的位置！要知道，皮里·雷斯去世近 300 年后，人们才发现南极洲，那么他是怎样提前画出南极洲地图的呢？

## 哈普古德教授的猜想

美国肯恩大学的哈普古德教授有了更惊人的发现。他将皮里·雷斯地图与从人造卫星上拍摄的地形照片做了比较，发现两者十分相似。于是，他认为这些地图是高空投影图，就像是根据在高空甚至人造卫星上用相机垂直拍摄的照片绘制的。但是，在皮里·雷斯生活的 16 世纪，哪里有飞机和人造卫星呢？于是，哈普古德教授猜想，这些地图其实是外星人的杰作。于是，皮里·雷斯地图便成为外星人到过地球的"有力证据"。

## 谜团部分揭开

近些年，随着研究的深入，皮里·雷斯地图的神秘面纱渐渐被揭开。有人认为，地图上那块被认为是南极洲的大陆，有可能是南美洲。还有人推测，为了让皮里·雷斯地图显得更神秘，哈普古德教授等人故意动了手脚。但不管怎样，皮里·雷斯地图依然有很多谜团等待被揭开。

### 小博士百事问

**人类是如何发现南极洲的？**

在两千多年前，古希腊哲学家就认为南方也存在一片大陆，并认为南方的大陆与北极地区一样严寒，无人居住。自 18 世纪起，西方探险家纷纷开始寻找这块传说中的大陆。大约在 1820 年与 1821 年之间，多国探险家相继宣布自己发现了南极大陆。

# 云中魅影
## ——UFO 档案

# UFO "问世" 之谜

人类探索UFO这一神秘领域的历史并不算遥远。1947 年的一个普通的夏日，美国企业家阿诺德驾驶私人飞机与 9 个高速飞行的"圆盘"擦肩而过，此后全球无数人开始对 UFO 现象进行探索。

## 阿诺德的奇遇

1947 年 6 月 24 日，美国爱达荷州博伊西城的一家灭火器材公司的老板肯尼斯·阿诺德，正驾驶着私人飞机穿

越华盛顿州的喀斯喀特山脉。

当飞机接近海拔 4400 米的主峰时，阿诺德注意到了空中的奇异闪光现象：9 个圆形物体正在以一种不可思议的跳跃方式在空中高速前进。阿诺德觉得这些闪光物体像鸟类，又像碟子。他立刻拿起望远镜观察，发现它们正以每小时数千千米的极高速度远离自己，一眨眼就消失在晴空之中了。

记者对阿诺德进行采访，报道时使用了"飞碟"这个名字。接下来，事情的发展令人惊讶，不只是美国，世界上的许多角落都出现了飞碟的身影。阿诺德看到的到底是什么，已经成为永远的谜团了。

## UFO 到底是什么？

过去的 70 余年间，无数人（包括大批科学家）对UFO 进行了研究。研究结果表明，绝大多数 UFO 都是可以用科学来解释的，主要有以下几类。

最常见的说法是对已知现象或物体的误认。例如，对行星、恒星、流星、彗星、陨星等天体的误认；对球状闪电、极光、幻日、海市蜃楼、流云等大气现象的误认；对飞鸟、昆虫群等生物的误认；对飞机、气球、航空器、火箭、卫星、航天器残骸等人造飞行器的误认；对地震光、大气碟状流、地球磁电等诱发的效应的误认等。此外，雷达也可能将电离层反射、雷达副波、反常折射、散射等假目标误认为UFO。

　　还有一部分目击者，其实是将心理现象误认为现实了。例如，将幻听、幻视等幻觉中的UFO当作现实。

　　除此之外，仍有极小一部分UFO现象是现有科学理论无法解释清楚的，至于其是否真的与地外文明有关，有待时间证明。

### 小博士百事问

**UFO这个称呼是怎么来的？**

　　1952年，美国空军为调查外星人和飞碟，开展了"蓝皮书计划"，收集了上万件目击报告。该计划的第一任负责人爱德华·鲁佩尔特上尉认为"飞碟"一词并不准确，于是发明了"Unidentified Flying Object"一词，意思是不明飞行物，简称UFO。

# UFO从哪里来?

对世界上成千上万的 UFO 爱好者来说，UFO 的 "故乡" 是他们非常感兴趣的课题。UFO 是来自遥远宇宙中的某个星球，还是来自人类想象不到的神秘空间，或者来自未来时空?

## 来自其他星球

一些科学家和 UFO 爱好者认为，由于人们对太阳系内的行星进行了非常深入的研究，并且没有在这些行星中发现生命的存在，所以 UFO 不可能来自太阳系内的一些

行星。一些人由此提出了这样的疑问：UFO 会不会是从太阳系外其他行星来到地球上的呢？

## 来自平行世界

有物理学家推测，我们所生活的世界可能不是宇宙中唯一的空间，在我们生活的世界之外，可能还存在着另外一个平行世界。由于人类目前的科技水平有限，因此，科学家还不能证实这个平行世界是否存在或者确定它的位置。

有人推测，当时空发生扭曲时，原本两个独立存在的平行世界之间的物质会发生交换，如此一来，另外一个世界中的飞行器就会进入我们的世界，我们就会看到来无影去无踪的 UFO。

## 来自未来世界

除了上面两种猜测，一些科学家还认为，UFO 可能来自距离我们数百年或数千年的未来世界。由于科学技术的迅速发展，科学家猜测在未来的某个时期，人类能够乘坐 UFO 随意地在过去和未来之间穿梭。他们频繁地乘坐 UFO 来到现代社会，一方面是想向自己的祖先展示未来先进的发明，另一方面是想研究人类的发展历史。

不管 UFO 来自哪里，我们能够肯定的是：如果 UFO 真的存在，那些制造 UFO 的生物肯定有着比人类还高的智慧，它们所存在的世界肯定也拥有着比人类还先进的科技水平。但是，这种生物来到地球的目的是什么，我们无从得知。

## 小博士百事问

**UFO 就是外星人驾驶的飞碟吗？**

UFO 的含义是"不明飞行物"，包括目击者对某种自然或人工现象的曲解或幻觉，和有待解开的未知的自然之谜，以及地外文明制造的飞行器，而最后这一类才是俗称的飞碟。

# UFO外观之谜

根据世界各地目击者的报告，UFO可谓形态各异，千变万化。根据UFO外形的不同，有研究者将其大致划分为以下几种。

## 圆盘形

圆盘形是最常见，也是最早被发现的UFO的形状，这种形状的UFO就像是两个扣在一起的碟子，因此它又被称为"飞碟"。人们认为，圆盘形的UFO在运行时受到的空气阻力小，飞行速度快，灵活性强。

## 球形

顾名思义，球形 UFO 就像一个球体，这种 UFO 出现时常常伴随着亮光，所以那些看到球形 UFO 的人会感觉有个球状的发光体在天空中飞行。球形 UFO 比较常见，在世界各地均出现过。2015 年，有人宣称在日本大阪上空看到了球形 UFO。

## 飞棍形

从远处看去，飞棍形 UFO 就像一根长长的棍子，还有人说飞棍形 UFO 像一根雪茄，所以飞棍形 UFO 也叫雪茄形 UFO。1958 年，一个美国人无意间用自己的红外线摄像机拍到了一个飞棍形 UFO。

## 螺旋形

螺旋形 UFO 呈螺旋状，飞行时散发着光芒。螺旋形 UFO 的中部最亮，随着螺旋纹路的展开，螺旋形 UFO 的亮度逐渐降低，在其飞行时可以清晰地看到它的轮廓。近几十年来，有人宣称在我国北京、成都等地发现了螺旋形 UFO。

## 其他形状

根据目击者的描述，还有扇形 UFO、纺锤形 UFO、三角形 UFO、光团形 UFO 等。假设这些奇怪的 UFO 并非出自目击者的想象，那么 UFO 为什么是这些形状的呢？为什么 UFO 的形状与人类制造的飞行器如此不同呢？这些问题至今没有答案。

### 小博士百事问

**UFO 的大小和分类是怎样的？**

对各地的目击者报告进行汇总分析后，可知 UFO 大小不一，且有着不同的分类，如超小型的无人探测 UFO、小型的侦察 UFO、标准型的 UFO 以及大型的 UFO 母舰等。

# UFO 飞行特性之谜

世界各地的 UFO 目击者，多数都描述过 UFO 那些远超人类飞行器的飞行特性，例如，用极快的速度进行规律或无规律飞行，自由地在空中悬停、垂直升降、空中倒退，以及凭空出现与消失等，这些都是人类飞行器望尘莫及的。

## 反重力装置

有研究者认为，UFO 那些超越人类物理常识的飞行

特性，有可能是运用反重力装置对飞行器进行灵活操纵的结果。他们假设 UFO 中有某种可以让某个区域的重力场消失的特殊装置，即反重力装置。只要开启反重力装置，UFO 就会处在一个独属于自己的重力场。正是因为摆脱了重力的束缚，UFO 才能实现超音速乃至超光速飞行，并且可以自由地在空中悬停、倒退等。

## 光驱动

很多目击者的报告都表明，UFO 总是闪烁着耀眼的光芒，因此有研究者推测，这些光芒就是 UFO 的动力。他们认为，UFO 是通过"光粒子"来推动的。光在真空中的传播速度可达每秒 30 万千米，而 UFO 能够驾驭光粒子的

力量，自然拥有人类飞行
器望尘莫及的飞行特性。

### 分解传输

　　很多目击者称，UFO
突然凭空出现，又凭空消失，这种飞行方式在人类看来是
匪夷所思的。有人就推测，外星人掌握了分解传输的方式，
将 UFO（甚至包括外星驾驶员自身）都分解成最小的"基
本粒子"，此时这些粒子就可以以光速进行传送，到了目
的地还能将粒子重新组装起来。

　　有着匪夷所思的飞行特性的 UFO 是真的存在，还是
目击者的错觉？在弄清楚 UFO 是否存在这个基础的谜团
之前，以上问题是很难得到答案的。

### 小博士百事问

**UFO 降临地球可能有哪些目的呢？**

　　有人认为，UFO 到地球是进行侦查的，目的是以后迁居
地球乃至入侵地球；有人认为，外星人不过是出于科学考察
的目的，对地球地质、生物等状况进行考察；还有人认为，
UFO 不过是在漫长的星际旅行中偶然路过地球罢了。

# UFO基地之谜

UFO 的频繁出现，让人们有了这样的猜想：既然 UFO 能够到达地球，那么地球上或地球周围会不会有外星人的基地呢？如果有的话，外星人会将基地建在哪里呢？

## 百慕大三角区

近百年来，百慕大三角区一直是一个神秘的地区，这里经常出现飞机失踪、轮船下沉等事件，数以千计的人命丧黄泉，所以人们又称它为"丧命地狱"。百慕大三角区的这一现象引起了无数科学工作者和探险家的重视。通过对这一地区的考察，科学家提出了各种假说，如"超时空说""磁场说""UFO 说""海龙卷说"等。在众多的假说中，"UFO 说"最引人注目。有人认为，百慕大三角区的海底隐藏着某种外来文明，正是在这一地带活动的 UFO 劫持了人类的船只和飞机。

## 地心

有人认为，UFO 基地可能位于地球深处。由于人类现有的科技水平不足，因此还没有对地心进行更深入的探索，所以地球深处的 UFO 基地难以被人类发现。从古至今，世界各地都有关于地心人的传说，传说中的地心

人与人类有着完全不同的形象，他们总是神出鬼没。所以有人认为，外星人居住在地心，那里还有他们的 UFO 基地。

## 南极洲

有人称，南极洲存在现代化的建筑群，这个建筑群的结构非常精密，但没有人类生活的痕迹，因为这个建筑群是外星人建造的 UFO 基地。由于南极洲常年被冰雪覆盖，人迹罕至，所以这里成了外星人的 UFO 基地，南极上空频繁出现的 UFO 就是这一猜测的依据。

## 月球

有人认为，月球就是外星人的 UFO 基地，不时光临地球的 UFO 都是从那里出发的，还会回到那里。至于为什么人类探测不到月球上的 UFO 基地，这些人更是给出了大胆的假设：月球是空心的，外星人的庞大 UFO 基地就处于月球的地表之下。

### 小博士百事问

为什么有人认为月背有 UFO 和外星人的踪迹？

月背永远背对着地球，观察和探测难度都比月面高许多，因此，很多人对月背的景象做出了诸多假设，甚至认为那里存在 UFO 和外星人的踪迹。2019 年初，我国的"嫦娥 4"号月球探测器登陆月背，这些猜测不攻自破了。

# "贯月槎"之谜

在我国古代的文学作品中，时常可见疑似 UFO 和外星人的影子。其中，最贴近今天人们熟悉的 UFO 形象的，莫过于《拾遗记》中的"贯月槎"。

## 古籍中的描写

《拾遗记》是晋朝时期的笔记小说，描写的是从上古时代神话人物伏羲之后的奇人异事。全书共 10 卷，其中第一卷的《唐尧》一篇中描写了这样一件事：

尧在位 30 年后，有一艘巨槎（槎就是木筏）在西海上漂浮，槎上闪烁着光芒，夜明昼灭。海边的人争相观看，只见巨槎忽大忽小，仿佛在星星和月亮之

间穿梭。巨槎环绕四海航行，以十二年为一圈，周而复始，因此被称为"贯月槎"，又称"挂星槎"。一些长着羽毛的仙人栖息在巨槎之上，用露水漱口。他们把露水喷出时，日月的光芒都变得黯淡了。到了舜和禹在位时，就没有"贯月槎"出没的记载了。但是在海上航行的人依然在传颂着"贯月槎"的神奇和宏伟。

此外，晋代的《博物志》一书中，也记载了一艘神奇的槎，说的是汉代有个人乘着这艘槎从海上驶入了天上的银河，还见到了牛郎星。这段记载中的槎是否就是《拾遗记》中的"贯月槎"呢？我们不得而知。将这两段记载一起阅读，别有一番趣味。

## 跨越时空的巧合

那艘名为"贯月槎"或"挂星槎"的巨船，穿梭在星月之间，不就是航行在星际间的 UFO 吗？在传说中的上古时代，这艘 UFO 闪烁着耀眼的光芒，围绕着四海飞行，由于是在海上看到的，因此被当作船。至于"贯月槎"上的白衣仙人，不就是身着白色太空装、背着喷射飞行器的外星人吗？

目前看来，"贯月槎"与后世有关 UFO 的描述有诸多巧合，但这段号称"宇宙航行的最古老传说"的记载，目前根本无法证实。

### 小博士百事问

**中国古籍中还有哪些疑似对 UFO 的描写？**

中国古籍中出现的疑似 UFO 的描写浩如烟海。举例来说，北宋大文豪苏轼在《游金山寺》一诗中描写道：一个夜晚，他在山上的金山寺中，目睹了江心出现一个像火炬一样明亮的不明物体，放出的光芒连山上的鸟都惊动了。这个不明物体有没有一种可能就是 UFO 呢？

# 罗斯威尔事件之谜

说起 UFO，就不得不提到罗斯威尔事件。这件离奇的"UFO 坠机案"，时隔数十年依然吸引着全世界 UFO 爱好者的目光。

## 轰动小镇的大事件

罗斯威尔是美国新墨西哥州境内的一个宁静小镇。1947 年的一天夜里，一个碟状发光体突然出现在小镇的上空，还伴随着一声巨响。小镇居民们被巨响惊醒，有些

人跑出家门，看到很多金属碎片散落在地上。据说，当时还在一个农场发现了一个金属碟形物的残骸。这个奇怪的物体已经裂开了，有人推测它的直径大约是 9 米。除此之外，碟形物的周围还分散地躺着几具尸体。这些尸体身高100 ~ 130 厘米，体形瘦小，每具尸体都有一双大眼睛和一个小嘴巴，全部没有头发，只有四根手指，尸体上都穿着闪闪发亮的银灰色连体衣。

## 军方"推波助澜"

美军得到消息后，立即命令罗斯威尔附近的驻军赶往事发地，将农场围得水泄不通，并把旁观者全部疏散。之后发生的一系列反常事情使得事件越来越扑朔迷离。第二天，美国军方召开新闻发布会，新闻发言人当众宣布，前

一天晚上在罗斯威尔发生的是一起UFO坠毁事件。然而，一天后他们给出了截然不同的结论，声称所谓的"UFO坠毁"不过是一个耸人听闻的谣言，现场发现的碎片不是UFO的碎片，而是气象探测气球的残片，那些"尸体"其实是用于实验的橡胶人。但军方的解释并不能让人信服，关于"UFO坠毁"的消息不胫而走。

## 不被认同的解释

有人推测，早在事发当晚，UFO残骸和外星人尸体就已经被美军秘密转移，专门存放在一个空军基地，美军还秘密解剖了外星人的尸体。1994年，美国军方发表了一份解释罗斯威尔事件真相的文件，指出罗斯威尔事件与苏联有关，当时军方制订了一项针对苏联的计划，但由于这项计划涉及国家机密，无法向公众解释，因此民间才会出现各种传言。但是，很多人并不认同这种解释，一些研究人员、UFO爱好者以及事件的目击者都对此提出质疑。现在，罗斯威尔事件的真相仍然没人能够说清楚。

## 小博士百事问

**在人们的猜测中，UFO残骸和外星人尸体被藏到了哪里？**

很多人关注着罗斯威尔事件，他们根据种种迹象，认为美军把UFO残骸和外星人尸体秘密保存在拉特巴达松基地，该基地位于俄亥俄州。

# "天使头发" 之谜

所谓"天使头发"，是指一些 UFO 目击者在现场发现的一种类似蛛丝的胶状物。这些"蛛丝"不同于地球上的任何物质，被视为外星产物。

## 并非孤例

最早记载"天使头发"的人是 18 世纪的英国作家怀特。在《索尔邦博物志》一书中，他描写了自己在田野中看到

许多"蛛丝"从高处落下，使得青草上蒙了一层层的"蜘蛛网"。人们根据这些物质的外观，给其取了一个贴切的名字——"天使头发"。

据称在1954年，两名意大利男子看到了两个纺锤形的UFO。UFO飞走后，他们看到了大量飘落的"天使头发"。一个大学生收集了一些"天使头发"，送到了佛罗伦萨大学。经过化验，发现是一种类似硼硅玻璃丝的纤维物质，具有较强的抗拉性和抗扭曲性，不像是自然形成的。经过加热，这些"天使头发"很快消失了。

后来，在新西兰、美国、英国等地都发现了"天使头发"。苏联研究员曾得到在新西兰收集的"天使头发"，对其进行全面的分析，发现它们是一种含有精细纤维的物

质，有一部分纤维的直径不到 0.1 微米，大多数纤维缠结成一束束直径仅有 20 微米的细丝。经过分析，苏联研究者认为地球上不存在与这些"天使头发"相似的物质。不过，在研究中，这些"天使头发"都被消耗光了。

## "天使头发"的作用

有 UFO 研究者提出，"天使头发"其实是 UFO 释放出的多余能量的物化。也有人认为，这些物质其实是从 UFO 最外边的一层涂层上脱落下来的。

虽然人们提出了各种各样的说法，可是没有哪一种说法更占上风。可惜的是，虽然各地报道"天使头发"出现的事件不少，但目击者都称"天使头发"一落地就迅速分解消失了，所以研究者再也没有得到过"天使头发"的样本。

"天使头发"是否真的存在过？人类还能得到"天使头发"的样本吗？要揭开这些谜团，就只能等待时间给出答案了。

**小博士百事问**

**地球上还发现过哪些"外星物体"？**

在俄罗斯，人们发现了包裹在3亿年前的岩层中的"UFO齿轮"；在距离疑似UFO坠落的罗斯威尔农场不远的地方，有人宣称发现了有着奇怪图案的光滑岩石；最著名的要数在玛雅文明遗址发现的细致无比的水晶头骨（后来发现是当代人仿造的工艺制品）。

# USO之谜

USO 是英文 "Unidentified Submerged Object"（不明潜水物）的缩写，常被视为 UFO 的变种。USO 不及 UFO 受关注，但依然吸引着地外文明爱好者的目光。这些人认为 USO 是外星人到海洋中进行考察时使用的运载工具，甚至认为在海洋深处某个地方有外星人的 USO 基地。

## 水中的巨大怪物

记载最早的 USO 发现于 1902 年，当时一艘英国货轮

在非洲西海岸的几内亚海湾航行，船员们看到了一个在水中半沉半浮的巨大怪物。在探照灯的照射下，船员看出那个怪物呈圆盘状，带有金属光泽，宽约30米，长约200米。在灯光的聚焦下，那个怪物立刻不声不响地潜入水中了，此后再也没人见过它的踪迹。

据说，此后各国都曾发现USO的踪迹，北约在进行军事演习时，USO还曾闯入，引发了各国舰艇的追击，但是一无所获。

## 海底基地

USO的踪迹出现在全球各地海域，引起了研究人员的

关注。有人猜测，USO 就是外星人驾驶的潜水器。外星人去海底，自然是去考察海洋的各种情况的。

更有人宣称，USO 是从海底的外星人基地来的。外星人为什么要在海底建造基地呢？这些人推测，这些外星人是海生生物，只能生活在海洋中，偶尔会借助 USO 到海面上获取一些物资补给等，多数时候是与人类世界隔绝的。

## 超高的性能

USO 的特征与 UFO 类似，行动极为迅捷。根据目击者的报告，USO 在海面上航行时，速度超过了地球上所有的舰艇，简直能追上在陆地上飞驰的高速列车。USO 的下沉速度和上浮速度都不是人类的潜水艇能够做到的。有人认为 USO 出现时，人类舰艇上的无线电、雷达、声呐等电子设备都会失灵。

正因为 USO 有超越人类目前所有舰艇的超高性能，

因此有人怀疑 USO 根本不是客观存在的潜水物，而是某种自然现象，如此才能以超越极限的速度运行。还有人认为，很多目击者看到的是海市蜃楼，即大气折射产生的幻影。

USO 和 UFO 一样，给世人留下无尽的谜团。我们只要努力学习，掌握更多的科学知识，就可能在未来破解这些谜团。

### 小博士百事问

**人类潜水器最深下潜多少米？**

人类已知的海洋最深处，就是位于太平洋中的马里亚纳海沟，最深处距海平面 11034 米。人类的载人潜水器已经能够到达马里亚纳海沟的底部，我国的"奋斗者"号载人潜水器就在 2020 年 11 月 10 日在马里亚纳海沟成功坐底，下潜深度为 10909 米。

# 天外来客
## ——外星人迷踪

# 外星人相貌之谜

在图书或荧幕上出现的外星人形象大多是奇特的，这些形象其实是创作者们想象出来的艺术形象。人们不知道外星人具体的相貌和体态，只能根据现有的知识，通过想象描绘出他们的样子。

## 一些猜测

综合目击者的描述，人们对外星人的形象进行了以下猜测：

外星人的脑袋看起来格外硕大，下巴又窄又尖，身高一般为90～150厘米，但有些外星人特别高，可达3米以上。

外星人的皮肤比较柔软，而且富有弹性，颜色大

多为白色、灰色和棕色。

关于外星人眼睛的说法不一，一部分目击者称外星人没有眼皮和眼珠；还有一些目击者称外星人长着一双炯炯有神的大眼睛。

一些目击者说外星人没有鼻子，脸上只长着两个小小的孔，他们通过这两个孔呼吸；还有一些目击者称，外星人是有鼻子的，而且长着与人类相同的鼻孔。

一些目击者称外星人没有嘴唇和牙齿，只有一条类似嘴巴的细缝；还有一些目击者称，外星人没有嘴巴，也没有细缝。

一些人说，外星人长有胳膊和手，有的外星人长有五根手指，有的长有四根手指，他们的胳膊又细又长，垂下去能超过膝盖。

有的人说外星人的声音非常奇特，有的外星人会不停地发出微弱的嗡嗡声，有的外星人会发出低沉的哼哼声。

## 一切皆有可能

以上猜测，都是人类在自身样貌基础上进行的"微调"。

一些科学家认为，外星人的形象可能与我们人类完全不同，因为他们的相貌和体态会受到各种因素的影响，既包括外星球的引力、光源、温度、磁场、电场等外部条件，也包括外星人自身的进化过程、遗传因子等内部条件。所以，外星人的容貌可能并不统一，会因分属不同的种类而展现出不同的外部特征。也就是说，人类定义"人"的一切标准，在外星人那里可能全都不适用，外星人有可能长成任何一种样子。

外星人到底长什么样子，目前并没有可靠的证据，一切还要等待时间给出答案。

## 小博士百事问

**外星人的形态会与人类相似吗？**

人类之所以进化为智慧生物，与复杂的陆生环境、灵活的肢体构造和较杂的食性有关，因为这些都有助于大脑的进化。因此，有科学家推测，外星人要想成为智慧生物，可能也需要类似的条件，因此，他们的形态有可能是与人类相似的。

# "远古航天员"之谜

在许多远古岩画中，人们发现了不少奇特的现象，如无法解释的技术或成分，以及怪异的、与当时不符的服装和物品。有人推测，先人是看到了地外文明，因此创作出了这些奇特的壁画。

## "远古航天员"的画像

很多地方的远古岩画都有一些共性：人物由线条构成，表现手法笨拙，只能画出人物的侧面轮廓等。同时，各大洲都发现了"远古航天员"的画像，画中的人物无一例外都穿着臃肿的服装，头戴奇怪的圆形头罩。

　　1961 年，考古学家发现了两幅类似的图画。第一幅图画表现的是一个头戴类似潜水员头罩的类人动物，其头部光芒四射；第二幅是已有 5000 多年历史的岩画，画着几个携带呼吸器的人。到了 1969 年，考古学家在乌兹别克斯坦发现并拍摄了一幅新石器时代的岩画，画上有一个头戴密封圆形头罩、头罩上有天线的人物。他背着一个奇特的装备，就像宇航员离开飞船到太空环境活动时使用的呼吸器。

　　无独有偶，一位法国考古学家在意大利境内的阿尔卑斯山区发现了一幅新石器时代的岩画，画上的人物身穿臃肿的服装，背着圆筒形呼吸器，戴着圆形密封头罩，头罩上有观察孔和天线。

在两河流域的苏美尔和阿卡德，人们发现了一些石板和雕刻。在这些石板和雕刻上面，可以看到被光环围绕的星星，光环周围分布着大小不同的星球，还有头上顶着星星的人物，以及驾着带翅膀的圆球飞行的奇怪生物。

## 是"神"还是"外星人"？

科学家认为这些画像上的生物可能是古人心目中的"神"，但"神"这个概念在石器时代是没有的，且这些"神"出现的形式与古代完全不同。在石器时代，人们崇拜动物、火、太阳或雷电，但不把大自然的力量当作人的形象来描绘。

因此，有科学家认为，这些"远古航天员"就是我们的祖先看到光临地球的外星人以及 UFO 之后创作的写实作品。当然，这只不过是一种假设罢了。

### 小博士百事问

#### 中国也有远古岩画吗？

中国是发现远古岩画最多的国家之一，在黑龙江、内蒙古、甘肃、广西、云南、贵州等地，都有表现人物、动物和狩猎、舞蹈等场景的岩画，其中也包括不少疑似与地外文明相关的怪异岩画。

# 神就是外星人吗?

世界各个民族都有自己的神话。神到底是什么呢? 人们众说纷纭。近些年随着对外星人的研究日益深入,一些人突发奇想:神是不是古人见到的外星人呢?

## 古籍中的蛛丝马迹

中国的古籍《山海经》记载了诸多相貌奇特的神明,例如,其中的山神,有的人身龙头,有的人身牛头,有的鸟身龙头、有的长着两个脑袋……《山海经》中还记载了很多神兽以及有着奇形怪状的人的国家,例如,人面、虎身、虎爪、九尾的神兽陆吾,像个红色的布口袋、长着六只脚、六只翅膀、没有耳目口鼻的神鸟帝江,国民能够喷火的厌火国，国民长着一个脑袋、三个身子的三首国，国民人面蛇身、长生不死的轩辕国……

以上关于神仙、神兽、神人的记载，会不会让你想到那些奇奇怪怪的外星人画像呢？世界各国古籍中，也能找到类似的记载。有人认为，古人看到外星人之后把他们当成外表奇特的神并如实记载下来。

## 对"从天而降"者的崇拜

有这样一个故事：第二次世界大战期间，某国的军机因故障被迫降落在太平洋的一个小岛上。岛上的土著从没见过飞机，就把乘坐飞机从天而降的飞行员当作天神一般顶礼膜拜。若干年后，当人们再次造访该岛时，发现这些土著依然对那次与军机和飞行员相遇的经历念念不忘，还把飞行员遗留的一切物品当作圣物一般供奉起来，并不时向天朝拜，祈求"天神"的再次降临。

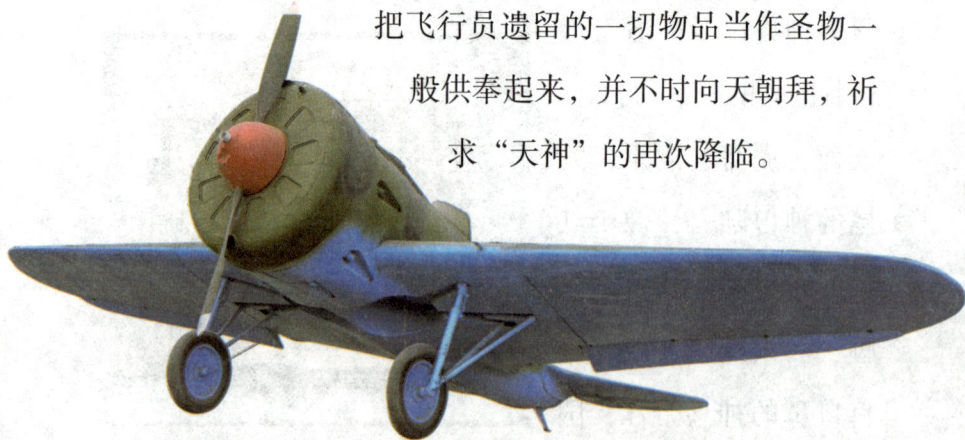

据此，有人认为当来自遥远天体的宇宙航行家从天而降时，古人也一定会把他们当作"天神"，并随着时间的推移让这件事变得更加神秘。尽管世界各个民族所信奉的神不尽相同，但人们无一例外地相信神是来自天上的，这正与外星人自天而降相吻合。

当然，说古人将外星人视为"从天而降"的神，不过是今人的想象。我们并没有相关证据来证明，也无法找到古人来求证。未来如果与外星人取得联系，说不定可以从他们那里找到一些佐证呢。

### 小博士百事问

**《山海经》是一部怎样的古籍？**

《山海经》在古代一度被视为地理书籍，但其中的地理信息并没有与现实对应，因此又被视为神话书籍。今天看来，《山海经》是一部涉及多种知识的上古社会生活的百科全书。

# "我看见了外星人"

目前人类对外星人的认识，多数来自目击者的报告。世界各地的目击者众说纷纭。他们口中外星人的外形也各不相同，综合起来就成了今天外星人在大众心目中的形象。

## 高原上的"怪孩子"

在法国某高原的一片平坦的牧场上，一对兄妹——13岁的哥哥和9岁的妹妹，看到了站在绿篱后面的4个古怪的"孩子"。据这对兄妹回忆，这4个"孩子"的脸和衣服均为黑色，他们身旁有一个极其耀眼的巨大球体。4个"孩子"中有一个弯着腰在地上忙碌

着什么，另一个手中握着一个反射阳光的物体。

发现被窥视后，那些"孩子"都垂直升起，飞到发光球体的上方，然后头部朝下钻了进去。接着，球体发出呼啸声，以极快的速度向西北方疾驰而去。在这个过程中，兄妹俩闻到了一股硫黄的味道。事后，研究人员特地赶到现场进行调查，但除了这对兄妹的叙述，他们没有找到外星人留下的任何痕迹。是这对兄妹在说谎，还是外星人善于清除自己留下的痕迹？这件事情时隔多年，恐怕再也无法找到答案了。

## 珠峰上的天使

一支由 3 名登山者组成的登山队登上了珠穆朗玛峰。他们准备冲顶时，天色忽然大变，气温骤降，随后下起了大雪。三人艰难地爬到一处较平坦的地方，然后扎起了一个小帐篷。随着时间慢慢流逝，他们的手脚冻得僵直、不听使唤了，觉得自己在劫难逃了。

过了几小时，一名队员从帐篷里探头观察帐篷外的状况，意外看到一架巨大的圆形物体悬停在他们头顶上空。紧接着，圆形物体的一个舱门打开了，从里面飞出一架较小的飞碟，慢慢地降落到帐篷旁。飞碟里走出了 6 个人形生物，全都不超过 1.2 米，身上穿着银灰色的衣服。他们的头特别大，有一对尖长的耳朵，还长着一双又大又绿的眼睛。这些人形生物示意 3 名登山者登上飞碟，飞碟内闪烁着万紫千红、令人目眩的灯光，登山者们看不清内部的状况。不久，舱门打开了，登山者们被轻轻推了出来，他们已经来到了喜马拉雅山脚下的一个小村落，此时飞碟已悄悄飞走了。登山者真的遇到了"天使"，还是他们说谎或者产生了幻觉？答案不得而知。

以上两个故事都出于两人以上的共同叙述，且外星人似乎并未对他们产生恶意，甚至帮助了他们。至于当事人说的是真是假，已然无法分辨了。

### 小博士百事问

**为什么登山者都想要征服珠穆朗玛峰？**

珠穆朗玛峰是喜马拉雅山脉的主峰，位于中国与尼泊尔边界上，高度为 8848.86 米。珠穆朗玛峰不仅是世界最高峰，其北坡也是世界攀登难度最高的地带，因此成为世界登山爱好者向往的地方。

# "外星人绑架案"之谜

很多人宣称见过外星人，其中还有人宣称遭到了外星人的"绑架"，给外星人蒙上了一层邪恶的色彩。

## 圣法斯柯"绑架案"

在巴西的一个叫圣法斯柯的小村子，有一个青年自称被外星人盯上且遭到劫持。

　　那是一个盛夏，青年独自在田里干活，有一个很大的"红色星星"落到田里来，从上面下来的 3 个"人"抓住了青年，将他带进了"红色星星"内部一个四周都是金属墙壁的小房间。他看见有 5 个外星人，穿着很像航天员，身上是紧绷的灰色连体工作服，戴着手套，头上罩着一个很大的头盔。

　　接着，青年被带到隔壁一个更大的圆形房间，他全身的衣服都被脱下，之后外星人把一种黏稠的液体涂遍他的全身。后来，青年又被带到另一个房间，外星人用类似注射针筒的东西刺进他的下巴，取走了他的血液，之后将他放回了地面。随后，"红色星星"以极快的速度旋转起来并飞走了。此后，青年一切正常。他的这段离奇经历虽然饱受质疑，但依然有人相信他，这桩圣法斯柯"绑架案"成为第四类接触的典型事件。

## 飞行员的奇遇

一天，一位名叫弗雷德的美国年轻飞行员驾机飞行。飞机爬升到空中时，被一架外形呈菱形、表面闪烁着银光的UFO撞上了。飞机坠毁了，弗雷德觉得自己飘浮着，UFO正悬停在他的正上方。不一会儿，他就置身于UFO之中了。

弗雷德在黑暗中发现了3个酒瓶似的人影，他们身着闪闪发光的金属制航天服。弗雷德此时正瘫坐在地上，一个人影走过来把他抱到一张小床上。很快，一束明亮的蓝光靠近弗雷德，像是要为他做什么检查。3 双炯炯有神的眼睛上下左右地打量着弗雷德的全身。

不知过了多久，一阵刺耳的声音响起，弗雷德马上失去了知觉。当他醒过来时，发现自己正躺在医院的病房里……

弗雷德向很多人讲了自己的离奇遭遇，有人质疑，也有人相信。至于他说的到底是真是假，那就无人可知了。

### 小博士百事问

**"四类接触"是什么意思？**

第一类接触，指目击者远远看到了 UFO 或外星人；第二类接触，指 UFO 对目击者产生了一定的影响，例如，使人类的汽车无法发动等；第三类接触，指与外星人进行面对面的交谈或心灵感应等；第四类接触，指遭到外星人绑架、改造等。

# "屠牛事件"之谜

外星人似乎对地球生物充满好奇，他们不仅"绑架"人类进行检查、改造，还对动物"开刀"。发生在美国各地的"屠牛事件"，是传说中外星人做过的最骇人听闻的事件之一。

## 神秘死亡的牛

20世纪80年代，美国阿肯色州、俄克拉何马州、密苏里州等地，不断发生牛神秘死亡的事件。起初，人们怀疑是农场主的仇人或某些心理扭曲的人所为，但很快就发现不对劲了：屠牛者所用的刀，锋利程度是常人无法想象的，最专业的法医也无法说清凶手用的是什么刀。死亡的牛原本都是散养的，身强体壮且不驯顺，但它们被杀时却完全没有挣扎过的痕迹，尸体上也没有麻醉枪或中毒的痕迹。有些牛似乎是从高空掉落摔死的，因为它们身上除了刀伤，腿骨和肋骨还有骨折的迹象。但谁能将重达 1 吨左右的牛提到空中呢？

牛被杀死后，部分器官被带走，现场却没有留下一滴血。牛的尸体在牧场被发现时正值盛夏，却没有腐烂，连一只苍蝇都没有。此外，现场也没有发现脚印、车辙等。

因此，有人大胆猜测"屠牛事件"是驾驶 UFO 的外星人所为。至于外星人的目的也不难理解，他们是用牛的器官进行研究或制作标本。

## 不只是牛

除了牛之外，还有没有其他动物遭到外星人的"毒手"呢？答案是肯定的。在玻利维亚，发生过"小矮人"屠杀 34 只羊的惨案；在美国爱达荷州，一个农民发现自家的马

正在被一个浑身长满长毛的怪物抽血……

　　以上事件到底是真是假？虽然当事人至今仍然坚称自己没有撒谎，但事实已经无法考证了。我们假设"屠牛事件"是外星人所为，那么地球上所有动物都不会被他们放过。因此，有人不禁感到担忧：在智慧程度比地球人更高的外星人眼中，人类和牛、羊、马是否存在差距？如果外星人真的大举来到地球，人类是否有能力自保呢？

### 小博士百事问

**地球上一共有多少种动物？**

　　据统计，地球上的动物包括脊索动物（哺乳动物、爬行动物、鱼类等都属于脊索动物）、节肢动物、软体动物、环节动物、腔肠动物、原生动物等，共约150万种。

# 外星人为何**不公开**露面？

在许多有关外星人的描述中，除了有人声称自己被外星人俘虏、绑架过，还从来没有出现过外星人公开与人类接触的事件。如果外星人确实是来自外星的客人，那么他们为什么要这样神神秘秘而不公开露面呢？

## 不感兴趣

有人认为，外星人是从文明程度远比地球高得多的天体上来的，拥有高超的科学技术，所以即使不和人类有任何接触，也能探索和了解到他们想知道的一切。正因为这些外星人和地球人处于完全不同的文明阶段，他们看人类社会就像人类观察低级的蚂蚁社会一样。虽然人类会对蚂蚁社会的各种情形感兴趣，但绝不会介入蚂蚁族群的生活。同理，外星人也无意介入人类的生活，所以他们只是悄悄地行动，并不愿意声张。

## 静观其变

目前地球文明的发展状况，对具有高科技文明的外星人来说，就像一面历史的镜子，从中他们可以了解自己的历史，这就像我们通过了解那些发展滞后的民族来认识自己的过去一样。为了遵循社会进化的客观规律，他们宁可静观其变。

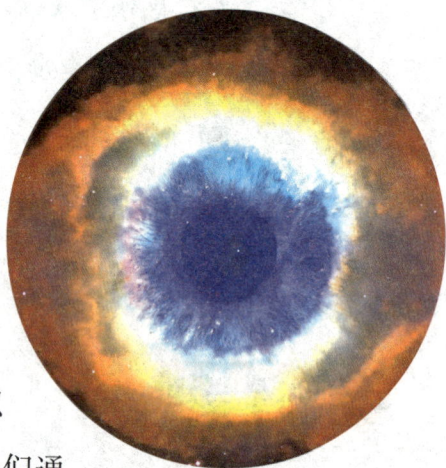

## 不怀好意

UFO 或许来自一些不怀好意的敌对外星种族。外星人正在筹划入侵地球，UFO 是他们派出的侦察工具，当然不会以真面目公开出现。

## 无法传达

有人认为，外星人不是不想与人类联系，而是人类无法接收到外星人的信息。UFO 从出现在地球上的那一刻起，外星人就想方设法与人类联系，但是可能因为人类与外星人之间的差距太大，所以人类无法理解外星人发出的信息。也有人认为外星人是通过脑电波进行交流的，所以人类无法接收并理解。还有人认为，对于外星人通过 UFO 发出的信息，可能只有当人类的科技发展到超高水平时才能接收并破译。

当然，以上假设有一个前提：外星人确实存在。如果这个前提不成立，这些假设也就没有意义了。

## 小博士百事问

### 什么是脑电波呢？

大脑是由很多神经元组成的，而脑电波就是这些神经元活动时产生的电信号。脑电波来源于锥体细胞顶端树突的突触后电位，它能记录大脑活动时的电波变化。

# 霍金的担忧

茫茫宇宙中如果有外星人，你是否希望与对方接触呢？外星人究竟是敌是友？虽然有着对未知的担忧，世界很多国家还是积极谋求与地外文明接触，但是，英国著名物理学家霍金对此充满担忧。

## 霍金与文明冲突论

斯蒂芬·威廉·霍金被认为是继爱因斯坦之后人类最杰出的物理学家。霍金认为，外星人的存在是毋庸置疑的

事实。对于人类向太空发出种种信息以试图与外星人建立联系的行为，霍金非常反对。

霍金作为文明冲突论者，认为不同文明之间的竞争不可避免，冲突也不可避免。霍金还比喻说："想知道外星人到地球之后会做什么，可以想想哥伦布到美洲后发生了什么。外星人发现地球之后，人类很可能会遭遇与美洲原住民一样的命运。"

霍金认为，宇宙虽大，适合生命居住的星球却是极度稀缺的资源，而弱肉强食这个地球生物界的法则，很可能也是全宇宙的法则。所以，霍金建议人们，不要急于与外星人接触，而是要隐忍努力，加快科技发展的速度，并对可能出现在地球的外星人保持警惕之心。

### 另一种声音

对于霍金的担忧，很多科学家表示支持，但也有人乐观地认为，能够到达地球的外星人，其文明发展程度是人类望尘莫及的，其道德素养也会远远高于人类。再说，他们未必会把地球上的资源放在眼里（即使外星人真的觊觎地球的资源，他们想要夺取，人类恐怕也没有能力阻止）。这样一来，人类又何必担心外星人无端挑起战争呢？因此，他们对有朝一日与外星人平等交流乃至彼此合作都有信心。

　　两种声音都有一定的道理，至于哪一种正确，目前无法验证。人类目前应该做的就是大力发展科技，努力认识宇宙，为与地外文明直接接触时可能发生的各种状况做好准备。

### 🎓 小博士百事问

**哥伦布发现新大陆之后，美洲原住民遭遇了怎样的命运？**

　　哥伦布发现新大陆之后，欧洲殖民者蜂拥而至，对美洲的原住民进行了残酷的屠杀和殖民统治。到18世纪末，美洲原住民从原来的4000万~6000万人，减少到800余万人。

# 世界未解之谜

## Unsolved Mysteries of the World 大全集

# 科学之谜

张月 ◎ 主编

黑龙江科学技术出版社
HEILONGJIANG SCIENCE AND TECHNOLOGY PRESS

图书在版编目（CIP）数据

世界未解之谜大全集．科学之谜 / 张月主编．-- 哈
尔滨：黑龙江科学技术出版社，2023.8（2024.5 重印）
ISBN 978-7-5719-2100-2

Ⅰ．①世… Ⅱ．①张… Ⅲ．①科学知识—儿童读物
Ⅳ．① Z228.1

中国国家版本馆 CIP 数据核字 (2023) 第 153396 号

## 世界未解之谜大全集　科学之谜
SHIJIE WEIJIE ZHI MI DAQUANJI KEXUE ZHI MI

张月　主编

| | |
|---|---|
| 项目总监 | 薛方闻 |
| 策划编辑 | 沈福威　顾天歌 |
| 责任编辑 | 刘　杨 |
| 插　画 | 文贤阁 |
| 排　版 | 文贤阁 |
| 出　版 | 黑龙江科学技术出版社 |
| | 地址：哈尔滨市南岗区公安街 70-2 号　邮编：150007 |
| | 电话：(0451) 53642106　传真：(0451) 53642143 |
| | 网址：www.lkcbs.cn |
| 发　行 | 新华书店 |
| 印　刷 | 三河市南阳印刷有限公司 |
| 开　本 | 880 mm×1230 mm 1/32 |
| 印　张 | 3 |
| 字　数 | 48 千字 |
| 版　次 | 2023 年 8 月第 1 版 |
| 印　次 | 2024 年 5 月第 2 次印刷 |
| 书　号 | ISBN 978-7-5719-2100-2 |
| 定　价 | 138.00 元（全 8 册） |

# PREFACE
## 前　言

　　我们生活的世界，表面上平静无波，实际上有着无数波诡云谲的谜团。由于人类科技水平的局限，或者眼下缺少关键性证据，很多成了不解之谜。

　　世界上的未解之谜不胜枚举，小读者想要获得探索谜团的乐趣，就请打开这套《世界未解之谜大全集》吧！我们精心选择了有关宇宙、地球、海洋、人类、自然、宝藏、UFO 与外星人、科学的种种未解之谜，包罗万象，乐趣无穷。举例来说，宇宙大爆炸假说是目前最接近"宇宙真相"的假说，但至今仍缺乏关键性证据来证实；地球上的生物千奇百怪，有天生就会"盖房"的昆虫，也有刀枪不入的树木，还有至今踪迹难寻的神秘生物；宇宙中有数不胜数的行星，UFO 和外星人是很有可能存在的，但是人类至今无法证实……探索这些谜团的过程真的是妙趣横生。

# CONTENTS
# 目　录

## 1 神奇的生命
　　——生命科学之谜

# 2 远古的足迹
## ——古代科学之谜

# 3 "烧脑"的学科
## ——数学之谜

# 4 物质的奥秘
## ——物理化学之谜

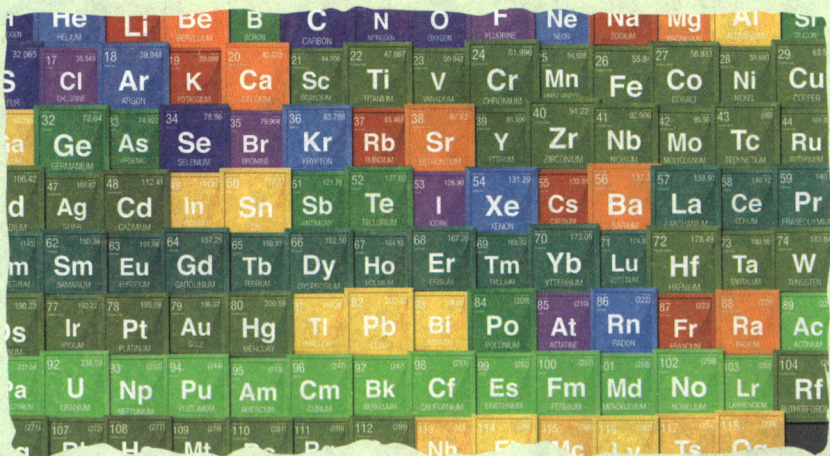

# 神奇的生命
## —— 生命科学之谜

# 心灵感应之谜

生活中，我们有时会听到"第六感"的说法，它指的就是心灵感应。心灵感应在母亲的身上体现得尤为明显，如果子女出现意外，母亲往往会产生一种强烈的感觉，而且有时甚至能向子女发出一种神奇的人体波，指引子女远离危险。这种现象难免会让人产生疑问，究竟是什么原因让人产生了这种心灵感应呢？

## 两位妇女身上的神奇现象

早在 100 多年前科学家就已经注意到神秘莫测的心灵感应现象了。1882 年，神灵学研究会正式成立，主要研究世界各地发生的"荒诞"的奇闻逸事。当时学者普遍认为该研究会是在研究异端邪说，目的是蛊惑人心，因此该研究会的创办者——美国芝加哥大学物理学家洛斯遭到了学术界的排斥。但是洛斯不为所动，依然致力于搜集各种事件，并将其收录在《神灵学会会志》中。

有一次，洛斯发现两位妇女——兰希琼和迈尔丝之间具有心灵感应，便让她们暂时断绝书信往来，分别前往相距数千米的两个城镇生活，然后让她们利用心灵感应进行联系。迈尔丝居住在尉尔特市，她在这里拍摄了一张纺织厂外景的照片，然后通过心灵感应将纺织厂外面的景象"传输"给兰希琼。兰希琼居住在苏格兰，她从来没有去过尉尔特市，所以对尉尔特市里的景象一概不知，然而，她却清楚地接收到了迈尔丝的信息，说："那里似乎有一条人工瀑布，有两三米高，非常宽广且平缓，或许它是工厂排放的污水。瀑布附近有一栋房屋，一棵白杨树挺立在房屋旁边。"兰希琼的描述与迈尔丝拍摄的纺织厂外景照片几乎一模一样。兰希琼又画了一张草图，上面的景色也与照片非常相似。

## 同卵双胞胎的经历

　　相比于普通人，双胞胎之间的心灵感应似乎更加强烈。同卵双胞胎的基因是完全相同的，他们往往具有同样的性别，以及相似的容貌、特长、爱好、行为方式和生活习惯。

　　美国有一对同卵双生女，姐姐叫吉娜，妹妹叫吉尼。有一次，吉娜患上了阑尾炎，吉尼陪着姐姐去医院做手术。医生推着吉娜进入手术室，吉尼在门外焦急地等待。过了一会儿，医生开始做手术，吉娜痛得大喊大叫。与此同时，吉尼突然感觉肚子非常疼痛，似乎有人拿刀割开了自己的肚子，剧烈的疼痛使她脸色发白。姐妹俩在相同的时间，同一个身体部位感觉到同样的痛苦，这让人百思不得其解。

　　研究表明，同卵双胞胎可能会在相近的时间患上相同的疾病。有一对同卵双生子从小分离，哥哥在城市生活，弟弟在乡村生活。然而在17岁时，哥哥和弟弟竟然都患上了肺结核。

目前，科学家尚未找到同卵双胞胎之间心灵感应和同步生病现象产生的原因，也未发现心灵感应信息在不同个体之间的传递方式，这些都是未解之谜，需要科学家们进一步探索。

### 小博士百事问

#### 你知道"双胞胎之乡"吗？

世界闻名的"双胞胎之乡"就是指云南省普洱市墨江县。墨江县四季如春，北回归线恰巧穿过此处。墨江县不仅诞生了许多人类双胞胎，而且植物也经常出现果实双胞孪生的现象，大自然的神奇由此可见一斑。

# 控制生命衰老之谜

　　根据生物学的观点，衰老是一种自然现象，是生物随着年龄的增长而自发出现的一个必然过程，具体表现为抵抗力变弱、适应性变差、身体结构和功能衰退等。究竟什么才是生命衰老的主要原因呢？人们能不能控制生命衰老呢？如果可以控制生命衰老的话，会发生什么呢？

## 生命衰老的"罪魁祸首"

　　科学家们经过不断研究，终于发现了与生命衰老有关的物质——端粒。端粒是存在于真核生物细胞染色体顶端的一种物质，这种物质具有解决染色体顶端复制难题、维持染色体结构完整的作用。

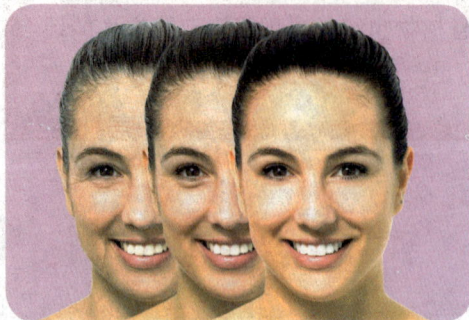

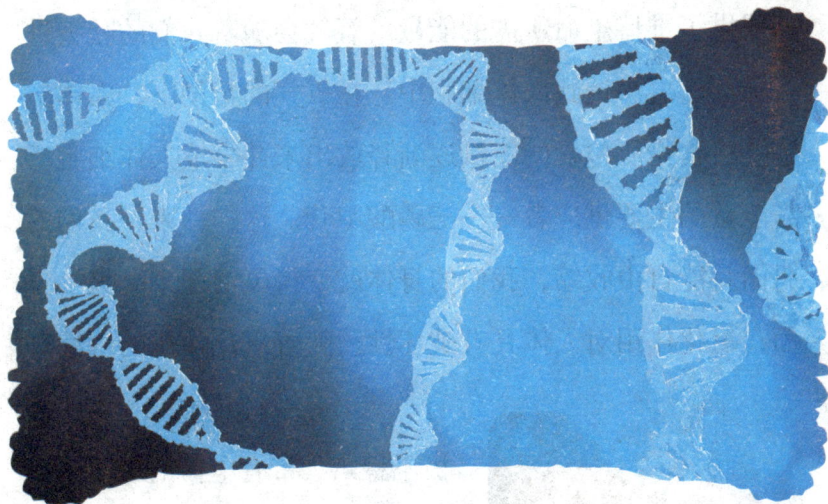

端粒酶是由蛋白质和RNA（核糖核酸）组成的一种逆转录酶，它能以自身RNA为模板，不断生成端粒重复序列并将其添加到新合成的DNA（脱氧核糖核酸）链的末端。在这种情况下，人体内的细胞每进行一次有丝分裂，端粒序列就会丢失一部分，当端粒的长度缩短到最低限度时，细胞就会停止有丝分裂，从而导致生物衰老和死亡。

设想一下，如果有一种物质能够在人体的普通细胞中不断合成端粒酶，那么就能延缓衰老了。

## 氧化作用的"功劳"也不小

氧化作用对人体有利也有弊。一方面，氧化作用为人体提供了维持生命所需的能量。氧气会随着我们的呼吸进入肺部，再渗透到人体细胞中。在氧气的帮助下，人体细胞会将食物所包含的能量逐渐释放出来并合成人体细胞所需能量的主要供应者——三磷酸腺苷。这样一来，我们的肌肉就能自由收缩，我们的身体就变得灵活起来。另一方面，氧化作用对人体具有破坏性。随着氧化作用的持续进行，人体会慢慢生成化学性质极不稳定、带有电荷的游离基，细胞中的核酸及蛋白质会被它破坏，导致原本平衡的细胞功能被打乱。

如果氧化作用所生成的游离基确实是人类衰老的原因，那么我们就能找到一种延缓衰老的物质，即抗氧化剂。

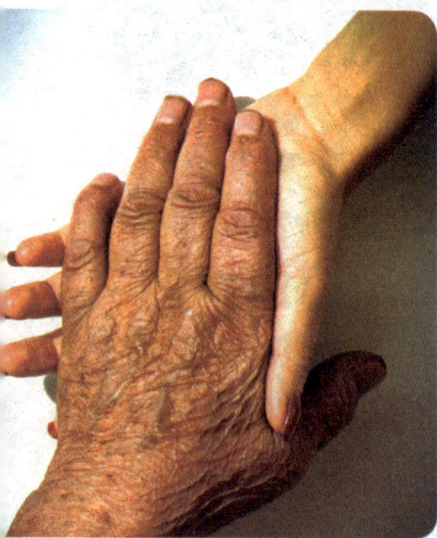

## 人类能控制衰老吗?

科学家推测，在消除各种引起衰老的因素后，人类的预期寿命必然会延长，或许能活到1200岁，甚至达到不老的目的。但究竟能不能达到这样的目的，以现在的技术来看，这还是一个未解之谜。从另一个角度来看，如果人类真的能活到 1200 岁，那么 1200 岁的人能正常生活吗？那时人类社会的伦理和道德能适应 1200 岁的人的要求吗？这些都是未解之谜，需要人们一步步去探索。

## 小博士百事问

**导致癌症发生的原因有哪些呢？**

关于癌症发生的原因，目前已经证实的可分为两大类，即内源性因素和外源性因素。内源性因素包括内分泌因素、遗传因素、免疫因素等。外源性因素包括医源性因素、环境污染、生活习惯等。

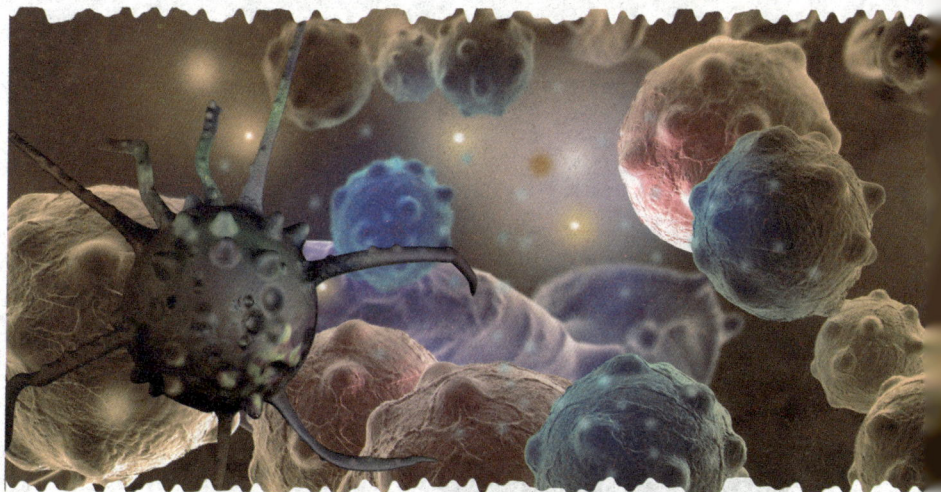

# 身体自燃之谜

人体自燃是指一个人的身体在没有接触任何火源的情况下迅速燃烧，严重者最后化为灰烬，但自燃者周围的易燃物没有被引燃的现象。那么，人体为什么会自燃呢？这至今仍是个谜。

## 身体自燃事件

1949 年冬季的一天，美国警方接到报警称，有一名 53 岁的妇女在家中被烧死。警察立即赶往妇女家中调查取证，但他们进入死者家里后才发现，现场找不到任何火源，也没有任何物品受到损坏，唯一异常的就是地板上有一具被烧得失去人形的尸体。因为现场没有火源，所以警方认为事故原因是死者身体自燃。

　　1951 年，美国佛罗里达州圣彼得堡发生了一起身体自燃事件：一名妇女在屋子里化为灰烬，现场同样没有任何火源。无论调查人员采取哪种方法，都找不到任何线索。联邦调查局纵火案专家、病理学专家和消防局官员共同研究，也依然无法给出科学合理的解释。

　　据某报报道，1976 年发生了一起令人费解的人体自燃事件：一个七口之家集体出现了自燃现象，有六名成员不幸遇难。根据现场死者的燃烧程度来推断，家里的各种物品也应该会燃烧，然而被褥依然整齐地叠放在床上。这起自燃事件至今仍是一个谜。

11

## 证据不足

尽管一些警察和专家提出了许多有关人体自燃现象的证据，但是一直没有找到合理充足的生理学证据。人体的骨骼和各种器官只有达到一定的温度才会燃烧，这样的温度条件基本上只有火葬场才能满足，普通房屋根本达不到。一些科学家认为，可能是闪电、流星等自然因素在特定的条件下引起人体自燃，但是他们也找不到确凿的证据。人体自燃的原因仍然有待研究。

### 小博士百事问

**什么是自燃点？**

自燃点是指可燃烧物质在没有明火的条件下只需接触空气就能燃烧的最低温度。自燃点的数值随着外界条件的变化而变化，主要影响因素是氧化时所释放的热量及向外散热的情况。随着氧化条件等因素的不同，同一种可燃物质的自燃点会有所变化。

# 人体带电之谜

我们知道，当电压足够高的时候，就会使人体的电阻降低，致使电流增大，当电流增大到一定程度时，就会致人死亡！由此可见，电具有很大的危险性。然而一些人身体上却带电，且不会被电伤害，这究竟是怎么回事呢？

## 我国的奇人

我国媒体报道过这样一个奇人，他叫薛迪波，是某工厂的工人。1988年的某一天，他的妻子烫完头发回来，他想摸一摸妻子的头发，没想到，他的手还没碰到妻子的头发，就把她"击倒"了。薛迪波当时也不知道自己身

上有强电压，当他去挂衣服的时候，金属挂钩立刻产生火花并发出"哗哗"的响声。这件怪事很快就被传开了，人们便想去亲眼看一看。当来访者要跟薛迪波握手的时候，突然发出"哗哗"声并且产生了火花，来访者的手也被"弹"了回去。

我国还有一个奇人有特异功能，除了脸和脖子，他身体的其他部位都能承受350伏以下的电压。他可以很容易地接触通电的220伏电线，这时候别人抓住他的手也不会触电。医学家的初步解释是，他之所以不怕触电，是因为患有无汗症，导致他的身体缺乏能导电的电解液。

## 发生在英国的怪事

英国的普琳夫人身体也会发电。她在接触一些东西的时候，常常会产生电光并发出响声。有一次，她把饲养在水箱里的鱼都电死了。她曾经多次烧断电熨斗的保险丝，跟她握手的人也会被她"击倒"。

英国还有一个没有被雷电击倒的小女孩。据记载，当时雷电追逐她有 30 米远，她被包围在一片火花之中。然而令人惊奇的是，小女孩并没有被击中，而她旁边的一棵树却被击倒了。有人怀疑这个小女孩本身就带电，所以不会被雷电击中。

对于这些怪事，科学家们至今还没有一个非常合理的解释。

### 小博士百事问

**生活中有哪些去除静电的方法？**

少穿容易产生静电的化纤类衣服；先在墙上抹一下手再触碰门把手，若静电比较严重，可戴上静电手套；用棉抹布或小金属制品（如钥匙）接触大门、门把手、水龙头、床栏、椅背等，可以去除静电，这时再用手触碰就不会产生静电。

# 人体带磁之谜

人们都知道磁力是一种物理现象，它源于自然界，但同时人们又能创造与控制它。人们利用磁的作用力服务于人类，如电动机、扬声器等。但是，令人难以置信的是，世界上竟然有身带磁力的人。

## 令矿工苦恼的事情

俄罗斯伏尔加格勒州有一名老矿工，他身上有很强的磁力，因为矿主害怕他的磁力会引起矿井倒塌而带来灾难，于是这名老矿工不得不提前退休了。他身上的磁力并不是

天生就有的，而是他五十多岁时才被发现的。他回忆说：
"起先这种磁力并不是很强，只有当我放东西的时候，才
会感觉到金属物体好像要粘在我的手上。但后来，这种情
况越来越严重，我似乎很难扯下那些粘在我身上的金属物
体。为此，我好几次被飞过来的锅、壶打在头上。甚至有
一次，一把水果刀从厨房飞来，戳在我的身上。"

　　被迫退休的老矿工并不甘心，同时也为自己的这身磁
力而感到苦恼，于是他开始四处求医。研究人员对他的"病
状"进行了研究，还说："这种情况真令人感到惊奇，以
前也听说过有的人身体带有磁力，但我从来没有见过具有
这么强的磁力的人。尽管他的身体很好，但从他所具有的

磁力来看，我断定他的身体出了问题。"就这样，医生虽然进行了各种试验，但始终没有找到人体内存在这种强磁力的原因。

很多人推断，老矿工身上的强磁力很可能是由于他几十年在高磁力的铁矿中工作造成的，但这又无法解释为什么在铁矿中工作且与他具有同样工龄的人都没有出现强磁力。事实上，世界上有磁力的人还有很多。

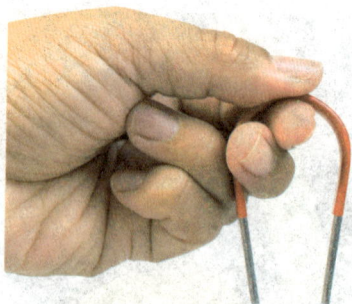

## 具有特异功能的人

俄罗斯利佩茨克市的叶琳娜·科奥琳娃能够吸附身边的一些铁制品。叶琳娜体内的磁场非常强，因而吸附在她身上的东西很难被取下。叶琳娜说："每次我都要花很大的力气才能把吸附在身上的炊具取下来。一般来说，磁铁只能吸引一些铁制物品，但我有的时候能将塑料、玻璃制品和陶瓷都吸过来。"在别人看来这是一项特异功能，但这对叶琳娜来说却是非常苦恼的事情。

在英国，一位名叫布兰达·艾丽森的妇女也有着和叶琳娜一样的特异功能。如果能见到她，你一定会见到这样的场景：布兰达的身体就像一块大型磁铁，能将身边较小的金属物紧紧地吸附在身上。除此之外，布兰达的身体还能将灯点亮、触发汽车警报器等，这些现象简直让人不可思议。

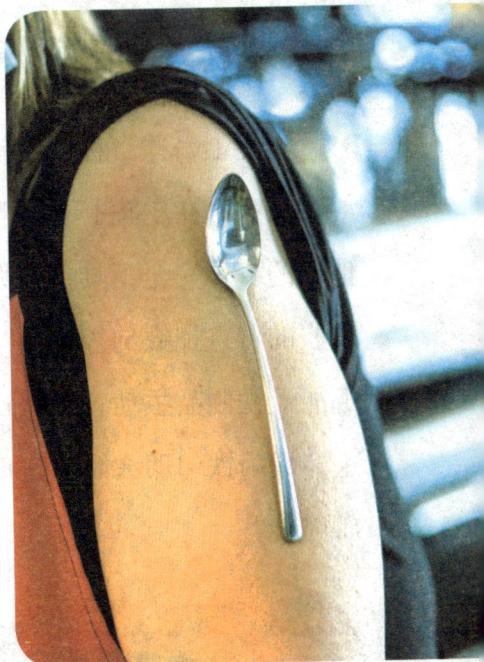

布兰达曾对采访者说："如果在家里，这些现象不会对我造成很大的困扰，但是，只要一去超市我就会感到特别尴尬。因为只要我准备结账时，超市的机器就会停止运转，这时，超市收银员会感到非常无措，我更是对此感到尴尬和抱歉。"专家推测，布兰达的身体之所以会出现这种现象，可能是因为她身体里有着强大的磁场。

## 世界上真的有"磁铁人"吗?

世界上一些自称"磁铁人"的人,都只能做到让铁勺等物品吸附在皮肤上不掉下来,在对他们进行检测后发现,他们的身体完全不具备磁力,可以推测的是,他们是借助皮肤的特点把铁勺等"粘"在身上。但是,老矿工和叶琳娜能让铁制品主动"飞"到自己的身上,其所带有的磁力远非吸附铁勺那么简单,具体原因还有待科学家们进一步研究。

### 小博士百事问

**什么是磁性?**

如果物体放在不均匀的磁场中受到了磁力的作用,我们就说该物体具有磁性。任何物质都具有磁性,所以在不均匀的磁场中,任何物质都会受到磁力的作用。

# 远古的足迹
## ——古代科学之谜

# 神秘的铁制品之谜

铁是一种金属元素，铁制品最早出现在公元前3500年的古埃及，然而，人们却在一些无法测定其年代的岩石中发现了一些铁制品，甚至在7000万年前的煤矿中发现了铁制品，这一现象让人们百思不得其解。

## 各地岩石中的铁制品

16世纪时，秘鲁的西班牙总督弗朗西斯哥·德·托列多的办公室中放置着一块岩石，一次偶然的机会，他看到岩石中竟然露出一根长约18厘米的铁钉，这让他感到非常奇怪。这块岩石是工人从附近的一个采石场开采出来的，当

时因为无法知道其来历，所以被看重，并被西班牙总督带回了办公室。

1845 年，有消息称工人们在英国一处采石场中发现了一块带有铁钉的岩石，这个铁钉已经生锈了。

这些铁制品都是在岩石中发现的，其来历至今无人可知，令人不解。

## 煤块中的铁制品

1852 年，有人在格拉斯哥矿井中开采出一个神奇的煤块，这个煤块中嵌有一个形状奇特的铁器，对这个铁器的来源，人们至今找不到答案。

1880 年，美国科罗拉多州的一个农民无意中在山上挖到了一块煤炭，当他把这块煤炭凿开时，惊奇地发现里面有一枚铁铸嵌环。这引起了科学家们的注意。经过考证，这块镶有嵌环的煤块是从地下 45 米处挖出来的，其形成时间距今大约有 7000 万年。科学家们一直认为 7000 万年前人类还没有出现，那么这个铁铸嵌环是怎么制造的呢？难道人类出现的时间比我们知道的还要早吗？这些疑问人类还无法解答。

## 小博士百事问

### 铁的物理、化学性质分别是什么？

铁的物理性质：通常情况下，铁是带有银白色金属光泽的金属晶体；有较强的铁磁性；有良好的导电性、导热性和延展性。

铁的化学性质：是一种良好的还原剂；在空气中不能燃烧，在氧气中可以剧烈燃烧；在常温下，不易与氧、硫、氯等非金属发生反应，在潮湿的空气中容易生锈；在高温环境下，铁在氧气中燃烧，生成四氧化三铁。

# 蒙汗药之谜

中国许多古典小说中都提到过蒙汗药。一些科学家对蒙汗药的存在持怀疑态度，认为它缺乏医药学理论基础，只存在于民间传说中，是古代小说家虚构的一种药物。

## 蒙汗药组成成分的四种说法

对蒙汗药的研究从古代就开始了，许多古人为此不懈探索，试图找到蒙汗药的真相。总的来说，有关蒙汗药成分的说法大致有以下四种。

"押不庐"说。南宋文学家周密的著作《癸辛杂识》中记载："回回国有药名押不庐者，土人采之，每以少许磨酒饮人，则通身麻痹而死。至三日少以别药投之即

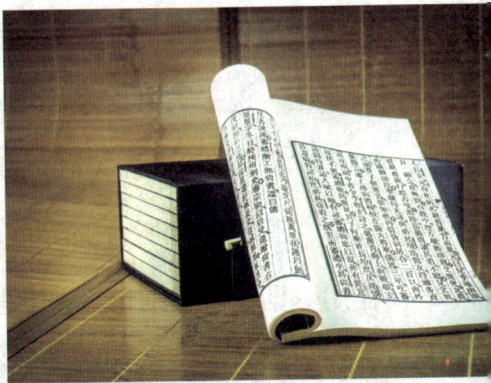

活。"由此推断，"押不庐"似乎就是蒙汗药。然而，只有中国西部才出产"押不庐"，其他地区则难寻踪迹，因此"押不庐"说存疑。

"草乌末"说。草乌是一种中药，草乌末就是研磨草乌得到的粉末。化学分析结果显示，草乌中含有乌头碱，它对人体的神经中枢和各种神经末梢都能产生先兴奋后麻痹的作用。明代朱橚等人编写的《普济方》中记载了"草乌散"这种药物，它具有麻醉作用，其主料正是草乌末。由此可见，"草乌末"说有一定的可信度。

"曼陀罗花"说。曼陀罗是一年生草本植物，它的花、叶、茎、果中都含有阿托品、莨菪碱、东莨菪碱等具有麻痹作用的生物碱，而曼陀罗花中这些物质的含量则高于叶、茎、果。南宋医学家窦材在《扁鹊心书》中收录了"睡圣散"这个药方，说明曼陀罗花在南宋时期就普遍被当作麻醉药物来治疗外伤了。相比于"押不庐"说与"草乌末"说，"曼陀罗花"说更为可信。

"醉鱼草"说。醉鱼草属于马钱科落叶灌木，又名闹鱼草，其花和叶所含的醉鱼草苷与醉鱼草黄酮苷具有麻痹作用。据《本草纲目·卷十七》中记载，如果误食醉鱼草，就会出现头晕、胸闷、舌咽干燥、四肢麻木、呼吸困难等症状。古籍记载蒙汗药"醉人而不伤人"，由此可知，"醉鱼草"说似乎不太可信。

## 蒙汗药有解药吗？

蒙汗药自然有相应的解药，但其解药的成分同样难以确认，古籍中并未明确记载解药的制作方法。北宋科学家沈括的著作《梦溪笔谈》中记载坐拿草能够催醒，然而北宋药物学家苏颂的《图经本草》、明代朱橚等人的《普济方》和李时珍的《本草纲目》等医书中都未记载

坐拿草，因此"坐拿草"说存疑。当代中医学认为蒙汗药的药性可以由毒扁豆消解，但毒扁豆是否为古代蒙汗药的解药则无法确定。

还有一种观点认为，甘草绿豆汤就是蒙汗药的解药。甘草是一种常见的中药材，具有解毒作用。绿豆也是一味中药，性寒，具有清热解毒的功效，搭配甘草则效果更好。甘草和绿豆都很常见，配制难度也不大，因此甘草绿豆汤有可能是蒙汗药的解药。

　　虽然前人进行了大量探索，但时至今日，蒙汗药及其解药的成分依然无法确定，有待人们继续探究。

## 小博士百事问

**蒙汗药在古代大多以哪种形式出现呢？**

　　蒙汗药主要出现在武侠小说、公案小说中，一般呈粉末状，可以溶入酒中，使酒色略显浑黄。酒是蒙汗药的"绝佳搭档"，二者结合能增强麻醉效果，使人喝完就倒，倒头便睡。

# 辛追夫人身体不腐之谜

众所周知，人死后尸体会腐烂，最后只剩下一具尸骨，但是，人们却发现了一些不腐的尸体，如马王堆汉墓中辛追夫人的尸身，这引起了科学家们的关注，并使他们着力研究尸身不腐的原因。那么他们的结论是什么呢？

## "青春永驻"的辛追夫人

1972年，位于湖南长沙的马王堆汉墓被成功发掘，轰动一时。墓葬中出土了大量的汉代漆器、陶器、帛书、丝织品、帛画、竹简等历史文物。但要说马王堆汉墓中最受关注的事物，那必然是一号墓中辛追夫人的尸体。这具女尸在被发现时竟然还没有腐烂，人们不但可以清晰地看到尸体上的一些血管，还发现这具女尸的关节可以轻微地转动，而且这具女尸的皮肤也保留了一定程度的弹性。难道真的存在可以让人"青春永驻"的办法吗？

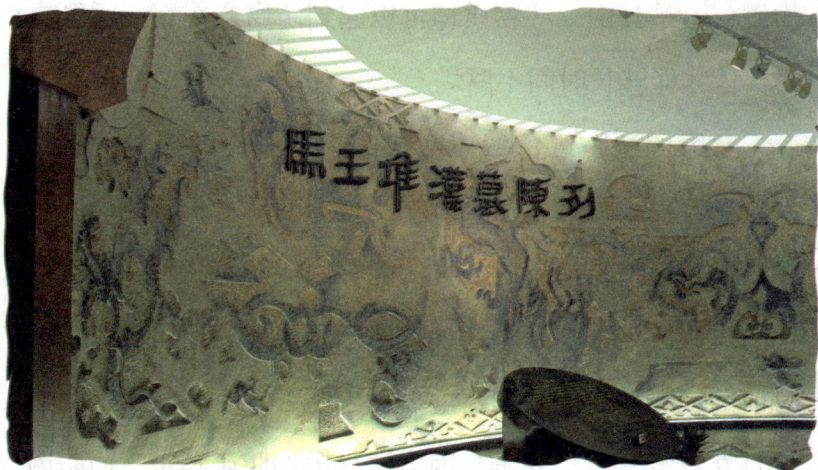

## 辛追夫人尸体不腐的秘密

为了解开马王堆汉墓中女尸不腐的谜团，相关学者尝试从女尸所处的环境中寻找答案。通过观察发现，这具女尸所处的棺材中装满了一种红色液体。是不是这些红色液体使这具女尸没有腐烂呢？

专家们提取了棺材中的一些红色液体进行化验，结果表明，这些液体的红色来自液体中所含的朱砂。而且，这些红色液体中还含有水银。由于化验结果表明这些红色液体具有杀菌作用，再加上其中的很多元素与古人炼丹时所用的元素相似，所以一些学者认为，这位死者生前有服用丹药的习惯，虽然古代的丹药往往含有对人体健康有害的物质，但是其中一些物质却可以起到防腐的作用，所以这具尸体才能够长时间不腐烂。

专家们还在红色液体中检测出了中药的成分，这或许意味着古人可能会在死前配制特殊的药水来避免死后尸体腐烂。但是，如果古人真的能够制成防腐药水，那么古代的贵族应该都会采用这种方式来防止死后尸体腐烂，可目前的资料并不能证明这一点。因此，还有些学者认为，这具女尸没有腐烂并不是因为棺材中的防腐药水，而是因为其他因素，如干燥的环境、棺材良好的密封条件等。由于盗墓者的存在，很多古代大墓被盗，被盗陵墓中的很多事物都是因为接触到外界空气而遭到破坏，这具女尸所处

的大墓并没有被盗，这就使得这具女尸避免了与外界空气接触。综合来看，或许是诸多巧合同时发生，使得辛追夫人的尸身完好地保存了2000多年。

　　但是，如此多的巧合同时发生的可能性实在是微乎其微，因此这一说法也难以服众。关于辛追夫人尸身不腐的真正原因，至今仍没有定论，只能一步步探索下去。

**小博士百事问**

**马王堆汉墓中分别埋葬了谁？**

　　马王堆汉墓的主人是西汉贵族利苍及其家属。利苍是西汉初期人，曾担任长沙国丞相，被封为轪侯。马王堆汉墓由三座墓组成，利苍的墓为二号墓，利苍妻子的墓为一号墓，三号墓所葬则为利苍之子。根据考古人员的推测，利苍的下葬时间是公元前186年，三号墓中利苍之子的下葬时间应当为公元前168年，利苍妻子的下葬时间最晚。

# 20亿年前的核反应堆之谜

非洲中部有一个加蓬共和国，这个国家有许多风景优美的地方，奥克洛就是其中之一。有趣的是，人们提到奥克洛时很少谈及那里的风景，而是谈论那里神秘的核反应堆。

## 发现铀矿石

1972年6月，法国的一家工厂从奥克洛获得了一批铀矿石。经过测定，技术人员惊讶地发现，这批矿石中的铀元素十分稀少，远低于正常标准。

科学家们尝试了各种新技术，最后的测量结果证明，铀元素在这批矿石中的含量确实低得离谱，这也就意味着，这些铀矿石其实已经燃烧过了。是什么人用过这批铀矿石呢？

## 奥克洛原子反应堆

奥克洛的这批神秘矿石惊动了一大批科学家，很多科学家亲自到奥克洛考察。在各国科学家的努力下，奥克洛的一个神秘原子反应堆"浮出了水面"。原子反应堆就是我们常说的核反应堆。根据科学家们的考察，奥克洛的核反应堆历史悠久，周围的铀矿也似乎已有数十亿年的历史。这个核反应堆可分为6个区域，包含的铀矿石多达500吨，不过输出功率较低，仅千余瓦。科学家们考察后认为，这个核反应堆已经工作了数十万年。尽管考察出了这个核反应堆的大致情况，但科学家们更加迷惑了。

## 非自然、非人工形成

由于人们对这个神秘核反应堆的出现难以理解，所以有些人只能猜测其为自然形成，但这种猜测遭到强烈反对，毕竟，核反应堆的形成条件太苛刻了，实在不可能自然形成。从目前的技术水平来说，想要建成一个核反应堆，需要先用中子轰击特定重元素原子核，迫使这些原子核破裂并射出中子，而射出的中子又会轰击其他原子核，就这样不断发生反应。这个过程也被叫作链式反应，能够产生巨大的能量，核反应堆便是实现这一过程的关键装置。由于这个过程极难被人控制，所以核反应堆的建造条件极严格，这也是人们普遍认为核反应堆无法自然形成的重要原因。

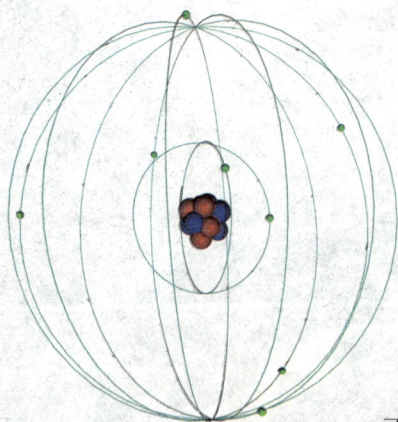

相关资料表明，人们如果想要建造一个核反应堆，除了需要掌握链式反应的原理，还要有精密的仪器，并培养出能够熟练掌握这些技术及仪器操作的工作人员，等到人力、物力都足够充分，才能通过人工手段进行链式反

应。所以这个神秘核反应堆既难以自然形成，也应该不是出自人类文明。

## 是外星人带来的吗？

由于无法用科学方法解释这个核反应堆的形成原因，所以一些学者的思考方向开始转向地外文明。他们设想，在人类文明诞生之前，地外文明曾派出飞船飞往地球。为了确保能源充足，那艘飞船上安装了核反应堆及相应的发动机。就这样，在核能的帮助下，这艘飞船最终抵达地球。那些外星人在考察了地球发展情况后，搭乘飞船飞回故乡。

飞回故乡之前，不知出于什么目的，那些外星人把核反应堆留在了地球，也就是奥克洛的这个神秘核反应堆。这些学者之所以有这样离奇的猜想，应该是受到民间传说的影响。

外星人存在与否至今都是未解之谜，而核反应堆是外星人带来的这个结论，更加不能令人信服。一直以来，科研人员对这个核反应堆不断地研究、分析，最终也无法确定这个核反应堆的来源，这成了未解之谜。

## 小博士百事问

### 什么是核裂变？

核裂变即人们时常提起的核分裂，是一种核反应，主要反应过程是重原子核裂变为轻原子核。人们一般选择铀核或钚核作为重原子核。这种反应能释放巨大能量，因此人们利用这种反应建造核电站及一些威力巨大的武器。

# 远古家用电器之谜

如今，洗衣机、冰箱等是每个家庭必备的电器，在我们的认知中，远古时期是没有这些便利的家用电器的。但是，根据科研人员和考古人员的研究发现，远古时期的人确实有可能使用一些家用电器。

## 石棺中的神秘装置

1936年6月，有一队铁路工人在伊拉克首都附近辛苦地工作着。施工过程中，工人们在地下挖出一块石板，石

板上还有字。工人们继续工作，结果挖出的东西越来越奇怪，之后竟然发现地下有座墓，墓里还有用石板砌起来的棺材。这种情况超出了施工队的能力范围，此地后来便交给考古团队调查研究。

经过年代测定，考古学者认定这座墓建于约两千年前，石板上的字则是波斯文字。通过进一步挖掘，大批文物出现在世人面前。这些波斯文物十分珍贵，不但有金银器物，还有数百颗珠宝。但在考古学者看来，这些文物中最令人感兴趣的，是一种奇怪的装置。这种装置由铜管、铁管等组成。铁管位于铜管内部，且高于铜管。在铁管与铜管之间有一层沥青，铁管的顶端则似乎被铅包裹。这些锈迹斑斑的金属管在这个装置中究竟有何作用呢？

为了弄清这个装置的用处，当时的伊拉克博物馆馆长卡维尼格咨询了很多人，并组建了一个小的研究团队。最后发现，只要在这个装置的特定位置放入特定酸碱度的水，这个装置就可以发出电来。

　　这个结论实在匪夷所思，但这仅仅是一个开始。没过多久，一个更惊人的结论被公布出来，即根据墓中的电池材料来测算，墓中的电池是以串联的方式被使用的，这样当时的工人可以使用电解法来建造墓中饰物，墓中的黄金便是这样被涂到饰物上的。

　　在这次考古发现之前，人们一直认为，最早的化学电池是在两三百年前由伏打创造的。但如果这次的考古结论属实，那么人们之前对化学电池的认知将被颠覆。

## 科学家们的实验

　　为了验证这类装置真的可以当作电池来用，一位德国学者主动进行了相关实验。他先弄到金属棒等材料，然后

做出一个类似的装置，又拿来酸碱度适宜的果汁，将果汁倒入装置的特定位置。经测量，这个装置确实能够发电。这位德国学者没有就此止步，他验证了这种装置的发电性能后，又尝试利用这种装置进行镀金，也获得了成功。

## 至今争论不休

不过，有的学者从另一些角度提出了疑问。比如，这类装置能够发电并不代表当时的人们将其用作电池，因为古代的一些医生需要将病人麻醉，所以古代的人可能是用这种装置作为麻醉工具，至于这个装置体现的电学知识，恐怕并不为当时的人所了解。事情的真相到底是什么，至今无人可知，成了未解之谜。

### 小博士百事问

**废旧电池是怎样回收利用的？**

对于废旧电池，各国的处理方式无外乎三种：固化深埋、存放于废矿井、回收利用。从环境角度及资源利用的角度来看，这三种处理方式中最好的自然是回收利用。

# "烧脑"的学科
## ——数学之谜

# 哥德巴赫猜想之谜

哥德巴赫猜想是世界上三大数学难题之一，关于这个猜想，哥德巴赫直到去世也没有找到答案。它究竟是怎样的一个猜想呢？

## 哥德巴赫写给欧拉的信

1742年6月7日，一封信被寄往圣彼得堡。寄信的人叫哥德巴赫，是一个热爱数学的人，他当时正在一所中学

担任老师。这封信的收件人叫欧拉，是杰出的数学家。哥德巴赫寄出这封信是为了解开心中的一个谜团，即是否任何不小于 6 的偶数，均可表示成两个奇素数之和？

过了将近一个月，哥德巴赫才收到回信。回信中，欧拉肯定了他的想法，但并不知道如何证明。欧拉之所以肯定这个猜想，是凭借他对数学的敏锐直觉。从那时起，这个被后人称为"哥德巴赫猜想"的问题便成为无数学者心中的高峰。数学家简称这个问题为"（1，1）"或"1+1"。命题简述为：

（1）每个大于 2 的偶数都是两个素数之和。

（2）每个大于 5 的奇数都是三个素数之和。

由于哥德巴赫猜想迟迟得不到解答，因此在 1900 年，数学界将其归为三大数学难题之一。

### 数学家们的答案

虽然哥德巴赫猜想难以得到证实，但人们始终没有放弃努力。1920 年，挪威数学家布朗证明了"9+9"。1924

年，德国数学家拉特马赫证明了"7+7"。1932年，英国数学家埃斯特曼证明了"6+6"。1937年，意大利数学家蕾西证明了"5+7"，之后又证明了"4+9""3+15"与"2+366"。1938年，苏联数学家布赫夕太勃证明了"5+5"。1940年，布赫夕太勃又证明了"4+4"。1948年，匈牙利数学家瑞尼证明了"1+c"，其中"c"为一个很大的自然数。之后，中国数学家在这一领域崭露头角。1956年，中国数学家王元证明了"3+4"。1957年，王元证明了"3+3"，之后又证明了"2+3"。1962年，中国数学家潘承洞与苏联数学家巴尔巴恩合作证明了"1+5"，王元证明了"1+4"。1965年，苏联数学家布赫夕太勃、小维诺格拉多夫，以及意大利数学家朋比利合作证明了"1+3"。1966年，中国数学家陈景润

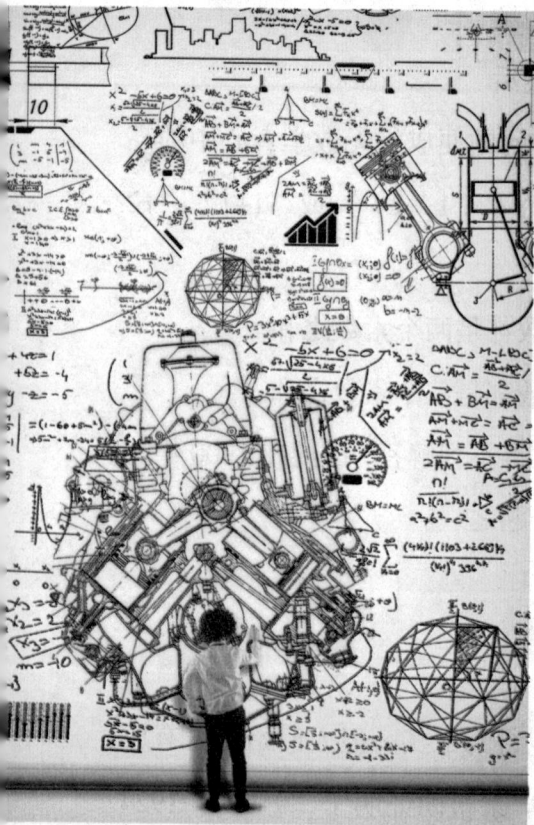

证明了"1+2"，也就是：任何一个充分大的偶数都可以表示为一个素数与另一个素因子不超过 2 个的数之和。这就是受到数学界称赞的"陈氏定理"。

陈景润在前辈们的基础上踏出了关键一步，"陈氏定理"的出现标志着人们离答案仅有一步之遥。不过，数学规律的证明既靠努力，也靠运气，最后的这一步可能需要数学家们探索很长时间。有些数学家甚至表示，目前的数学研究方式均不足以解答这个问题，只有另辟蹊径才能找到答案。

## 小博士百事问

**世界三大数学难题分别是哪三个？**

世界三大数学难题指费马大定理、哥德巴赫猜想与四色问题。

# 四色问题之谜

四色问题是这样的：能否只用四种颜色为地图中具有共同边界的国家着上不同的颜色？1852 年，一位英国制图员提出了这个问题。关于这个问题的答案，至今尚无定论，一直困扰着各国数学家。

## 弗兰西斯·格斯里提出问题

将地图绘制完毕以后，我们需要为地图涂上不同的颜色，这样才能清楚地知道是哪个国家、哪个地区。要完成这样一项工作，需要多少种颜色呢？如果需要四种颜色，这个地图就称为"四色地图"；如果需要五种颜色，就叫"五色地图"，以此类推。

1852 年，弗兰西斯·格斯里刚从伦敦大学毕业，他在为一张英国地图上色时，发现这样一个问题：这张地图仅需要四种颜色，就能将相邻的地区区分开来，那么是不是所有的地图都只需四种颜色就可以染色了呢？要证明四色

问题，不是只画出英国地图就可以了，还需要考虑所有可能画出来的地图，所以这不是一个简单的问题。为了寻找这个问题的答案，弗兰西斯·格斯里给其在大学学习物理的弟弟弗雷德里克写了一封信。弗雷德里克知道这个问题后，请教了他的数学老师摩尔根，摩尔根又去请教了数学家哈密顿。就这样，这个问题一直在被各个数学家求解，一百多年过去了，这个问题还在困扰着各国数学家。

## 各位数学家的证明

1879 年，肯普和泰勒宣布证明了这个四色问题；1890 年，赫伍德指出，肯普的证明中有错误的地方，虽然肯普

的方法不能证明四色问题，但是可以证明五色定理（每个地图都可以用五种颜色着色）。但是，四色问题仍然没有得到解决。

1950年，温恩证明出地图中的区域小于或等于35个，可以用四种或少于四种的颜色着色；1960年，奥尔在温恩的基础上证明出可以将地图中的区域数从35提高到39；之后又有人证明，这个数字可以达到96。

## 计算机得出结果

20世纪70年代以后，计算机的运算能力得到提高，数学家们分别使用计算机进行证明。1976年，美国数学家阿佩尔等人运用 2 台计算机，历时 1200 个小时，终于证明了四色问题。此结果一出便轰动了整个数学界，同时也代表着计算机数学时代的来临。

虽然四色问题被计算机证明出来了，但是至今仍无法用人力在书面上证明出来，所以它仍是一个未解之谜。

**小博士百事问**

### 计算机是谁发明的？

1946 年，约翰·冯·诺依曼发明的世界上第一台真正意义上的计算机在美国诞生。计算机问世后，成为 20 世纪最先进的科学技术发明之一，影响着人类的社会生活和生产活动，成为信息社会必不可少的工具之一。

# 六十进制发明之谜

六十进制是以60为基数的进位制，它的发明和使用在两河流域数学知识发展中起着重要作用。关于它的发展，人们可以从现存的文献中找到一些蛛丝马迹。然而关于苏美尔人创造六十进制的灵感以及原因，人们却无从得知。

## 苏美尔人创造的六十进制

美索不达米亚是世界上最早的文明诞生地之一，在整个美索不达米亚文明中，苏美尔人建立的苏美尔文明是最早的。苏美尔人最擅长的是运用数学解决问题，六十进制就是苏美尔人发明的。

在尚存的公元前3000年左右的泥板符号中，科研人员发现了2000多个单独的符号。

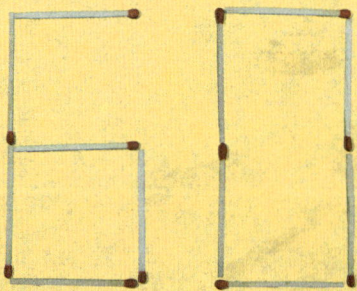

在这些符号中，有一组符号可以反映出当时先进的计数制。有人推测，这组符号就是苏美尔人创造的。这组符号是这样的：（1）用一支圆柱形尖笔在固定角度下压进黏土里创造出的一个楔形符号表示 1 个单位数；（2）用一个小圆筒垂直压进黏土里形成的一个圆形符号表示 10 个单位数；（3）用一个大圆筒压成的一个楔形符号表示 60 个单位数；（4）用一个更大的圆筒垂直压进黏土里制成的一个圆形符号表示 60×60 个单位数。这种单位制的基础是 10 和 60 两个数，比较精确。

虽然当时苏美尔人创造的六十进制并不像后来那样精准，但可以确定的是六十进制是苏美尔人发明的。

## 古巴比伦时期的六十进制

古巴比伦时代的人沿用了苏美尔人创造的六十进制，并对其进行了补充。与现代社会以数字 10 为基础的十进制不同，在古巴比伦，1 ~ 59 的数字用原始的十进制书写，这些数字被用于六十进制。所以，数字 1 的符号可以表示 1，60，3600 或 1/60，与现代十进制的道理是一样的，即这些数字都是 60 的倍数值。这样一来，计算就变得简单起来，因为所有数字的加法和乘法都可以看作是 1 ~ 59 的加法和乘法。

## 让人奇怪的事情

在古巴比伦，六十进制这种计数制只能用于计算，不能用于其他方面，而且当时并没有表示"零"这个概念的符号。后来，希腊人完善了六十进制，希腊天文学家托勒密是第一个详细介绍、解释并运用苏美尔人创造的六十进制的人。凭借完善的形式，六十进制被广泛运用在天文学领域。

每一项发明都是在某种文明的启迪下产生的，那么，苏美尔人是受哪种文明的启迪才创造的六十进制呢？又是什么样的需求迫使苏美尔人创造六十进制呢？他们运用什么样的逻辑创造出的六十进制呢？这些问题都是人们在未来需要研究的。

### 小博士百事问

**古巴比伦这个国家是什么时候出现的？**

约公元前1894年，阿莫里特人创建了古巴比伦王国，在幼发拉底河和底格里斯河（两河流域）周边安居乐业。两河流域发达的文明、肥沃的土地、适宜的环境让古巴比伦王国迅速发展起来。

# 回文数猜想之谜

回文数指一个数从左到右读与从右到左读是相同的，比方说606，34743，22222……回文数不计其数。关于回文数，有个猜想至今悬而未解。

## 回文数猜想

通过研究回文数，科学家们发现，有些回文数隐藏在其他数中，比如83，这个数看上去并不符合回文数的规律，但是将83与其十位和个位颠倒过来的数相加，即83+38＝121，121这个数就是回文数。根据这一现象，数学家提出了这样一个猜想：不管用什么数开头，在蕴含一定规律的操作下，必然会获得一个回文数。［操作如下：选择任意一个数，将这个数倒置，再把这两个数加起来。之后再将这个和数倒置，和原来的和数加在一起。只需按照这种方法反复操作，便能得到回文数（一位数不论正、反都是原来的数，也都是回文数）。］

迄今为止，从未有人能够证明这个猜想的正确性。最初数学家是一个数一个数进行验算的，后来，数学家用电子计算机对196这个数字进行了几十万步的运算，仍没能得出回文数。如果真的是这样，那么回文数猜想就是错误的。但是，不管运算多少步，这种运算都是没有结尾的，既然没有结尾，也就没有充足的证据证明这种猜想是错误的。所以，这就成了一个未解之谜。

## 另一种证明方法

既然上述方法无法证明回文数猜想，数学家们就采取了另外一种证明方法。数学家们仔细研究了既是质数又是回文数的数，想找出这些数的特点和规律，进而找出证明回文数猜想的方法。

数学家们通过研究发现了一些具有特殊性质的回文质数，比如19391，如果将这个数字写在一个圆周上，重新读取，那么不管从哪一个数字开始读，无论是顺时针还是逆时针，新读出来的五位数都是质数。数学家们将这种数叫作回文质数。通过研究回文质数，数学家们发现了回文数的

# 19391

# 十一二

一些特性，但这些特性并不能证明回文数猜想，这个猜想一直是未解之谜。

## 小博士百事问

### 什么是质数？

在大于1的自然数中，除了1和它本身，没有其他因数的自然数就是质数。质数有很多独特的性质，如质数有无限个；质数只有两个约数，即1和它本身；所有大于10的质数中，个位数只有1、3、7、9；等等。

# 物质的奥秘
## ——物理化学之谜

# "神秘点" 重力异常之谜

在美国加利福尼亚州有一个神秘的地方，这个地方的一些神奇的现象引起了科学家的注意。经过分析发现，这个神秘的地方具有与众不同的重力。到底是什么原因导致这个地方重力异常呢？目前，这一问题是现代知识水平所无法解释的，值得后人持续探索。

## 神奇的现象

在旧金山乘车顺着公路向南走，用不了两个小时就能到达圣塔柯斯小镇。小镇的郊外有一个"神秘点"，其位置

离该小镇大概有 5 分钟的车程。这个"神秘点"周边的树木都朝一个方向斜着生长。那里的地下埋着两块 50 厘米长、20 厘米宽的石板，相隔大概 40 厘米，一眼望过去没什么异样。但当两个有着不同身高的人分别踩在两块石板上时，便会有意想不到的事情发生：当两人的间距只有 40 厘米时，他们的身高会发生变化，原本的矮个子居然要高于原本的高个子。但是，当他们再迈出一步时，就又恢复了正常的身高，这简直令人无法想象。

## 令人惊奇的事情

更令人惊奇的是，"神秘点"的中心位置有一栋破旧的小屋，来到屋里，就会被其中的景象震撼到：很多人向左倾斜站立，正互相嘲笑对方的行为。在每个人的眼中，

其他人都是斜立着的。游客们试着做出不同的姿势，甚至有人可以笔直地倒立。

这栋破旧的木屋以一种奇异的倾斜角度倚在树干旁。过了木屋前的空地，每个人都好似要摔倒一样倾斜地站立着，人们似乎是受到某种强烈引力的制约而做出斜立的姿势。小屋的一面墙上有一块凸起的木板，所有人都以为那是一条斜坡道。倘若将一个高尔夫球放在这个木板的上面，球竟然会停驻在倾斜的木板上。用力去推球，就会感觉到有股阻止球运动的力量。虽然最终球会运动起来，但是运动到一定距离便会回到原位。不管操作几次，球都会返回木板上方。

## 可能是重力异常

最令人震惊的是，从"神秘点"的狭窄入口进入，会看到地下倾斜角度大约相差 30°，一走进其中，身体就会被一种肉眼看不到的力量推到另一边，无论怎样竭力抓住柱子，依然会被"拽"到中心的重力点。出于重力异常的原因，人在其中停留 10 分钟，便会恶心想吐。那里的导游举起双手，不需要任何支撑物品便能爬上墙壁，并在墙上任意走动，还可以斜立在墙上。隔壁的房间里，有

一串铁链悬着很重的坠子从屋顶的横梁上垂下来。如果想将这个坠子推到一边，仅需手指轻轻一碰便能办到；可要想将它推向反方向，就需要使尽全身的力气才能做到。人们猜测，之所以出现这类现象，也许是异常的引力朝同一方向作用所造成的。

到底是什么原因造成"神秘点"有着和外界完全不同的重力场呢？其发生作用的过程究竟如何？这些都是未解的谜团。

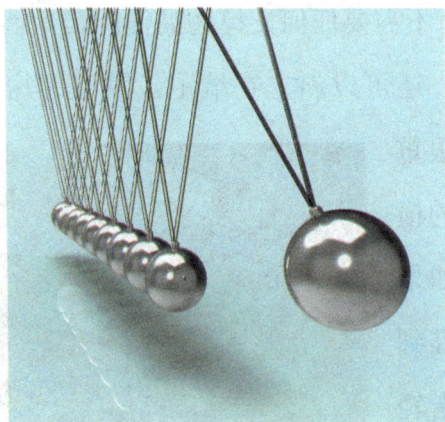

### 小博士百事问

#### 什么是重力？

重力是物体在地球的吸引下受到的力。地球是重力的施力物体。我们能够用测力计测量出重力的大小，重力的大小与做匀速直线运动或保持静止的物体对测力计的压力或拉力的大小相等。

# 物质的**状态**之谜

在物理或者化学课堂上，老师会讲物体存在气态、液态、固态三种状态。无论在考试或者被别人询问时，我们都会把老师教授的知识当作标准答案，但事实真的是这样吗？物体真的只有这三种状态吗？

## 物质常见的几种状态

我们都知道，元素是构成物质的基本成分。元素存在两种状态，即游离态与化合态，元素以单质形态存在为游离态，以化合物形态存在则为化合态。构成物质最基本的微粒为分子、原子、离子。另外，物质存在的空间形式分为实物和

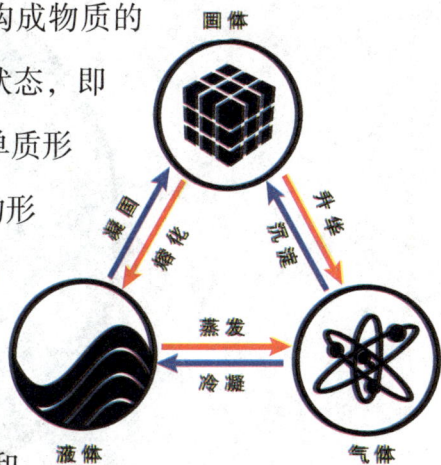

场两种。实物指气态、液态、固态物体等；场指磁场、引力场、电磁场、电场等。

物质的气态、液态、固态三种形式，给人类提供了生存所必需的空气、水和生活的陆地。当物体处于气态时，构成气体的原子或分子有非常高的能量，彼此分离的分子间引力很小，这就导致单独的分子可进行不规则的运动。如果原子或分子的能量降低到一定程度，分子就无法维持其独立性，互相产生作用，但这时仍然有足够的能量维持分子进行运动，这样分子能够在其他分子之间运动，这就是液体。如果这时分子的能量再下降一些，分子之间就会发生更加强烈的作用，此时各个分子无法运动，而维持在

一个固定位置，这就是固体。

## 物质的其他状态

随着人类科技的不断进步，在我们已知的物质的这三种状态之外，科学家又陆续发现了物质的另外四种状态，即等离子态、超高压态、辐射场态、超离子态。这一发现也刷新了人们对物质状态的认知。

等离子态：当温度急剧升高到数百万摄氏度甚至更高时，物质就会全部变成游离状态，此时核外电子构成物质的基本单元，自由电子和裸露的原子核的混合物构成了气体。科学家经过一系列实验证实，在固定的超高温下，几乎所有物质都可能变成等离子态。科学家在雷雨天的闪电

里、生活中用的水银灯中都发现了等离子态物质的存在。如今，等离子态已经被人们应用于激光、核聚变、高能物理研究等方面。

超高压态：如果将几百万个大气压施加到某种物质上，物质中的原子核的核外电子就会因遭受挤压而变形，此时带正电的原子核和带负电的电子挤压在一起，如此，物质的密度会大得让人匪夷所思，每立方厘米的超固态物质能够达到几万吨。天文学家是这种超高压态的最早发现者，原来他们在观察宇宙中的中子星、矮星等时，无意中发现这些星球极有可能处于超高压态。如今，聪明的人类已经成功地在地球上制造出了这种超高压态的物质，这种物质因为其坚硬的特性被广泛应用于切割、钻探等方面。

让人遗憾的是，人类对超离子态、辐射场态还知之甚少，相信在不久的将来，人类必定会全面了解它们，并将其运用到日常生活当中。

我们在发现了物质的气态、液态、固态之后，又发现了另外的四种状态，我们不妨大胆猜想，物质是否还有其他的状态呢？对于这一未解之谜，相信在未来的某一天，科学家会给我们带来意想不到的答案。

## 小博士百事问

### 物质与物件的区别是什么？

从内涵上来说，物质是质量的空间分布，质量是其唯一属性；从外延上来说，物质包括所有物件，而物件包括"精神物件"和"现实物件"。时间、空间、质量构成了宇宙的三要素，后两者构成了物件的基本属性。

# 金刚石成因之谜

金刚石一直因其润泽透明、晶莹夺目的外表而备受人们青睐。它也被称为"宝石之王""矿石骄子",被视为自然界最完美的事物。但长久以来,科学家们在对金刚石进行研究时,一直对其化学成分以及来源存在疑惑。

## 金刚石由什么组成?

古希腊大哲学家培多克利斯认为金刚石由土、气、水、火4种元素组成。1704年,牛顿对此进行了一系列试验,

最后表明金刚石具有可燃性。而罗蒙诺索夫更预测，金刚石之所以被认定为自然界天然存在的最坚硬的物质，是因为它是由紧密联结的质点组合成的。一直到 1796 年，英国化学家耐特才发现金刚石是由碳元素组成的。

## 金刚石来自哪里？

千百年来，关于金刚石的来源，科学家们并没有定论。刚开始，人们认为金刚石是地下矿石的一种，之所以有此推论，是因为人们获得金刚石的地点多为砂矿床。世界上第一个原生金刚石矿床于 1870 年在南非开普敦北部被人们发现，

该地被叫作金伯利城，以当时英国殖民大臣金伯利勋爵的名字命名。地质学家经过开采发现，金刚石的成矿母岩——金伯利岩，为一种性状和成分都十分特殊的岩石。

此后，越来越多的与金伯利岩相似的岩体在世界各地陆续被发现，于是人们认为原生金刚石矿床的唯一成矿母岩就是金伯利岩。金伯利岩的主要成分为橄榄石，是具角砾状或斑状结构的云母橄榄岩，是一种偏碱性的超基性岩，其基质中没有长石。据科学家研究发现，金伯利岩浆形成于上地幔，在高压条件之下，岩浆顺着地壳深入断裂层朝上运动。由于岩浆中含有的水和二氧化碳属于高压气体，当岩浆上升而压力迅速变小时，其体积急剧膨胀，从而形成火山爆发。而填充火山颈的岩浆胶结碎屑物质就形成了金伯利岩。

一些人认定，金刚石就是由金伯利岩自身所含的游离碳在急速上升和发生爆炸的整个岩浆活动过程中结晶形成

的。这一结论也被实验证实，人们在高温高压条件下已经制造出大量的人造金刚石。苏联的科学家们采用同位素分析方法证实，岩浆通过地壳上部岩管时，通道会形成狭窄的小孔，这种现象被称为缩颈现象，会导致压力迅速从不超过2万大气压上升到100万大气压，岩浆碳就会在这种条件下形成金刚石。

20世纪70～80年代，美国佐治亚大学的研究人员在测定美国阿肯色州金刚石的气－液包裹体时，无意间发现了里面有类石油的烃类物质，如甲醇、乙醇、甲烷、乙烯等。

所以，研究人员认定金刚石的形成可能与地球内部的烃源有着密切关系，但是具体是什么，科学家们也无从得知。

### 小博士百事问

**金刚石在工业上的用途有哪些?**

金刚石因其坚硬的特性，被广泛应用于工业中。如拉丝模用金刚石、修整器用金刚石、地质钻头和石油钻头用金刚石、磨料用金刚石、玻璃刀用金刚石、硬度计压头用金刚石、工艺品用金刚石等，随着时代的发展，相信金刚石的其他用途也会被人们发现。

# 金属陶瓷之谜

现代社会，人们的生活节奏越来越快，需要速度更快的交通工具以节省时间。人们青睐的交通工具有超音速飞机、气垫船、高速列车等，在制作这些工具时，人们使用了一种奇特的金属——陶瓷。

## 耐高温的物质

我们知道太阳是由高温气体组成的大火球，其表面温度可达 6000K（K 是热力学温度单位开尔文的符号）左右。

当飞行器高速飞行时，发动机向外喷发的热量温度可达5000K以上，大部分物质在如此高温的条件下都将被熔化。专家们为找到合适的耐高温材料而苦心钻研，他们排除了钢铁，合金钢也达不到要求。最后他们想到了最耐高温的陶瓷，虽然耐高温的材料找到了，但陶瓷却极易破碎，专家们为此伤透了脑筋。

经过专家的不懈努力，终于找到了解决问题的办法。他们尝试着将一些金属细粉加入陶瓷中，这样就使陶瓷的韧性得到了极大的提高，这种陶瓷与金属的混合物被称作金属陶瓷，而金属陶瓷也成了现在航空动力学研究的宠儿。

## 火箭发动机的功臣

金属陶瓷由金属和陶瓷两种原料制成，兼具金属与陶瓷两种物质的特性，包括高韧性、高抗氧化性、高硬度，所以金属陶瓷被广泛应用于高速飞行器、火箭等的制造中。金属陶瓷的金属

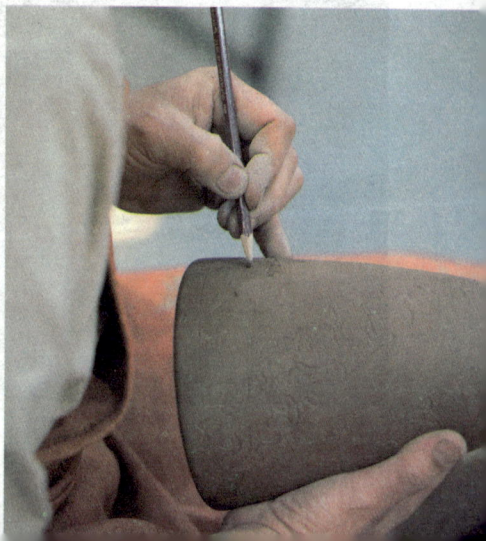

原料通常有镍、铁、钴、铬等，陶瓷原料通常有碳化物、硅化物、氮化物和硼化物等。金属陶瓷不像人们想象中的那样复杂，它的烧制方法与普通陶瓷的烧制方法类似，唯一不同的是烧制工人们会在陶瓷土中混入金属粉末，再根据需要制作出各种各样的形状。

生活中我们常常将酒精用于物理降温，原因是酒精具有极强的挥发性，它在挥发的同时会带走大量热量。金属陶瓷也是运用了这个原理，当火箭的发动机到达最高转数时，会生成大量的热，而在这种高温条件下，金属陶瓷中的金属物质便挥发了，同时带走热量，此时陶瓷的温度会急剧下降。当金属陶瓷中的金属挥发殆尽时，这一部分的发动机就履行好了它的使命，在控制指令下与火箭分离，接着下一级火箭的发动机将被点燃，新一轮的工作程序便开始了。多级火箭就是运用这个原理制造而成的。此外，金属陶瓷还有一个极大的优点，那就是抗腐蚀性。所以在原子反应堆中，它能够轻松应对液态金属钠的侵蚀，从而为原子反应的正常进行保驾护航。

## 金属陶瓷的可疑之处

金属陶瓷虽然很晚才被开发出来，但因其性能优异而备受青睐，特别是在航空、航天领域，金属陶瓷可谓大展雄威。它这种优异性能的来源也吸引了专家们的眼球。一些人大胆猜测，陶瓷中加入金属后展现出来的特性，仅用

金属在高温下挥发降温来阐述缺乏科学性。这些人认为在金属陶瓷的制作过程中，其本身已经发生了某种化学反应而生成了新的物质。如果真是这样，那么陶瓷与金属之间会发生哪些反应呢？现在，我们没有具体的方法进行验证。仅用金属在高温下能挥发降温来解释金属陶瓷这些优良性能的来源，确实让人心存疑虑，这一点还有待专家们进一步研究。

小博士百事问

**你知道什么是特种陶瓷吗？**

特种陶瓷分为特种结构陶瓷和功能陶瓷两大类，如电容器陶瓷、高温陶瓷、压电陶瓷、磁性陶瓷等。在工程上普遍应用的要数高温陶瓷，包括碳化物陶瓷、氧化物陶瓷、氮化物陶瓷和硼化物陶瓷等。

# 放射性元素放射之谜

作为大自然的组成部分，放射性元素分布广泛，存在于各个圈层中，虽然不起眼，但在维护生态平衡方面有其特殊作用。当一种元素的原子经过放射变化后，如果放射出的是质子，则会变成另一种元素的原子。

## 认识放射性元素

科学家们在一些实验中发现，原子并非个个"坚如磐石"，有一些原子会自发放出射线，从而导致原子核的结构发生改变。原子核的改变达到一定程度后，原子的种类

就会发生变化。这些原子一开始被叫作放射性原子。讲到这里，要先提一下关于同位素的知识。有一些原子可归入同类元素，那么我们便可以称这些原子为此类元素的同位素。因此，如果一类元素由放射性原子或其同位素构成，科学家们便将这种元素称为放射性元素。铀、钍、镭等天然元素与钚、镅等人工元素均为放射性元素。

## 半衰期的测定

目前已知的元素有百余种，其中排名靠后的元素，包括人工元素在内，普遍具有放射性。我们都知道放射性元素的稳定程度不如其他元素，但不同放射性元素的稳定程

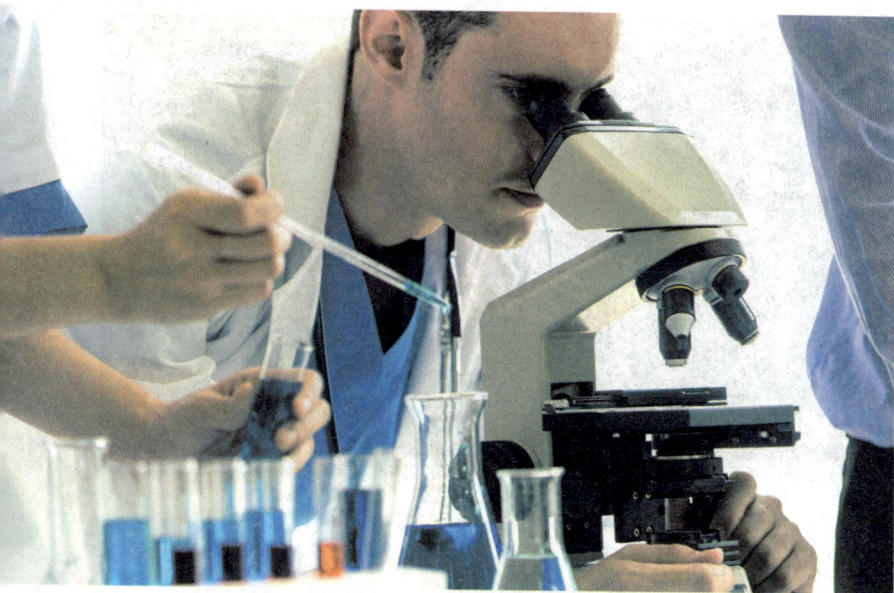

度也有差别，为了进行区别，科学家们引入了半衰期的概念。也就是说，放射性元素的原子核有一半的数量发生衰变时所用的时间，是判断对应原子稳定程度的重要依据。虽然这种测量方法听上去很复杂，但只要原子的变化完成，想测定其整体状态还是比较容易的。不过，原子的变化不一定能够在短时间内完成，有些原子的变化时间十分漫长，这对测量人员来说是一个严峻挑战。有些放射性元素的半衰期很长，甚至能达到百余亿年，从对人类生活的影响方面来说，这些放射性元素与那些非放射性元素没有什么区别。而有些放射性元素的半衰期又太短，往往人们还没来得及看到，它们就已经没了踪迹。总之，在放射性元素之间，也是可以分出"三六九等"的。

## 放射性元素的探索

通过前面的介绍我们知道，放射性元素会源源不断地发出射线，使自身结构发生变化，而且变化过程因元素的不同而有差别，这种差别在时间方面体现得尤为明显。在研究放射性元素的领域，除了居里夫人，法国学者亨利的研究成果也影响重大，他是较早观察到某些元素具有放射性的人。但是，放射性元素的放射性究竟从何而来呢？

从目前的数据来看，元素的放射性与其原子核中质子的数目有关，如果质子数为84或以上，则此类元素往往具有放射性。我们知道，同种电荷会互相排斥，均带正电荷的质子之间自然也会排斥。这种排斥力降低了原子核的稳定程度，并迫使一部分质子被发射出去，这样此种元素便具有了放射性。而质子被大量射出后，新形成的原子核自然也就被归入其他种类了。

一些科学家认为，除了质子数目，质子与中子的数量比例也是影响原子核结构的重要因素。当这种比例达到特定范围，原子核就会呈现稳定状态。对原子核而言，不管是发射质子还是捕获电子，都是达到稳定状态的一种方式而已。但这种比例的背后蕴藏着什么样的物理规律呢？难道原子核只在这种比例下才能维持稳定吗？这些谜团都需要进一步研究。

## 小博士百事问

### 居里夫人的笔记具有放射性吗？

作为科学界的榜样，居里夫人的成就一直被人津津乐道，而她留下的科研资料也一直受到关注。遗憾的是，根据诺贝尔奖官方机构的消息，居里夫人的科研资料至今存在放射性，难以被有效利用。消息中还提到，这些资料的放射性可能存在千余年。对科学工作者而言，这无疑是一种巨大的损失。

# 元素数量之谜

元素，指在化学上不能再分解的物质，同一元素的原子具有相同的质子数。目前已经发现的元素有118种，其中绝大多数是金属元素（一部分是人工制得的放射性元素），其余的还有非金属元素、准金属元素和稀有气体元素，但是未来能出现多少种元素，无人可知。

## 元素周期表的出现

化学元素周期表是俄国科学家门捷列夫创造的，是根据元素原子核电荷数从小至大排序的化学元素列表。1869年，门捷列夫将当时已知的63种元素按照相对原子量大小以表的形式进行排列，再把具有相似

化学性质的元素放在同一列，这样一来就形成了最初的元素周期表。后来，在多位科学家的修改、完善下才形成了现在的元素周期表。

## 63-107 号元素的发现

门捷列夫根据周期规律对未被发现的元素做出了科学性预测，得益于此，加上之后科学家的不断探索，经过一个多世纪的时间，又有几十种元素陆续被发现。不过在后面发现的这些元素中，很多是人工制造的，天然元素的占比并不高。

人们发现的第 92 号元素是铀，之后人们觉得不会再发现新的元素了，但经过科学家的不断探索，后来又发现了 93 号元素镎、94 号元素钚。之后，科学家又陆续发现了一些新的元素。1976 年，第 107 号元素被苏联科学家成功制造出来。按照当时的发展水平，107 种元素已经是极限了，当人们以为此后不会再有新的元素时，108 号元素镙出现了。

## 107 号之后的元素

自从合成 107 号元素后，新的元素探索工作越发艰难，这是因为放射性元素在不断进行放射性衰变，这种衰变从这些元素诞生之初就开始了。放射性元素在衰变的过程中会变成新的元素，而不再是刚诞生时的元素。并且每种放射性元素衰变所用的时间不一样，人们把元素衰变到一半

原子数的时间叫作"半衰期"。科学家根据制造出的元素的衰变时间得出规律：元素的原子序数越大，半衰期就越短。比如，98号元素锎的半衰期可达470年，100号元素镄的半衰期

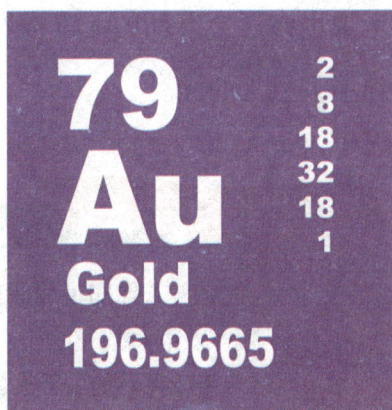

**79**
**Au**
**Gold**
**196.9665**

2
8
18
32
18
1

为15小时，103号元素铹的半衰期只有8秒，到了107号元素，其半衰期甚至不到1毫秒。所以当时科学家们猜测，第110号元素的半衰期也许连一百亿分之一秒都不到，如果是这样的话，那么当时的科学手段是很难发现那些新元素的。当科学家们一筹莫展时，奇迹出现了，108号元素和109号元素分别被发现了。1983年，第109号元素成功问世，发现者是西德科学家勒克尔。他利用长120米的直线加速器，用铋核去轰击铁靶，得到了一种新的化学元素，并测得其原子序数为109。不过，也许是科学家对这种新元素还有疑惑，最后并没有为其正式命名。

人类探索科学的脚步是不会停止的，随着科学技术的不断发展，科学家们发现了110号元素铋、111号元素轮……118号元素氭。至今为止一共发现了118种元素，

未来也许还会有新的元素被发现，这或许会成为一个永远到不了尽头的谜。

## 小博士百事问

### 你知道元素的起源吗？

元素思想很早就产生了，古巴比伦与古埃及曾有三元素说，即认为组成世界的主要元素是水、空气和土。关于元素，古印度有四大学说（构成物质的基本元素有四种，即地、水、火、风），中国古代有五行学说（世间万物皆由金、木、水、火、土构成）。